Lilian Thoma

WER HAT ANGST VORM ZWEITEN MANN?

Diana Verlag

MIX
Papier aus verantwortungsvollen Quellen
FSC® C014496

Verlagsgruppe Random House FSC-DEU-0100
Das für dieses Buch verwendete
FSC®-zertifizierte Papier *Super Snowbright*
liefert Hellefoss AS, Hokksund, Norwegen.

Redaktion | Eva Philippon
Umschlaggestaltung | t.mutzenbach design, München,
unter Verwendung einer 3-D Illustration von Stefan Thomas
Autorenfoto | Philip Haucke
Satz | Leingärtner, Nabburg
Druck und Bindung: GGP Media GmbH, Pößneck
Printed in Germany 2012
ISBN: 978-3-453-28536-1

www.diana-verlag.de

Für meinen Exmann

No matter. Try again. Fail again. Fail better.

(Samuel Beckett)

1

»Phyllis, du weißt, dass du ab jetzt unter Gebrauchtware läufst?«, sagte meine beste Freundin Cosima, als ich mich mit sechsunddreißig Jahren von meinem Mann Mark trennte und aus einem Einfamilienhaus in der Berliner Vorgartengegend Zehlendorf in eine städtische Altbauwohnung an den Prenzlauer Berg zog.

Na und? Recycling jeder Art war doch zeitgemäß. Zudem bewertete ich meine Chance, eine neue Liebe zu finden, als ausgezeichnet. In Berlin lebten rund zweiunddreißig Prozent aller Kinder bei alleinerziehenden Elternteilen, Tendenz steigend. Rein rechnerisch betrachtet konnte es also an geeigneten Kandidaten nicht mangeln; vorausgesetzt, die Exmänner hatten kein unverhofftes Coming-out, waren nicht gestorben oder nahtlos zur nächsten Frau übergewechselt. Hinzu kamen die vielen Dauersingles, für die Berlin berüchtigt war und die sich spätestens dann, wenn eine Weihnachtsdepression in ihnen aufkeimte, auch auf den Versuch einer neuen Liebesbeziehung einließen.

Es war ein sonniger Tag Anfang April, als der Umzugswagen vor meinem neuen Zuhause im Prenzelberger Gleimkiez vorfuhr. Mit im Gepäck hatte ich meine drei Kinder – Lorenz und die Zwillinge Maya und Fanny, die sechs beziehungsweise drei Jahre alt waren –, zwei Schildkröten und unseren beigefarbenen Cairn Terrier namens Clooney. Da die Straßenzüge im Gleimviertel zwischen der Schönhauser Allee und dem Mauerpark noch nicht einheitlich luxuriös durchrenoviert und die Mieten hier noch etwas günstiger waren als einige Kilometer weiter rund um den Kollwitz- oder Helmholtzplatz, war ich froh, in dieser Gegend eine Wohnung gefunden zu haben. Auch hatte sich die Bionade-Biedermeier-Bourgeoisie, für die ein bestimmter Menschenschlag am Prenzelberg in den letzten Jahren bekannt geworden war, bislang kaum im Gleimviertel niedergelassen. Von der Kiez-Miliz, einer Bande, die *Zusammen gegen Yuppies, Berliner scheißen auf die Szene* oder *TSH* als Abkürzung für *Totaler Schwabenhasser* auf Häuser sprayte und damit ausnahmslos jeden meinte, dessen Familie nicht seit mindestens zwei Generationen in »Ostberlin« oder Brandenburg lebte, blieb man in diesen Straßenzügen noch verschont.

Während Lorenz von einem Nachbarsjungen aufgefordert wurde, ihn zur Jugendfarm Moritzhof zwei Häuserblocks weiter zu begleiten – ein kleiner Bauernhof am Rand des Mauerparks, in dem Grundschulkinder bei der Tierpflege helfen durften –, nahm ich mir meinen Laptop, bugsierte Maya und Fanny in ihren Zwillingsbuggy und ging mit ihnen und Clooney ins Café *St. Gaudy*. Dort überflog ich – sobald ich die Zwillinge mit meinem Kinderbeschäftigungsproviant Knetmasse und Malzeug sowie einer Portion Eis ruhig gestellt hatte – vierzehn neue E-Mails, in denen die Eltern aus Lorenz' Zehlendorfer Vorschulklasse hitzig diskutierten, ob auf dem bevorstehenden Sommerfest Popcorn, Waffeln oder Kindercocktails verkauft werden sollten, sowie diverse Absagen von Architekturbüros, bei denen ich mich als Architektin beworben hatte.

»Leider müssen wir Ihnen mitteilen, dass wir uns für einen anderen Bewerber entschieden haben. Das sollten Sie aber nicht als Wertung Ihrer persönlichen Qualifikation ansehen …«, hieß es darin. Oder:

»Nach gewissenhafter Prüfung der eingegangenen Bewerbungen mussten wir eine Auswahl treffen, bei der es sich leider nicht vermeiden ließ, auch Interessenten mit guten Voraussetzungen eine Absage zu erteilen …«

Ich bereute es, in meinen Bewerbungsanschreiben die Kinder erwähnt zu haben. Doch wie sonst hätte ich erklären können, warum ich knapp drei Jahre lang nicht gearbeitet hatte?

Im Moment war meine finanzielle Not noch nicht so groß, da Mark während unseres gesetzlich vorgeschriebenen Trennungsjahrs für den Unterhalt aufkam. Da nach der Scheidung damit aber Schluss sein könnte, musste so schnell wie möglich eine Joblösung für mich her.

Neben den Architekturbüros hatte sich auch Cosima gemeldet und mir zusammen mit einem Smiley einen Link geschickt, der mich auf die Webpage www.zweite-runde-fuer-die-liebe.de weiterleitete.

Cosima und ich kannten uns noch aus Schulzeiten. Da sie mir von allen Freundinnen am nächsten stand, freute es mich, dass wir nun wieder Nachbarn waren. Mit ihrem Mann Matthias und ihren beiden Töchtern, die im Kindergartenalter waren, lebte sie fünf Minuten von meiner Wohnung entfernt nahe der Gethsemanekirche. Die Gemeinschaftspraxis, in der Cosima als Anästhesistin und Matthias als Gastroenterologe mit anderen Kollegen arbeiteten, war in derselben Straße.

Ich begann zu lesen:

Unser Unternehmen *Zweite Runde für die Liebe* hat sich als Marktführer für Partnervermittlungen von Frauen und Männern positioniert, die bereits eine Ehe oder eheähnliche Gemeinschaft ohne mittel- oder langfristigen Erfolg hinter sich gelassen haben.

Aus den meisten dieser Verbindungen ist mindestens ein gemeinsames Kind hervorgegangen.

Wir freuen uns, dass Sie sich für die Nutzung unseres Services entschieden haben.

Bevor Sie aber das Risiko eines neuen körperlichen und/oder emotionalen Abhängigkeitsverhältnisses mit einem neuen

Partner eingehen, raten wir Ihnen dringend, folgende Fragen so wahrheitsgemäß wie möglich zu beantworten.

Unsere erste Bestandsaufnahme richtet sich an Sie, sehr verehrte alleinerziehende Mutter:

1. Zu welchem Zeitpunkt sollen die Treffen mit Ihrem zukünftigen Partner idealerweise stattfinden?

- ❑ Abends und/oder nachts?
- ❑ Nur vormittags oder mittags, wenn Ihre Kinder in der Schule beziehungsweise in der Kita sind?
- ❑ Nur an den Tagen oder Wochenenden, die Ihre Kinder bei ihrem Vater beziehungsweise ihren Vätern verbringen?
- ❑ Nur in den Schulferien, wenn Ihre Kinder mit ihrem Vater beziehungsweise ihren Vätern verreist sind?

2. Falls Ihrem zukünftigen Partner ausschließlich Zeiten für die Treffen mit Ihnen möglich sind, zu denen auch Ihre Kinder in Ihrem Haushalt zugegen sind, beantworten Sie bitte auch die folgenden Fragen:

2a. Ist in Ihrem Haus beziehungsweise in Ihrer Wohnung ausreichend Platz vorhanden, sodass Ihre Kinder einen womöglich stattfindenden Geschlechtsakt mit Ihrem Partner weder sehen noch hören noch erahnen können?

- ❑ Ja
- ❑ Nein

Ich erinnerte mich an die Szene aus dem Jack-Nicholson-Film *Besser geht's nicht,* in dem die alleinerziehende Kellnerin Carol eines Nachts ihr Date mit nach Hause nimmt.

Carol zieht verlegen einen Privatsphäre heuchelnden Vorhang vor ihr türloses Zimmer, der sie beim Sex vor ihrem Sohn und ihrer einhütenden Mutter abschirmen soll. Doch ihre Mühe ist vergebens, denn ihr Sohn kriegt einen Asthmaanfall und kotzt sie voll, als sie nach ihm sieht. Ihr *sex interest* grabscht dann aus Versehen in die Kotzreste auf ihren Brüsten und verlässt fluchtartig die Wohnung mit den ernüchternden Worten: *»Too much reality for a Friday night.«*

Wobei ich aus späterer Sicht gesagt hätte, dass Carol noch Glück im Unglück hatte. Denn immerhin *hatte* sie eine gutherzige Mutter am Start, die bereitwillig ihren Sohn hütete, während sie um die Häuser zog, und musste für ihr Pleite-Date nicht auch noch neun Euro netto die Stunde an Babysitterkosten hinblättern.

Ich las weiter:

3. Für den Fall, dass Ihnen nur begrenzter Wohnraum zur Verfügung steht, beantworten Sie bitte auch die folgenden Fragen:

3a. Muss sich Ihr zukünftiger Partner darauf einrichten, die Kopulation mit Ihnen im Keller, Speicher oder im Auto zu vollziehen?

❑ Ja

❑ Nein

3b. Sollte er alternativ hierzu in der Lage sein, seinen Koitus möglichst leise zu tätigen?

❑ Ja

❑ Nein

3c. Setzen Sie im Fall eines extrovertierten Liebhaber-Typus voraus, dass er sich aus präventiver Vorsichtsmaßnahme vor dem Erreichen seines sexuellen Höhepunkts von Ihnen knebeln lässt?

- ❑ Unbedingt!
- ❑ Nein

Unsere weitere Bestandsaufnahme richtet sich nun an Sie, sehr geehrter Zweitrundler mit Vaterfreuden:

1. Wie viele Kinder haben Sie bislang gezeugt?

- ❑ Eins
- ❑ Zwei
- ❑ Mehr als zwei
- ❑ Ganz genau weiß ich das nicht

2. Von wie vielen verschiedenen Expartnerinnen stammen Ihre Kinder ab?

- ❑ Von einer
- ❑ Von zwei
- ❑ Von mehr als zwei

Wie viele dieser Expartnerinnen werden voraussichtlich versuchen, Ihre neue(n) Liebesbeziehung(en) zu sabotieren und neigen zu Racheakten oder tätlichen Übersprungshandlungen?

- ❑ Alle

Das Klingeln meines Handys riss mich aus meiner Lektüre. Es war Cosima, die mir ihren Besuch in meiner neuen Wohnung ankündigte.

Da ich in den vielen Umzugskartons, die noch unausgepackt bei mir zu Hause herumstanden, die Seife nicht gefunden hatte, machte ich auf dem Rückweg in dem kleinen Allerlei-Laden *Anouks* halt, der mir wegen der leuchtenden Pigmentfarben an den Innenwänden aufgefallen war. Neben den handgemachten Seifenkreationen gab es im *Anouks* auch vieles andere zu kaufen, von Bioschokolade mit Quendel-Thymian oder Apfel-Minze über gemusterte Halstücher, handbemalte Blumenübertöpfe, Bücher über Berlin bis hin zu stylischen Handyhüllen. Während Clooney vor der Eingangstür Krümel aufspürte und meine Töchter versuchten, in der Spezialecke für die vielen schwangeren Prenzelberg-Kundinnen auf das Regal mit den Mandel-, Jojoba- und Arnikaölen zu klettern, kam ich mit der Inhaberin ins Gespräch, die ihren Laden nach sich selbst benannt hatte.

Anouk, die ich auf Anfang vierzig schätzte, hatte ein extravagantes Neckholderkleid mit Batikprint an und trug ihre langen, dunklen Haare offen. Sie beglückwünschte mich zu meiner Entscheidung, in den Kiez mit der gefühlten höchsten Kinderdichte Europas gezogen zu sein. Dass ich es überhaupt so viele Jahre mit einem einzigen Mann im öden Zehlendorf ausgehalten hatte, erstaunte sie sehr.

»Ich kriege in diesen Vorgartengegenden sofort Beklemmungen«, sagte sie, während sie eine Yogi-Teemischung mit zauberhafter Pfefferminze für »Wellen schlagende Sinnlichkeit« aufbrühte und mir auch eine Tasse anbot.

»Wenn ich da abends durch die Straßen gehe und überall zugezogene Gardinen sehe, muss ich immer an den Krimi *Hier wohnt das Unglück* denken.«

Anouk hatte zwei Söhne von zwei verschiedenen Männern, von denen sie sich jeweils während der Schwangerschaft wieder getrennt hatte. Aktuell war sie liiert mit einem Mann namens Tim, den sie über die »grüne Schleife« kennengelernt hatte. Ihre große Liebe schien er aber nicht zu sein, denn sie nannte ihn bereits ihren zukünftigen Exfreund.

Als ich nachfragte, was es mit der »grünen Schleife« auf sich hatte, kramte sie ein dickes, grünes Band aus ihrer Schublade und band es mir an den Zwillingsbuggy:

»Es ist ein Zeichen dafür, dass du Single bist. Das machen wir hier alle so.«

Dass es mir überhaupt gelingen würde, trotz meiner drei kleinen Kinder, die bis auf jedes zweite Wochenende bei mir leben würden, in absehbarer Zeit einen neuen Mann an mich zu binden, stellte Anouk noch weniger infrage als ich. Ihrer Meinung nach wuchs der Resale-Beziehungsmarkt für Menschen mittleren Alters kontinuierlich, während das konservative Familiengebilde zu einem Auslaufmodell verkümmerte.

»Viele Kinder kennen die klassischen familiären Strukturen gar nicht mehr«, fuhr Anouk fort und erzählte mir von Zoe, der Tochter einer verheirateten Bekannten. Bei ihrer Einschulung las die Klassenlehrerin den Kindern zwecks Datenberichtigung die Namen ihrer Eltern vor. Zoe war die Einzige, deren Vater und Mutter denselben Nachnamen trugen. Die ganze Klasse brach darüber in Gelächter aus, und die Kinder hänselten sie mit: »Igitt, sind deine Eltern etwa Geschwister?«

Auf dem Weg nach Hause kam mir ein gut aussehender Mann entgegen. Als er das grüne Band im Wind flattern sah, lächelte er und gab mir ein Daumen-hoch-Zeichen.

Mir war das peinlich, und ich sah weg.

Schlagartig wurde mir klar, dass ich mich nach zehn Jahren Ehe kaum noch daran erinnerte, wie es sich anfühlt, wenn man flirtet. Das Kennenlernen von Männern, die Anfangsspielchen, das erste Date und das erste Mal Sex mit einem neuen Mann: »Wie geht das noch mal?!«

Nachdem ich mit den Zwillingen zum Moritzhof gegangen war, um Lorenz abzuholen und die Ponys und Hasen zu streicheln, machte ich mich auf den Weg nach Hause. Schon von Weitem erkannte ich Cosima an ihren hellblonden, zusammengebundenen Haaren, ihrer Jeans plus California-Style-Shirt und ihrer orangefarbenen Beutelhandtasche, ohne die sie nie das Haus verließ. Mit ihren Töchtern an den Händen erwartete sie mich vor der Haustür.

»Schöne Wohnung, Phyllis«, sagte sie, nachdem wir in den dritten Stock gestiegen waren, unseren Kindern ein Hörspiel angestellt hatten und uns in meinen drei Altbauzimmern plus Wohnküche und Balkon umsahen. »Ein Glück, dass du sie gefunden hast und deinen Mann endlich los bist!«

Sie überreichte mir ein dekorativ verpacktes Geschenk. *Mom, There's a Man in the Kitchen and He's Wearing Your Robe* lautete der Titel des amerikanischen Ratgebers für Singlemütter.

»Da stehen praxisnahe Tipps drin für die Affären, die du Glückliche jetzt wieder haben kannst.«

Da Cosima selbst in Erwägung zog, sich aus ihrer Ehe, der die Leidenschaft abhandengekommen war, zu verabschieden, beneidete sie mich um meine zurückerlangte Freiheit und die orgiastische Aussicht, die auch für mich etwas Verlockendes hatte. Schließlich hatte ich mich während meiner letzten Ehejahre im gutbürgerlichen Sarkophag wie scheintot gefühlt. Ist man in einer solchen Umgebung verheiratet und hat Kinder, mutiert man automatisch zur sexuell neutralen *Muddi*. Wertgeschätzt werden die *Muddis* dort nicht wegen ihrer Arbeit – sofern sie überhaupt eine ausüben – und auch nicht mehr wegen ihres Aussehens, sondern ausschließlich dann, wenn ihre Kinder nach den gängigen Maßstäben gelingen: Schaffen die Kids die Aufnahmeprüfung auf ein alteingesessenes humanistisches Gymnasium, spielen sie in ihrer Freizeit in dem Nobelsportclub ihrer Eltern Feldhockey und erlernen sie zudem das Klavierspiel bei einer japanischen Privatlehrerin, ist *Muddi* etwas wert. Wenn nicht, ist sie an ihrer Aufgabe gescheitert. Interessante Gespräche werden den Frauen nicht zugetraut, und auf den Barbecues in den großen Hintergärten oder den gesetzten Abendessen unterhalten sie und die Männer sich getrennt voneinander.

»Für einen erfolgreichen Mann ist seine Frau das, was für die Frau ihre Handtasche ist – eine Zierde«, hatte eine alte Dame mir mal erklärt.

Meinen Erfahrungen nach konnte man sich aber direkt glücklich schätzen, wenn dem tatsächlich so ist: Eine Freundin von mir, deren Ehemann in der Öffentlichkeit steht, wurde kürzlich von einem Pressefotografen unwirsch aufgefordert, einen Schritt zur Seite zu treten, damit sie bloß nicht mit aufs Foto kam. Dort sollte nämlich nur ihr Mann zu sehen sein. Und zwar zusammen mit seinem Hund.

Während unsere Kinder, die keine Lust mehr auf das Hörspiel hatten, heimlich Clooney mit meiner fettigen Anti-Falten-Creme einbalsamierten, killten Cosima und ich eine Flasche Prosecco und stießen auf alle Exliebhaber an und die Männer, die es noch werden sollten.

»Was sagst du zu dem Link, den ich dir geschickt habe?«, bohrte Cosima nach und drängte mich, meinen Laptop wieder hochzufahren. Wenige Klicks später las sie mir laut vor:

> … unsere weitere Bestandsaufnahme richtet sich wieder an Sie, sehr geehrter potenzieller zukünftiger Liebhaber einer alleinerziehenden Mutter. Bitte beantworten Sie folgende Fragen:

1. Mit welchen Fähigkeiten können Sie Ihrer zukünftigen Partnerin dienlich sein? Bitte kreuzen Sie die zutreffenden Punkte an und beachten Sie, dass wir Sie im Fall von nur zwei oder weniger Kreuzen der Kategorie »nicht vermittelbar« zuordnen müssen.

❑ Handwerkliches Geschick
❑ Fortgeschrittene EDV-Kenntnisse
❑ Kenntnisse in der Kfz-Mechanik (alternativ: gute Beziehungen zum »arabischen TÜV«)
❑ Sicheres Gespür für erfolgreiche Einzelaktien-Spekulationen
❑ Kochkunst
❑ Massagetechnik
❑ Zuverlässige Potenz

2. Verfügen Sie weiterhin über fortgeschrittene Kenntnisse in Mathematik, Physik und/oder Chemie (8. Gymnasialklasse und höher)?

❑ Ja
❑ Nein
❑ Teilweise

3. Sind Sie dazu bereit, den Kindern Ihrer zukünftigen Partnerin beim Üben für Klassenarbeiten und/oder bei der Recherche und Ausarbeitung ihrer Schulreferate zu helfen?

❑ Ja
❑ Nein
❑ Kommt auf die Quantität meiner oralen Befriedigung durch meine zukünftige Partnerin an

4. Würden Sie die Schulreferate auch allein anfertigen, hierfür nächtelang durcharbeiten und von den Kindern Ihrer zukünftigen Partnerin nicht mehr als ein knappes »danke« – wenn überhaupt – dafür erwarten?

- ❑ Ja
- ❑ Nein
- ❑ Kommt auf die Quantität und Qualität meiner oralen Befriedigung durch meine zukünftige Partnerin an

5. Erklären Sie sich ferner dazu bereit, Ihre zukünftige Partnerin in spe mit ihren Kindern auf den Weg in die Ferien zum Flughafen zu bringen?
Und zwar auch dann, wenn

a) dem Wunsch der Kinder Ihrer neuen Partnerin nachgegeben wurde und Sie selbst nicht mit verreisen dürfen?

Und wenn

b) neben Ihnen auch mindestens ein anderer KV (= Kindsvater) am Flughafen auftaucht, um seine Kinder zu verabschieden (der KV trägt nicht die Koffer, hierfür sind Sie zuständig).

- ❑ Ja
- ❑ Nein
- ❑ Kommt auf die Erfüllung meiner Vorlieben an – siehe Anlage zu meinen sexuellen Sonderwünschen.

»Das sind doch endlich mal aussagefähige Fragen!«, schwärmte Cosima. »Wen interessiert schon das verschnörkelte Geschwätz darüber, was ein Mann auf eine einsame Insel mitnehmen würde, von welchen zwei Dingen er sich nie trennen könnte oder wie ein perfekter Tag für ihn aussähe?«

Sie trank ihr Glas Prosecco auf ex aus und fuhr fort:
»... und ein Date hast du auch schon. In einer halben Stun-

de erwartet dich Bernd im Café *Anita Wronski* am Wasserturm.«

»Wie bitte?«, fragte ich und glaubte, mich verhört zu haben.

Statt einer Antwort loggte sich Cosima mit einem Benutzernamen auf der Webpage ein und klickte auf ein Bild.

»So sieht er aus«, sagte sie und drehte den Laptop in meine Richtung.

Das Bild zeigte einen muskulösen Mann mit Sonnenbrille, der lässig an einem Audi-Kombi lehnte. Wegen der Unschärfe des Fotos war sein Gesicht aber kaum zu erkennen.

»Ich hab dich schon mal ins Netz gestellt«, fuhr Cosima fort und klickte sich auf »meine« Profilseite, wo ich las:

Attraktive, schlanke Secondella, 36, mit braunen Korkenzieherlocken, leuchtend grünen Augen, drei Kindern, einem Hund und zwei Schildkröten sucht …

»Bist du wahnsinnig geworden?«, rief ich. »Der Text ist total peinlich!«

Abgesehen davon waren mir Internet-Dates suspekt. Zum einen fand ich die Vorstellung unangenehm, jemandem gegenüberzusitzen, der mir in der virtuellen Welt etwas von sich preisgegeben hatte, bevor ich ihm das erste Mal in die Augen gesehen hatte. Zum anderen war mir der Gedanke an eine Art Bewerbungssituation zuwider, bei der mich der Mann durch sein persönliches Raster laufen ließ:

- Sie ist mein Typ: ja – nein;
- Ich kann mir mit ihr was Festeres vorstellen: ja – nein;
- Ich kann sie mir als Affäre vorstellen: ja – nein – nur in Dürrezeiten.

Cosima überhörte meinen Protest, drückte mir ein knallrotes Tuch als Erkennungszeichen in die Hand und erklärte mir, mein Tarnname sei »Susanne«.

»Jetzt geh, sonst kommst du zu spät«, sagte sie, drückte mir meine schwarze Bikerjacke in die Hand, die ihrer Meinung nach perfekt zu meinem bunt gemusterten Hippie-Style-Rock und dem weißen T-Shirt passte, und drängte mich zur Tür. »Ich bleib hier und pass auf die Kinder auf. Solange du willst.«

Nervös setzte ich mich im *Anita Wronski* draußen an einen Tisch, nahm das rote Tuch aus meiner Tasche und legte es vor mich. Sekunden später stand ein Mann zwei Tische weiter auf und kam auf mich zu.

»Susanne?«, fragte er und lächelte mich breit an.

Ich nickte.

»Ich hab dich gleich an deinen Locken erkannt.«

»Früher haben mich die Jungs gefragt, ob ich sie mir unter den Armen ausgerissen und an den Kopf geklebt hätte«, sagte ich, um die Stimmung aufzulockern.

Bernd grinste gezwungen und setzte sich mir gegenüber.

Ich musterte ihn, während er die Karte studierte. Bernd schien etwas älter zu sein als ich, hatte mittelbraunes Haar und trug ein blaues Hemd, Jeans und teure Lederschuhe. Er sieht nicht schlecht aus, dachte ich und sah mich im Geiste schon in einer unwiderstehlichen Drei-Wetter-Taft-Dynamik: Als Architektin erfolgreich im Geschäft, daneben gesunde und glückliche Kinder plus einen coolen Lover, nach dem sich andere Frauen neidisch umdrehen würden.

»Hast du Lust auf Wein?«, fragte Bernd zuvorkommend.

»Ja, gern einen Riesling.«

Er bestellte eine Flasche und schnupperte mit Kennermiene am Korken, bevor er den Wein kauend probierte und für astrein befand.

Meine anfängliche Scheu vor dem Internet-Blind-Date war verflogen. Mit Bernd an einem Tisch zu sitzen und ihn kennenzulernen, fühlte sich nicht anders an, als hätte er mich auf einer Party angesprochen und in ein Gespräch verwickelt.

Auf meine Frage nach seinem Beruf erfuhr ich, dass er im Marketingteam bei eBay arbeitete. Themen rund ums Marketing interessierten mich eigentlich nicht besonders. Um unser beginnendes Gespräch nicht wieder abebben zu lassen, fragte ich dennoch genauer nach, woraufhin Bernd mir alles Mögliche über Vermarktungsstrategien, Produktintegrationen, Akquisen strategischer Partner und sein Werbekundenportfolio berichtete.

»Und was machst du beruflich?«, erwiderte er schließlich meine Frage.

»Ich bin Architektin und auf Jobsuche«, antwortete ich wahrheitsgemäß. »In den letzten Jahren saß ich in einer Art Zehlendorfer Gefängnis und konnte nicht arbeiten.«

»Wie meinst du das?«

Bernd schenkte mir noch ein Glas Wein nach.

»Na ja«, sagte ich und suchte nach dem Anfang meiner Misere. »Mein Exmann Mark und ich haben uns kennengelernt, als wir beide Mitte zwanzig waren. Damals hatten wir ganz ähnliche idealistische Vorstellungen von unserer Zukunft, und es stand für uns völlig außer Frage, dass wir auch dann weiter als Anwalt für Gesellschaftsrecht und Architektin arbeiten würden, wenn wir Kinder hätten. Unsere Kinder sollten sich in unsere bestehenden Leben einfügen und nicht zu deren Sinnstiftern werden.«

»Doch dann kam alles anders?«, hakte Bernd nach.

Ermuntert durch die einsetzende Wirkung des Weins plauderte ich weiter aus dem Nähkästchen:

»Ja, genau. Meine beruflichen Probleme und der Niedergang meiner Ehe fingen an, als unser erstes Kind Lorenz gerade ein Jahr alt geworden war und in der Kita *Panama* eingewöhnt wurde.«

Panama, erzählte ich weiter, war ein sogenannter Eltern-Initiativ-Kinderladen und die einzige Kita in unserem Bezirk, in der wir einen Betreuungsplatz ergattern konnten – und das nur in allerletzter Minute, weil unverhofft ein Kind abgesprungen war. An einem Freitag kam die frohe Botschaft, am nächsten Montag ging es los. Der Träger des Kinderladens war ein von Eltern gegründeter Verein, der zwar für jedes zu betreuende Kind dieselben finanziellen Zuschüsse erhielt wie eine staatliche Kita, dessen Organisation jedoch einem Elternvorstand oblag, der sich einem strikten erzieherischen Programm verschrieben hatte.

Mit dessen Regel Nummer eins wurde ich gleich an Lorenz' erstem Tag konfrontiert: Alle Eltern mussten sich für die Eingewöhnung ihrer Kinder mindestens vier oder besser noch sechs Wochen Zeit nehmen. Auf Schritt und Tritt sollte man während dieser Zeit seine Kinder durch den Kita-Alltag begleiten, bevor man die eigene Anwesenheit ausschleichen durfte.

Da ich mit einem so hohen Zeitaufwand für Lorenz' Eingewöhnung nicht gerechnet hatte, stand ich plötzlich vor einem Problem. Meinem Chef im Architekturbüro Roger Kanitz hatte ich nämlich in meiner Euphorie gleich nach der Zusage für den Kita-Platz meinen Wiedereinstieg in den Job für zwei Wochen später angekündigt.

Die erste von vielen Streitereien mit Mark entbrannte darüber, wer von uns beruflich in dieser Situation zurückstecken würde. Mark, der mit wichtigen Gerichtsterminen aufwarten konnte, gewann den Streit. Ich hingegen musste meinen Wiedereinstieg in die Arbeitswelt um weitere Wochen nach hinten verschieben.

»Übrigens frage ich mich bis heute«, fügte ich hinzu, »warum in vielen Kitas eine so lange Eingewöhnungsphase mit den Eltern zum Pflichtprogramm gehört. In den Kinderbetreuungseinrichtungen von Hotels, Ferienclubs, Fitnesscentern oder Kaufhäusern gibt man seine Kinder schließlich auch kurz und schmerzlos ab. Und ich beobachte immer wieder, dass den Kids der Abschied von ihren Eltern dort viel leichter fällt und …«

Da mir auffiel, wie lange ich schon redete, hielt ich mitten im Satz inne.

»Interessiert dich das eigentlich alles?«, vergewisserte ich mich. »Ich will dich nicht langweilen.«

»Das tust du nicht«, entgegnete Bernd und warf einen flüchtigen Blick auf mein Dekolleté. »Erzähl ruhig weiter.«

»Okay«, sagte ich. »Irgendwann bin ich endlich wieder jeden Morgen ins Büro gefahren, nachdem ich Lorenz in der Kita abgesetzt hatte.«

Mit Roger Kanitz, fuhr ich fort, hatte ich mich vorläufig auf eine Dreißigstundenwoche geeinigt. Bald aber merkte ich, dass das nicht reichte. Wenn man als Architekt erfolgreich sein will, muss man flexible Arbeitszeiten akzeptieren, was bedeutet, dass man vor Wettbewerbseinreichungen auch an Wochenenden und bis tief in die Nächte hinein arbeiten muss.

Mark, der damals täglich rund zwölf Stunden im Büro verbrachte und es sich zum Ziel gesetzt hatte, Partner seiner Anwaltskanzlei zu werden, war keine Unterstützung. Im Gegenteil. Andauernd musste ich mit ihm Machtkämpfe darüber ausfechten, wer von uns sich spontan freinahm, wenn die Kita anrief, weil Lorenz einen grippalen Infekt ausbrütete und frühzeitig abgeholt werden musste; wer einmal im Monat die von Eltern zu leistenden Koch-, Gartenpflege- oder Putzdienste übernahm; wer den Gesprächseinladungen von Lorenz' Erzieherin folgte, die uns engmaschig über ihre Eintragungen in das Sprachlerntagebuch unseres gerade mal einjährigen Sohnes sowie über dessen feinmotorische, grobmotorische und psychosoziale Entwicklung auf dem Laufenden halten wollte (und dies stets zu den allgemein üblichen Arbeitszeiten), oder wer sich wenigstens alle halbe Jahr einmal für einen der weiteren Sonderelterndienste zur Verfügung stellte. Ob es um einen Ausflug an einem Montagmorgen ging oder um einen neuen, farbenfrohen Wandanstrich für den Gruppenraum an einem Mittwochnachmittag – ständig wurden wir aufgefordert, unter der Woche tagsüber mitzuhelfen.

Mark und mir wurde bald klar, dass es so nicht weitergehen konnte.

Wir stellten deshalb ein Au-pair-Mädchen ein, das Lorenz nachmittags aus der Kita abholen und so lange betreuen sollte, bis wir am Abend nach Hause kamen. Außerdem sollte es im Krankheitsfall einspringen und auch die vielen Kita-Dienste übernehmen.

Unser erstes Au-pair-Mädchen Jana machte einen aufgeweckten, patenten und weltgewandten Eindruck. Leider hatte sie aber eine seltsame Vorstellung von Verantwortung. So erfuhren wir nach einigen Wochen, dass sie während der Stunden, in denen sie auf Lorenz aufpassen sollte, ein paar Straßen weiter putzen ging und unseren Sohn dorthin mitnahm. Eine Nachbarin beobachtete, während Jana im Haus sauber machte, wie Lorenz im Kinderwagen festgeschnallt stundenlang im Garten saß und weinte. Heimlich folgte sie unserem Au-pair-

Mädchen nach Hause und informierte uns über den Vorfall. Mark und ich waren völlig schockiert – nicht auszudenken, was Lorenz mit diesem verantwortungslosen Au-pair alles hätte passieren können! Wir kündigten Jana fristlos und versuchten unser Glück erneut.

Unser zweites Au-pair-Mädchen Amira schlossen wir vom ersten Moment an ins Herz. Besonders Lorenz war regelrecht in sie verliebt, und wir hofften schon, dass sie länger als ein Jahr bei uns bleiben würde. Einige Wochen später bat Amira uns aber kleinlaut um ein Gespräch: Sie war schwanger. Und wollte deshalb – verständlicherweise – so bald wie möglich zu ihrem Freund nach Leipzig ziehen.

Unser drittes Au-pair-Mädchen Elin akquirierten wir aus einem Appenzeller Bergdorf in der Schweiz. Ihre verklärten Vorstellungen vom aufregenden Großstadtleben, die sie nach Berlin gelockt hatten, hielten der rauen Realität jedoch keinen Tag lang stand. Schon die Fahrt mit der U-Bahn war ein Abenteuer, dem sie sich nicht gewachsen fühlte, da sie weder einen Fahrplan lesen noch einen Fahrkartenautomaten bedienen konnte. Und als die Kassiererin im Supermarkt nicht verstand, was sie mit einem Säckli meinte, brach sie darüber in Tränen aus und traute sich danach nicht weiter als bis zum nächsten Spielplatz aus dem Haus. Als Elin wegen starken Heimwehs den Wunsch äußerte, ihr Jahr in Deutschland früher als geplant zu beenden, waren Mark und ich erleichtert darüber, zukünftig nicht noch ein weiteres Kind im Haus zu haben, mit dem wir z'nüni, z'vieri und z'nacht essen mussten.

Für einen weiteren Au-pair-Versuch fehlten uns Nerven, Kraft und Zeit. Eine Alternative musste her, und nach einem intensiven Brainstorming fanden wir die ideale Lösung: Eine fulltime (plus Überstunden), fest angestellte, gelungene Mischung aus der früheren Supernanny Katharina Saalfrank und der Sitcom-Nanny Fran hätte all unsere Probleme gelöst und uns als Kinderfrau und Haushälterin zugleich vollständig den Rücken freigehalten.

Leider hatte diese Lösung einen Nachteil: die Kosten. Auch nach Abzug der maximalen steuerlichen Absetzbarkeit wäre ihr Lohn höher gewesen als mein Gehalt. Das nämlich war wie bei den meisten Architekten relativ niedrig.

»Und jetzt rate mal, was mein Ex als Nächstes gesagt hat?«, forderte ich Bernd auf und merkte, wie meine Stimme bebte, da mich Marks Verhalten immer noch wütend machte.

»Keine Ahnung.«

Ich trank meinen Wein in einem Schluck aus.

»Er hat mich allen Ernstes gefragt, ob er mir den Luxus, arbeiten zu gehen, wirklich finanzieren muss!«, rief ich aufgebracht.

»Als du im ersten Jahr nach Lorenz' Geburt nicht gearbeitet hast, lief alles entspannt«, äffte ich Mark nach. »Drunter und drüber geht es erst, seit du wieder im Büro bist. Dein Job verursacht Stress. Nicht nur für dich, sondern auch für mich und unseren Sohn. Und finanziell springt kaum etwas dabei heraus. Wozu also die ganze Hektik? Die Mutterschaft sollte doch eine größere Erfüllung sein als die Karriere.«

Ich sah Bernd an und erwartete eine mitfühlende Bemerkung.

»Das war doch wirklich die Höhe, findest du nicht?«

»Ja, ja, natürlich«, murmelte er.

Wäre ich bei klarem Verstand gewesen, hätte ich meine memoirenartigen Ausführungen spätestens jetzt beendet. Doch wegen meiner Alkoholbrille und weil ich mich außerdem in Rage geredet hatte, fuhr ich unbeirrt fort:

»Damals hatte ich das Gefühl, meinen eigenen Mann nicht mehr zu kennen oder ihn vielleicht nie richtig gekannt zu haben. Ich hab gedacht, ich spinne: Im einundzwanzigsten Jahrhundert musste ich plötzlich darum betteln, meinen Beruf ausüben zu dürfen! Das ist doch krass, oder?«

»Klar, du hast schon recht …«

»Kennst du den Spruch: ›Gib einem Menschen Macht und Erfolg, und du erkennst sein wahres Ich‹?«, fuhr ich eindringlich fort.

Bernd nickte vage und versuchte, das Thema zu beenden.

»Und dann hast du deinen Mann verlassen?«

»Das wollte ich eigentlich – aber dann hab ich gemerkt, dass ich wieder schwanger war …«

Und deshalb, drängte ich Bernd die Fortsetzung meiner Geschichte auf, einigte ich mich mit Mark notgedrungen auf einen Kompromiss und bat meinen Chef um eine auf zwanzig Stunden reduzierte Arbeitswoche. Unser privater Alltag verlief daraufhin wieder entspannter. Beruflich aber endete es für mich in einem Desaster: Mein monatliches Einkommen schrumpfte auf die Höhe eines mies bezahlten Schülerjobs. Außerdem bekam ich keine architektonischen, sondern nur noch bauzeichnerische Aufgaben zugeteilt, die mich bodenlos langweilten.

Einige Monate später brachte ich meine Zwillingstöchter Maya und Fanny zur Welt. Kurz darauf lief mein Arbeitsvertrag aus und wurde nicht weiter verlängert. In Architekturbüros wird man meistens nur projektbezogen eingestellt. Und Roger Kanitz sagte mir auf den Kopf zu, dass er in seiner Firma – die sich nur trug, wenn alle Mitarbeiter hundertzwanzigprozentig für ihren Job da waren – die Karriere einer dreifachen Mutter für nicht realisierbar hielt.

»So war ich unfreiwillig in einem Leben als Hausfrau und Mutter gelandet, das ich nie hatte führen wollen«, erzählte ich weiter, »während Mark seine beruflichen Pläne erfolgreich umsetzte und zum Partner seiner Kanzlei aufstieg.«

»Und wann hast du dich dann endlich von deinem Mann getrennt?«, bohrte Bernd nach. Dieses Mal bemerkte ich die Ungeduld in seiner Stimme. Weil meine Geschichte aber sowieso ihrem Ende nahte, ging ich darüber hinweg und antwortete:

»Noch nicht sofort. Eine Weile hab ich noch versucht, unsere Ehe zu retten. Doch leider war Mark resistent gegenüber meinen Verbesserungs- beziehungsweise Rettungsvorschlägen für unsere Beziehung.«

Ich beschrieb Bernd, wie sich Mark immer selbstverliebter in der Rolle des patriarchalischen Kapitäns sonnte, der den Familiendampfer sicher durch die stürmischen Wogen globaler Wirtschaftskrisen manövrierte. Und dem es als Dank dafür zustand, zu Hause von mir, alias seinem rund um die Uhr zum Einsatz bereiten Kindermädchen, sowie seiner leibeigenen Dienstmagd und persönlichen Krankenschwester umsorgt zu werden.

»Die Situation frustrierte mich so sehr, dass ich begann, an allem und jedem herumzunörgeln, bis ich mich selbst nicht mehr ertragen konnte«, beendete ich mein Epos. »Das war natürlich reines Übersprungsmeckern. Aber Mark hat darauf mit Kälte und Ignoranz reagiert und beides immer mehr auf die Spitze getrieben: Wäre ich nicht seine Ehefrau, sondern sein Au-pair-Mädchen gewesen, hätte ich mich bei meiner Vermittlungsagentur über mangelnde persönliche Ansprache beschwert. Irgendwann hab ich mir dann die Kinder, die Tiere und meine sieben Sachen geschnappt, bin aus unserem gemeinsamen Haus ausgezogen – und tja, jetzt sitz ich hier mit dir.«

»Tja, jetzt sitzt du hier mit mir«, wiederholte Bernd meine Worte.

»Und bei dir?«, fragte ich. »Wie läuft es mit deiner Ex und den Kindern?«

»Ich war nie verheiratet und hab keine Kinder. Das passt beides nicht in mein Leben.«

»Wie bitte?«, entgegnete ich verwirrt, »aber wir haben uns doch über das *Zweite-Runde-für-die-Liebe*-Portal kennengelernt …«

»Stimmt«, sagte Bernd. »Ich steh ja auch auf Mütter mit vielen Kindern, weil ihr mir aller Wahrscheinlichkeit nach keins anhängt und normalerweise entspannter seid als die *leftovers* und Torschlusspanikerinnen. Deine Trennung ist mir aber noch zu frisch, und die ganze Kiste mit deinem Ex klingt echt anstrengend. Was hältst du davon, wenn wir uns in 'nem halben Jahr wieder treffen, falls sich bei dir dann alles runtergepegelt und normalisiert hat?«

Ich starrte Bernd an. Ebenso fassungs- wie sprachlos. Wie Schuppen fiel es mir von den Augen, dass er sich von Anfang an kein Stück für meine Geschichte interessiert hatte, sondern lediglich abchecken wollte, ob ich für unverbindlichen und emotional hygienischen Gelegenheitssex taugte.

Auf Bernds Wink hin brachte die Kellnerin die Rechnung. Er warf einen kurzen Blick darauf und legte fünf Euro auf den Tisch.

»Du übernimmst den Rest, weil du mehr getrunken hast als ich, okay?«, sagte er und war aufgestanden, als ich aus meinem Schockzustand erwachte, den vergeigten Auftakt meines neuen Singlelebens verfluchte und ihm: »Hey, warte mal!«, hinterherrief. Doch zu spät, denn Bernd war schon um die nächste Häuserecke verschwunden, als die Kellnerin zum Abkassieren kam. Wütend beglich ich die noch ausstehenden zwanzig Euro.

2

Das folgende Wochenende war das erste, das meine Kinder bei Mark verbrachten, der sich nahe unseres alten Hauses eine Erdgeschosswohnung mit Garten gemietet hatte.

Ich war froh darüber, dass Mark auch weiterhin in Zehlendorf leben wollte. So würden die Kinder jedes zweite Wochenende in ihrer alten, vertrauten Umgebung verbringen, und insbesondere Lorenz, dessen Freundschaften schon länger gewachsen waren als die der dreijährigen Zwillinge, konnte Kontakt zu seinen alten Freunden halten.

Mark hatte Zehlendorf immer geschätzt. Gegenläufig zu seiner beruflichen Beschleunigung suchte er in seiner Freizeit zunehmend Ruhe und Entspannung. Als wir noch frisch liiert waren, waren wir fast jeden Abend zusammen unterwegs gewesen. Mit der Zeit hatte Mark sich aber immer seltener dazu überreden lassen. Selbst an den Wochenenden machte er es sich am liebsten zu Hause auf dem Sofa bequem. Und zwar nicht, um sich bei einem Glas Wein inspirierend zu unterhalten und dann gegebenenfalls Sex mit mir zu haben, sondern um sich in berufliche Akten oder eine Wochenzeitung zu vertiefen und darüber einzuschlafen.

Mich langweilte Marks verkümmertes freizeitliches Aktivitätsbedürfnis, und unsere Abende und Wochenenden erinnerten mich an das Leben in einem Altersheim. Natürlich hatte ich Verständnis dafür, dass er nach einem Arbeitstag in der Kanzlei erschöpft war. Nicht verstehen konnte ich hingegen, dass es in seiner oft zitierten Work-Life-Balance eben keine Balance gab.

»Du und die Kinder habt doch auch etwas davon, wenn ich so viel arbeite«, rechtfertigte Mark sich wiederholt für sein Verhalten.

Das stimmte aber nicht. Ich hätte weitaus lieber weniger Geld und dafür mehr Spaß und eine funktionierende Ehe gehabt.

Nachdem ich an besagtem kinderfreien Wochenende ausgeschlafen hatte – zum allerersten Mal seit Lorenz' Geburt vor sechs Jahren –, ging ich ohne meinen sonstigen Dauerzeitdruck mit Clooney im Mauerpark spazieren. Außerdem kaufte ich auf dem Kollwitzplatz-Markt lauter Köstlichkeiten ein, die ich schon ewig nicht mehr gegessen hatte, weil meine Kinder sie mit »bäh« kommentierten.

Zurück zu Hause setzte ich mich mit Feigen, Oliven und geräuchertem Lachs auf meinen Balkon und fütterte Clooney zur Feier des Tages mit Leberwurst. Anschließend schrieb ich meinem ehemaligen Chef Roger Kanitz eine E-Mail, in dem ich ihn um ein Treffen bat. Mir war bewusst, dass Roger jetzt, wo ich nicht nur drei Kinder hatte, sondern obendrein alleinerziehend war, erst recht davor zurückschrecken würde, mir einen neuen Job in seinem Büro anzubieten. Da er aber in der Architektenszene bekannt und gut vernetzt war, erhoffte ich mir von einem Gespräch mit ihm Ideen und Ratschläge.

Als ich die Mail verschickt hatte, fiel mein Blick über den Internetverlauf auf www.zweite-runde-fuer-die-liebe.de, und ich öffnete das Portal erneut.

Sehr geehrter potenzieller, zukünftiger Liebhaber einer alleinerziehenden Mutter,

las ich dort dieses Mal,

1. Haben Sie bedacht, dass Sie in dem Haushalt einer Frau mit Kindern mit gesteigerter Wahrscheinlichkeit auch dem innigen Kontakt zu einem Haustier – meist Katze oder Hund – ausgesetzt sind, was tätliche Angriffe auf Sie zur Folge haben kann?

❑ Ja

❑ Nein

Sollten Sie in weiser Voraussicht eine Partnerin mit Haustieren kategorisch ausschließen, überspringen Sie bitte die nächsten Fragen.
Falls nicht, beantworten Sie Folgendes:

2. Muss Ihre zukünftige Partnerin mit ungehaltenen Reaktionen Ihrerseits rechnen, falls ihr Haustier – während Sie durch den Geschlechtsakt abgelenkt sind – Ihre Strümpfe verschleppt und/oder auffrisst und/oder Ihre Unterhose beschnuppert (Sex-Neid)?

❑ Ja
❑ Nein

3. Sind Sie außerdem mental darauf vorbereitet, dass eine Katze vorzugsweise kurz vor Ihrem sexuellen Höhepunkt auf Ihren Rücken springen beziehungsweise dass ein Hund Ihnen kurz vor Ihrem Orgasmus die Füße ablecken wird (Eifersucht)?

❑ Ja
❑ Nein

Ich warf Clooney, der schwanzwedelnd neben mir saß und auf ein weiteres Stück Leberwurst hoffte, vorsorglich einen strengen Blick zu und erinnerte mich an die Erfahrungsberichte meines schwulen Freundes Igor.

Dessen größtes Problem im Leben war neben dem Klimawandel und der Ungerechtigkeit unserer Gesellschaft sein Mops Benson. Der nämlich jaulte immer laut und zerkratzte alle Türen von Igors Wohnung, wenn er hörte, dass sein Herrchen im Nebenraum Sex hatte. Ein Verhalten, das Igor nicht nur viele Beschwerden aus der Nachbarschaft einbrockte, sondern auch eine Serie verpatzter Sexnächte.

Weil Igor in keinem seiner vielen Bücher über Hundeerziehung ein Kapitel zum Thema: »Wie trainiere ich meinem Hund Toleranz und Diskretion gegenüber meinem Sexualleben an« fand, engagierte er einen Hundetrainer. Der verlangte, der Stresssituation des Hundes zuerst persönlich beiwohnen zu müssen, um dann eine Diagnose stellen und eine korrigierende Erziehungsmaßnahme empfehlen zu können.

Igor wollte sich aber von seinem Hundetrainer beim Sex nicht zuhören lassen. Deshalb sperrte er Benson in Zukunft für die Dauer seiner Schäferstündchen ins Auto. Das wiederum funktionierte witterungsbedingt nur von Anfang April bis Ende Oktober.

Und so nahm die Geschichte ihr Ende darin, dass Igor während der Wintermonate keinen Sex mehr hatte.

»Ich könnte dir neben den Kräutertöpfen eine beheizbare Hundehütte auf den Balkon stellen«, schlug ich Clooney vor, kraulte ihn hinter dem Ohr und schämte mich gleichzeitig für den Versuch, ein lösungsorientiertes Gespräch mit meinem Hund zu führen. Dann wandte ich mich wieder dem Computer zu, klickte mich von der Männer- zur Frauen-Rubrik und begann erneut zu lesen:

Liebe alleinerziehende Mutter,
bitte erlauben Sie uns nun folgende intime Fragen und beantworten Sie diese so <u>wahrheitsgemäß</u> wie möglich. Bedenken Sie dabei, dass es kontraproduktiv ist, wenn Sie sich Ihrem potenziellen Liebhaber in spe als Mogelpackung anpreisen:

1. Wie viele Kinder haben Sie schon auf natürliche Weise durch Ihren Geburtskanal gepresst?

- ❑ Ein Kind
- ❑ Zwei Kinder
- ❑ Mehr als zwei Kinder

2. Haben Sie mindestens eines Ihrer Kinder länger als drei Monate gestillt?
Falls nein, überspringen Sie bitte die nächste Frage.
Falls ja:

3. Haben Sie die Verschleißerscheinungen Ihrer Brüste und/oder anderer Körperregionen durch schönheitschirurgische Wiederherstellungsmaßnahmen korrigieren lassen?
Falls nein, überspringen Sie bitte die nächste Frage.
Falls ja:

4. Wurde der Eingriff hierzulande vorgenommen oder aus Kostengründen jenseits der Oder-Neiße-Linie?

5. Sollte Letzteres der Fall sein:
Ist das Ergebnis trotzdem ansehnlich?

Ich scrollte weiter und verbot mir ein vertieftes Nachdenken über den Zustand meiner postnatalen erogenen Zonen, um nicht gleich an meinem ersten kinderfreien Wochenende einer schweren Depression zu verfallen. Dabei musste ich an meine inzwischen verstorbene Großtante Hella denken, die kapriziöses Frauengequatsche nicht ertragen konnte und immer dann, wenn ich mich mit Mitte zwanzig auf einem Foto nicht hübsch genug fand, zu meinem Gezeter sagte:

»Jetzt wart halt mal ab und schau dir das Foto in zehn Jahren wieder an. Spätestens dann findest du dich hübsch.«

Auf einmal klingelte es an der Haustür, und ein unverhoffter Besuch beendete meine Lesestunde.

»Hallo, meine Süße!«, rief Claire, auch genannt Charity-Claire, mir schon aus dem Treppenhaus entgegen und stöckelte im nächsten Moment auf meterhohen Stilettos in meine Wohnung. Während Claire ihren Trenchcoat ablegte, präsentierte sie mir neben ihrer nagelneuen Preis-auf-Anfrage-Bluse mit Pythonprint auch ihren Kroko-Shopper, für dessen Wert ich mindestens drei Monatsmieten hätte zahlen können.

»Hoffentlich kaufen mir die Tasche nicht gleich wieder alle nach …«, sorgte sie sich ernsthaft. Denn wenn andere Frauen ihre Kleider oder Accessoires kopierten, fühlte sie sich vom Schicksal noch schlimmer betrogen, als wenn es während ihrer sechswöchigen Sommerferien an der Côte d'Azur einen halben Tag lang regnete.

Claire und ich hatten uns über die Kita *Panama* kennengelernt, wo sich Lorenz und ihr jüngerer Sohn miteinander angefreundet hatten. Da wir die einzigen *Panama*-Mütter waren, die sich über die vielen Elterndienste dort ärgerten, wurden wir zu Verbündeten. Die Gründe dafür waren jedoch verschieden: Claire fühlte sich durch die Kita-Dienste nicht von ihrem Job abgehalten – sie hatte gar keinen –, sondern vom »Fitten«, »Waxen« und »Wellnessen«.

Zu ihrem Beinamen »Charity« war Claire gekommen, weil sie regelmäßig an Wohltätigkeitsveranstaltungen teilnahm. Böse Zungen behaupteten zwar, es ginge ihr dabei nur um das Prestige einer High-Society-Mutter-Teresa, während die politisch Verfolgten, Aidskranken und Kriegswaisen sie in Wahrheit weitaus weniger interessierten als ihre mit Hyaluronsäure unterspritzten Nasolabialfalten. Ich fand solche Lästereien aber unfair. Claire mochte zwar dem Klischee einer Lady Botox entsprechen, die ihr *»Shop until you drop«*-Leben genoss. Und sie hielt es auch für lobenswert, dass ihr älterer Sohn, der eine internationale Privatschule besuchte, sein Essay im Fach »Environmental Studies« mit der Aussage beendete: *»Men work, women buy.«*

Dennoch musste man anerkennen, dass Claire wirklich viel Geld an Bedürftige spendete und somit nicht zu der großen Gruppe vermögender Menschen gehörte, auf die der Spruch »Haben kommt vom Behalten« zutrifft.

Verheiratet war Claire mit Klaus-Dieter, dessen Lieblingswort »stemmen« war. Klaus-Dieter stemmte einfach alles in seinem Leben: seine Häuser, sein Motorboot, seine Baufirma und seine Familie.

Als Dank für sein vieles Stemmen erwartete er von Claire Gefügigkeit. Das gipfelte darin, dass er sie zu sich ins Wohnzimmer zitierte und nach der Uhrzeit fragte, damit er sich nicht selbst zu der über ihm hängenden Wanduhr umdrehen musste. Oder dass er sie aus dem Schlafzimmer mit dem Handy in der Küche anrief, um sich bei ihr einen frisch gepressten Orangensaft ans Bett zu bestellen.

Meine Meinung zu ihrer Beziehung mit Klaus-Dieter hatte ich Claire noch nie gesagt, und sie hatte mich auch noch nicht danach gefragt, denn Claire gehörte zu den Frauen, die ihr Unglück entweder verdrängen oder mit Luxus kompensieren. Deshalb umgab sie sich in der Regel auch nur mit Freundinnen, deren Beziehungen mindestens so kompliziert waren wie ihre eigene – ich selbst gehörte bis zu meiner Trennung auch dazu. Die vermeintliche Tatsache, dass es zwischen Paaren nirgendwo besser lief als zwischen ihr und Klaus-Dieter, beruhigte sie.

»Ich bin ganz zufällig hier in der Gegend, weil am Kollwitzplatz ein neuer *Flower-Art*-Laden aufgemacht hat«, behauptete Claire.

Ihre Neugierde darauf, wie ich mir mein neues Leben eingerichtet hatte, stand ihr aber so offenkundig ins Gesicht geschrieben, dass ich ihrer Spontaneität unmöglich glauben konnte.

Als Claire mich schließlich zu einer »Schlossführung« – so nannte sie es – aufforderte und ich ihr zeigte, dass sich die Zwillinge ein Zimmer teilten und ich für Lorenz eine ehemalige Kammer umgebaut hatte, musste sie merklich schlucken.

»Lorenz' Reich sieht ja aus wie eines dieser überteuerten japanischen Hotelzimmer, in denen man sich wie im Leichenschauhaus fühlt«, sagte sie scherzend. »Oder wie ein Schlafwagenabteil im DB-Nightliner.«

Da Claire die Vorstellung, auf ihren Lifestyle zu verzichten, unerträglich erschien, ging sie automatisch davon aus, es würde mir genauso gehen. Und so zwinkerte sie mir betont aufmunternd zu und sagte, ich hätte bestimmt bald ebenso viel Glück wie die Serienfigur Angi Graf aus der Achtzigerjahre-ZDF-Serie *Ich heirate eine Familie*.

Dieses TV-Highlight hatte sie in ihrer Jugend rauf- und runtergeguckt. Jedenfalls konnte sie mir noch genau erzählen, wie die besagte Angi mit ihren drei Kindern von dem attraktiven Werbegrafiker und Dauersingle Werner Schumann geheiratet wird. Und wie der gezähmte Werner vom Moment seiner Hochzeit an in jeder Folge von Neuem beteuert, dass ihm in seinem Leben nichts Besseres hätte passieren können.

Zugegeben, manchmal beneidete ich die Frauen, die auf *rewind* drückten und entweder kurz nach ihrer ersten Ehe zum zweiten Mal heirateten oder sich noch während ihrer laufenden Beziehung von einem Fluchthelfer abwerben ließen, mit dem sie gleich wieder zusammenzogen und noch mindestens ein gemeinsames Kind in die Welt setzten. Trotzdem passte dieses Lebenskonzept nicht zu mir.

»Für mich ist es jetzt erst mal das Wichtigste, beruflich wieder Fuß zu fassen«, sagte ich und erklärte, mich nicht noch mal mit einem Ernährer liieren zu wollen, in dessen Abhängigkeit ich wieder geraten könnte. Außerdem wollte ich auf keinen Fall ein viertes oder womöglich fünftes Kind kriegen, für das ich mich beruflich erneut einschränken müsste. Die Gefahr, mit noch einem Kind in eine ähnliche Falle zu tappen, die während meiner Ehe mit Mark zugeschnappt war, erschien mir zu groß.

An einer neuen Liebesbeziehung, fuhr ich fort, war ich zwar interessiert, nicht aber an einer Versorgungs- und Hausgemeinschaft. Schon allein aus erotischen Gründen wollte ich mich nie wieder mit einem Mann darüber auseinandersetzen müssen, wer morgens um sechs Uhr die Schulbrote schmiert, wer ein vollgemachtes Kinderbett frisch bezieht, wer die Kinderhaare entlaust oder das Hundefell entfloht. Jahrelang hatte ich während meiner Ehe die Kombination aus engmaschig geteiltem Alltag, begrenztem Wohnraum und Kleinkindern als Beziehungs- und Erotikkiller kennengelernt – das reichte.

Andererseits strebte ich auch keine reine Schönwetter-Hobby-Beziehung an. Aber eine wohl dosierte Mischung aus beidem sollte es sein. Eine Beziehung, die auf emotionalen, nicht aber auf äußeren Verträgen beruhen würde. Nicht das harte und auch nicht das weiche Frühstücksei, sondern das *wachs*weiche, bitte.

Claire sah mich mit großen Augen an. Dass ich eine zukünftige Beziehung mit einem Mann innovativ angehen wollte, nachdem ich in der klassischen Variante des Zusammenlebens schon mal gescheitert war, konnte sie nicht nachvollziehen. Und so konterte sie, meine Zielvorgaben hätten nichts mit einem wachsweichen Frühstücksei zu tun, sondern allenfalls mit Gulasch ohne Fleisch oder mit Meerwasser ohne Salz.

»Weißt du was?«, sagte sie schließlich und beendete unser Gespräch mit einer zündenden Idee, von der sie sich drei neue Charity-Sternchen im Himmel versprach.

»Klaus-Dieter und ich organisieren bald ein Abendessen für dich. Überlass die Suche nach einem neuen Mann ruhig mir. Wenn du den Richtigen erst kennengelernt hast, kriegst du bestimmt auch wieder Lust, noch mal zu heiraten.«

Resigniert gab ich auf. Offensichtlich haftet einer alleinstehenden Mutter automatisch das Image der emotionalen und finanziellen Bedürftigkeit an – ganz gleich, ob das der Realität entspricht oder nicht. Anders konnte ich mir jedenfalls nicht erklären, warum Claire mir hartnäckig und unbeirrbar temporäre Bindungsangst unterstellte, hinter der sie meine Sehnsucht nach einem Sicherheit spendenden Aufpassermann vermutete.

Kies knirschte unter meinen Füßen, nachdem sich zwei Wochen später ein schmiedeeisernes Tor in der Abenddämmerung vor mir geöffnet hatte und ich an zwei Porsches – einem alten Neunhundertelfer und einem Cayenne mit dunkel getönten Scheiben – vorbei auf eine Jugendstilvilla aus der Gründerzeit zuging.

Zwei Tage zuvor hatte Claire mich angerufen.

»Ich hab jemanden gefunden, er ist perfekt für dich«, hatte sie gesagt und mich wie angekündigt zum Abendessen gebeten.

Auch wenn ich nicht erwartete, in Claires Umfeld einen Mann zu treffen, der mich ernsthaft interessieren würde, sagte ich zu. Da Claire mir beteuert hatte, das Date möglichst unauffällig einzutüten, ging ich nämlich automatisch davon aus, sie würde eine ihrer sonst üblichen rauschenden Dinnerpartys veranstalten, bei der ich mich auch mit anderen Leuten amüsieren könnte. Obendrein hatte ich keine Pläne für den Abend, an dem die Kinder wieder bei Mark sein würden.

Während mir eine asiatische Bedienstete, die Claire ihre »Perle« nannte, im steif gebügelten, grau-weiß gestreiften Kleid mit Schürze meine Jacke abnahm, wunderte ich mich, warum kaum Stimmen aus dem Salon drangen, der sich am anderen Ende des Entrees hinter geschlossenen Flügeltüren befand. Ich sah auf die Uhr und befürchtete, zu früh gekommen zu sein, als Claire auf mich zueilte.

»Er ist schon da!«, flüsterte sie mir ins Ohr, begrüßte mich mit Küsschen und bat das Hausmädchen, meine mitgebrachten Blumen in eine Vase zu stellen.

»Und die anderen Gäste?«

»Welche anderen? Wir sind zu viert. Sonst lernt ihr euch doch nicht richtig kennen.«

Am liebsten hätte ich auf dem Absatz kehrtgemacht. Das nannte Claire »möglichst unauffällig«?

»Komm, wir warten schon auf dich.«

Claire drängte mich vorwärts.

Unbehaglich folgte ich ihr in den Salon und hielt inne: Neben Klaus-Dieter, dem seine Wohlstandswampe als Stütze für sein Whiskeyglas diente, stand ein großer, gut gebauter Mann, den ich auf Anfang vierzig schätzte, mit kinnlangem braunem Haar und grauen, unergründlichen Augen. Sein Dreitagebart, sein braunes Hemd, das er über der Jeans trug, und seine abgelatschten Turnschuhe ließen mich vermuten, dass er entweder in der Kunst- oder in der Filmszene arbeitete.

»Hallo, ich bin Phyllis«, sagte ich und gab ihm die Hand.

»Hi, Jesco«, stellte er sich mit festem Händedruck vor und sah mich dabei mit einer Intensität an, die mich meinen Blick abwenden ließ.

Während mir das Hausmädchen einen Aperol reichte und Klaus-Dieter in einem nicht enden wollenden Monolog über Humidore, Bootsliegeplätze in Kroatien und die Immobilienpreise auf Long Island parlierte, musterte ich Jesco verstohlen. Seine gelassene Art, die darauf hindeutete, dass er in seinem Leben schon viel gesehen und erlebt hatte, gefiel mir.

Zu viert setzten wir uns an einen mit teurem Porzellan und Silberbesteck gedeckten Designertisch. Während wir eine Consommé aßen, stellte sich heraus, dass ich mit meiner Vermutung über Jescos berufliches Umfeld richtig gelegen hatte: Als Inhaber einer großen Bilderrahmenwerkstatt schreinerte er für einschlägige Galerien, Museen und Kunstsammler Bilderrahmen. Claire und Klaus-Dieter, an deren Wänden zur Einrichtung passende Kunstwerke hingen, gehörten auch zu seinem Kundenkreis. Bestimmt hatte Claire ihn mit der Aussicht auf einen Auftrag zu ihrem Abendessen gelockt. Dass Jesco zu seinem privaten Vergnügen seine Freizeit mit einem Ehepaar verbrachte, mit dem ihn kaum Gemeinsamkeiten verbanden, konnte ich mir nämlich nicht vorstellen.

Neben seiner Tätigkeit als Bilderrahmer war Jesco über die Jahre auch selbst zum Kunstsammler geworden. Seit der Gründung seiner Firma hatte er immer wieder begabten, noch unbekannten Künstlern ihre Bilder gerahmt. Als Gegenleistung hatte er kein Geld verlangt, sondern sich jedes Mal eines ihrer – damals noch wertlosen – Bilder schenken lassen. Einige der Künstler waren seither berühmt geworden, und der Wert ihrer Bilder war in die Höhe geschossen.

Mit einer von Klaus-Dieter im eigenen Jagdrevier erlegten Bache und seinen ebenso laienhaften wie großspurigen Empfehlungen über sinnvolle Investitionen auf dem Kunstmarkt nahm der Abend seinen Lauf.

»Letzte Woche hab ich ein Bild von Sam Rühle für nur zwanzigtausend Steine geschossen«, wandte er sich an Jesco, der wirklich ein gutes Gespür für Kunst zu besitzen schien. »Was sagst du dazu?«

»Wertbeständiger als griechische Staatsanleihen ist es bestimmt. Rühle malt ja zum Glück nicht mehr selbst, sondern setzt nur seine Unterschrift unter Malereien, mit denen er Studenten beauftragt hat.«

»Ich hab letztens ein Interview gelesen, in dem Rühle sogar damit angibt, dass er Malen nach Zahlen zur Kunst erhebt«, streute ich ein.

»Mir ist der Trend zur Manufakturkunst ganz recht«, antwortete Jesco und warf mir einen Blick zu, der mich einerseits faszinierte, andererseits so sehr verunsicherte, dass ich befürchtete, rot zu werden, »die wertet meine Rahmen auf, bei denen ich ab und zu noch selbst Hand anlege.«

Nachdem das Essen abgeräumt war und Claire uns ihre Probleme mit dem arbeitsscheuen Gartenpersonal anvertraut hatte, wandte sie sich an mich.

»Phyllis, jetzt erzähl uns doch mal, wie sich dein neues Leben so anlässt.«

»Überraschend gut«, wiegelte ich ab.

Möglichst unverfänglich berichtete ich, dass ich durch meinen Umzug von Zehlendorf in den Prenzelberger Gleimkiez das Gefühl hatte, in eine ganz andere Stadt gezogen zu sein. Nach wenigen Sätzen merkte ich aber, dass nur noch Jesco mir interessiert zuhörte. Claire hatte indessen ihren Stuhl näher an den von Klaus Dieter gerückt und schmiegte sich an ihn.

»Siehst du, Tiger, Phyllis kommt ganz allein mit drei Kindern zurecht. Willst du nicht doch noch eins kriegen?«, raunte sie ihm zu.

»Klar, aber erst in fünfzehn Jahren, wenn ›Nummer eins‹

und ›Nummer zwei‹ schon aus dem Haus sind«, tönte Klaus-Dieter über den Tisch.

Ich sah zu Claire, die mit verkniffenem Lächeln versuchte, Haltung zu bewahren. Mit ihren aktuell neununddreißig Jahren kam sie für Klaus-Dieters angekündigtes drittes Kind als Mutter nämlich nicht mehr infrage.

Da die »Perle« inzwischen ihren Feierabend genoss, half ich Claire in der Küche, vier Espressi aufzubrühen.

»Klaus-Dieter redet manchmal Unsinn, wenn er was getrunken hat. Das mit dem Timing fürs dritte Kind hat er vorhin natürlich nicht so gemeint …«, sagte Claire und nahm ihren Mann für seinen Patzer in Schutz.

Ich sah das anders, behielt meine Meinung aber für mich. Die machistische Zukunftsvision einer Jungbrunnen-Oase, nachdem die erste Ehefrau ausgedient hatte, passte zu Klaus-Dieter.

Als wir Kaffeetassen und belgische Pralinen ins Esszimmer trugen, sah ich überrascht, dass Jesco sich schon im Aufbruch befand.

»Ich muss morgen früh um sechs Uhr in der Werkstatt sein, damit ich am Montag einen Großauftrag liefern kann«, sagte er entschuldigend.

Ich lächelte Jesco zu, um ihm zu signalisieren, dass ich seinen frühen Abgang nachvollziehen konnte und es ihm am liebsten gleichgetan hätte. Auch über Jescos Gesicht huschte ein Lächeln in meine Richtung, was ich als stillschweigendes und seelenverwandtes Einverständnis zwischen uns interpretierte.

»Garantiert will er mich wiedersehen«, triumphierte ich im Stillen und stellte mir in positiver Erwartungshaltung schon vor, wie es sich anfühlen würde, mit ihm zu schlafen.

Zu viert liefen wir durch den weitläufigen Garten auf das

Tor zu. Jesco verabschiedete sich von Claire mit Bussis rechts und links, schüttelte Klaus-Dieter die Hand und dankte den beiden.

Da ich fest davon ausging, er würde jetzt auch meine Wangen küssen, und zwar ein bisschen länger als nötig, und mir dabei »Ich ruf dich an« oder Ähnliches ins Ohr hauchen, blinzelte ich ihn wieder charmant an.

Doch weit davon gefehlt, nickte Jesco nur knapp in meine Richtung, sagte tonlos »Ciao, mach's gut« und verschwand.

Ich tat mein Bestes, um mir meine angekratzte Eitelkeit nicht anmerken zu lassen. Das gelang mir aber nicht, denn Claire sah mich nicht nur mitfühlend an, sondern griff nach meiner Hand und raunte mir tröstend zu:

»Mach dir nichts draus, wir finden schon noch einen anderen für dich …« – womit der Abend endgültig für mich gelaufen war.

Die kommenden Wochen verliefen zäh, weil den Kindern allmählich bewusst wurde, dass unsere Wohnung am Prenzelberg kein spannendes Feriendomizil war, sondern unser neues Zuhause.

Damit sich nicht mit einem Schlag alles für sie änderte, fuhr ich sie zwar weiterhin jeden Tag nach *Panama* in Zehlendorf – das konnte aber kein Dauerzustand bleiben, weil ich dafür täglich insgesamt zwei Stunden im Auto saß. Für sein erstes Schuljahr meldete ich Lorenz deshalb in der für uns zuständigen Grundschule im Gleimkiez an.

Dank Cosimas Hilfe gelang es mir auch, für die Zwillinge Plätze in der Kita *Gleimzwerge* zu ergattern, die ihre Töchter besuchten. Eigentlich hätte ich Maya und Fanny dort auf die Warteliste setzen lassen müssen in der vagen Hoffnung, Monate, wenn nicht Jahre später für einen der raren Plätze gelost zu werden. Da Cosima sich jedoch im Elternvorstand der Kita engagierte, wurden mir die Plätze unter der Hand zugeteilt. Das war zwar den Eltern ohne Beziehungen gegenüber nicht fair, doch was sollte ich tun? Aufgrund der hohen Kinderdichte gab es am Prenzelberg nun mal viel zu wenige Kita-Plätze, sodass ich keine andere Wahl hatte, als mir selbst die Nächste zu sein.

Während sich die beiden Mädchen auf ihren Kita-Wechsel nach den Sommerferien freuten – ihrem Alter entsprechend fanden sie Neues grundsätzlich spannend –, wollte Lorenz viel lieber zusammen mit seinen Freunden in Zehlendorf zur Schule gehen. Weil das nicht möglich war, fing er immer wieder an zu weinen und ließ sich auch nicht damit trösten, dass er sich an jedem Vater-Wochenende mit seinen alten Freunden treffen könnte.

Hinzu kam, dass sich alle drei Kinder natürlich wünschten, Mark, ich und sie würden doch wieder als heile Familie zusammenfinden.

Ich konnte noch so viele Bücher über *glückliche Scheidungskinder* lesen, mir noch so sachkundigen Rat bei Kinderpsychologen holen oder mir die Situation damit schönreden, dass es vielen anderen Kindern auf der Erde weitaus schlechter ging als meinen – den Schmerz konnte ich ihnen nicht nehmen, und das nahm mich mindestens so stark mit wie sie.

Auch beruflich hatte sich immer noch keine Perspektive für mich aufgetan. Da ich auf meine Bewerbungen ausschließlich Absagen erhalten hatte, vereinbarte ich einen Termin bei der Bundesagentur für Arbeit. Dort warf mir die Arbeitsvermittlerin Frau Dombrowski einen mitleidigen Blick zu, als sie erfuhr, dass ich Architektin war.

»Ick kiek mal, ob wir wat Schickes für Sie uf Lajer haben«, sagte sie und bemühte sich um einen munteren Ton. Sie scrollte die Jobangebote herunter, um wenige Sekunden später festzustellen, dass sie da »nix für mich zu stehen« hatte.

Jeder vierte Architekt in Berlin war ohne regelmäßige Beschäftigung, klärte mich Frau Dombrowski auf. Hinzu kamen jährlich rund sechstausendfünfhundert Uni-Abgänger aus dem Fachbereich Architektur, die neu auf den Arbeitsmarkt drängten. Händeringend gesucht hingegen würden Erzieher(innen) für Kitas, fuhr Frau Dombrowski fort und riet mir, eine Umschulung in Betracht zu ziehen.

»Dit jeht janz fix, und jezahlt wird's vom Amt.«

Nicht zum ersten Mal fragte ich mich, warum kaum noch jemand Erzieher werden möchte. Möglicherweise hängt das auch damit zusammen, dass der Beruf in der gesellschaftlichen Bewertungsskala nicht mehr viel hermacht. Ein ähnliches Image-Problem trifft auch die heutigen Lehrer. Wegen des gesicherten Gehalts und der vielen Ferien ist der Beruf des Lehrers zwar immer noch ein begehrter. Respektpersonen sind Lehrer aber schon lange nicht mehr. Im Gegenteil: Viele Eltern, insbesondere die der sogenannten bildungsnahen Gesellschaftsschicht, bilden sich ein, es selbst viel besser zu können; *Lehrerhasser*-Bücher werden zu Bestsellern, und als kürzlich die Tochter von Freunden ihr Abitur mit eins Komma zwei ablegte und den Wunsch äußerte, Lehrerin zu werden, schrien alle Verwandten entsetzt auf: »Damit wirfst du Perlen vor die Säue – dazu bist du viel zu intelligent!«

Während Frau Dombrowski mir darlegte, was ich genau tun müsste, um kurzfristig zu einer professionellen Pädagogin zu mutieren, rechnete ich hoch, wie vielen anderen Branchenfremden sie diese Notlösung auch ans Herz legte. Und es wunderte mich jetzt nicht mehr, warum es in den Kitas neben wenigen engagierten Erziehern eine Reihe von solchen gab, die nichts weiter taten, als mit den Kleinen »pullern und kackern« zu gehen, ihnen »Klappstullen« zuzubereiten und sie als Highlight einmal im Jahr in den »Tierzoo« zu begleiten.

Abschließend dankte ich Frau Dombrowski für ihre Aufklärung und Mühe. Ihren gut gemeinten Umschulungsvorschlag lehnte ich jedoch ab. Ich liebte meinen Beruf, und solange ich nicht alles versucht hatte, um wieder als Architektin oder wenigstens in einem architektonischen Umfeld zu arbeiten, wollte ich die Hoffnung nicht aufgeben.

Nicht zuletzt wegen der düsteren beruflichen Aussichten bedrückte mich auf einmal Angst vor der Zukunft. War ich zu optimistisch in mein Leben als Alleinerziehende gestartet?

Zudem meldeten sich unzählige Menschen bei mir, von denen ich jahrelang nichts gehört hatte, und warteten mit »guten« Ratschlägen auf.

Am meisten nervten mich die Pseudoverständnisvollen, die ihr Mitgefühl nur heuchelten, während sie sich in Wahrheit an meinen Problemen gleichermaßen labten wie an Sozialdramen in Dokusoaps. Sie unterbrachen mich entweder mitten im Satz, wenn ich ihnen etwas erzählte, und führten meine Sätze dann selbst zu Ende, oder aber sie gaben mir unverlangte Ratschläge, die immer mit den Worten »Du musst …« anfingen.

Noch mehr verabscheute ich aber die schadenfreudigen Antiratgeber. Nach dem Motto: »Wie kann man auch so blöd sein und sich von einem finanziell gut gestellten Mann trennen«, bereiteten ihnen die Darstellungen meiner Sorgen um die Kinder hämische Freude, woraus sie wenig Hehl machten. Mit gehässigem Blick gaben sie nichtsnutzige Floskeln von sich, wie »es braucht eben alles seine Zeit«, während sie sich selbst dafür auf die Schulter klopften, dass sie nicht in einer ähnlichen Situation steckten.

Daneben gab es auch Menschen, die mir gar nicht nahestanden und dennoch versuchten, mir ihre Unterstützung aufzudrängen. Diese Leute waren einsam und witterten in meiner aktuellen emotionalen Bedürftigkeit eine sinnspendende Aufgabe für sich.

In Anspruch nahm ich deren Hilfe nicht, weil mir klar war, dass solche Menschen viel Dankbarkeit für ihr Geben erwarteten. Außerdem versuchten sie meistens, einen im Unheil festzuhalten, damit man ihre Hilfe auch weiterhin benötigte, und machten einem deshalb jede Art von Freude oder Erfolg madig.

Nicht zuletzt fühlte ich mich plötzlich umzingelt von einer egozentrischen Schar, deren Monolog stets mit »Ich auch ...« anfing. Diese Menschen hörten mir gar nicht zu, wenn ich ansetzte, ihnen etwas zu erzählen, sondern griffen das erstbeste Stichwort auf, das sie an sich selbst erinnerte, um von dem Moment an stundenlang ihren eigenen Müll bei mir abzuladen.

Eine Sonderkategorie gab meine Mutter ab, die der besseren Witterung wegen in Marbella lebte. Seit meiner Trennung von Mark hatte sie kein Wort mehr mit mir gesprochen; angeblich, weil sie eine Scheidung für unverantwortlich den Kindern gegenüber hielt. Der wahre Grund für ihre ablehnende Haltung aber war, dass sie erleichtert darüber gewesen war, durch meine Hochzeit ihre gefühlte Verantwortung für mich an meinen Mann abgetreten zu haben. Und dass sie jetzt, wo ich mich scheiden ließ, Angst davor hatte, ich könnte ihr gegenüber wieder emotionale oder – schlimmer noch – finanzielle Bedürfnisse haben.

Schließlich passierte etwas, was ich bei meinem entschlossenen Auszug aus dem Zehlendorfer Vorstadt»idyll« nie für möglich gehalten hätte: In einsamer Stunde fragte ich mich, ob meine Trennung von Mark wirklich der richtige Schritt gewesen war. Vermisste ich ihn etwa? Ich fing an, unsere Ehezeit durch eine rosarote Brille zu sehen. Immer öfter drängten sich alte Erinnerungen an unsere gemeinsame Anfangszeit in mein Bewusstsein. Ich musste daran denken, wie Mark mir damals regelmäßig selbst gepflückte Blumensträuße schenkte, wie er mir in romantischen Momenten sagte, dass er mich liebte, wie ausgelassen er – wenn er mal Zeit hatte – mit den Kindern im Garten herumtollte und wie ihm die Tränen gekommen waren, als Clooney von einem Dobermann halb tot gebissen wurde und wir nicht sicher waren, ob er durchkommen würde. Zudem kamen mir die Streitereien in unserer Ehe lapidar und leicht zu lösen vor, und ich ertappte mich dabei, wie ich Mark in meinem Kopf idealisierte und zum tollsten Mann der Welt deklarierte. Ließ sich die abgestorbene Liebe zwischen uns vielleicht doch nochmals beleben?

Zunehmend suchte ich auch bei mir die Fehler und fragte mich, ob ich zu früh aufgegeben und nicht hartnäckig genug um unsere Familie gekämpft hatte. Oder hatte meine Mutter vielleicht doch recht mit ihren Vorwürfen, das Leben sei weder ein Vergnügungspark noch ein Wunschkonzert, und ich würde nur an mich selbst denken und überhaupt nicht an Mark und die Kinder?

Endgültig geschürt wurde das Feuer meiner Trennungsreue an einem frühsommerlichen Sonntag, an dem meine Kinder zum fünften Geburtstag der Tochter der Familie König – unseren ehemaligen Zehlendorfer Nachbarn – zum Geburtstag eingeladen wurden.

Traditionell feierten die Königs ihre Kindergeburtstage nicht in Berlin, sondern in ihrem Wochenendhaus in der ländlichen Uckermark, das etwa eine Autostunde von der Stadt entfernt liegt.

Um mich nicht den neugierigen und nach Sensationen gierenden Fragen der Zehlendorfer Mit-Mütter auszusetzen, wollte ich eigentlich gar nicht dort hinfahren. Da für meine Kinder die königlichen Geburtstage jedoch wegen des Ponyreitens und der Hüpfburg eines der jährliches Highlights darstellten, brachte ich eine Absage nicht übers Herz und machte mich an einem sonnigen Sonntagmorgen mit ihnen und Clooney auf den Weg in die Uckermark.

Das erste Mal seit meiner Trennung von Mark sah ich viele Bekannte aus meiner Ehezeit wieder, da zu deren einschlägigen Abendveranstaltungen seither ausschließlich Mark eingeladen worden war. Da die Uckermark ein beliebtes Ausflugsziel ist, kamen bis auf meine Kinder alle anderen in Begleitung beider Elternteile.

Den ganzen Tag über beobachtete ich harmonische Familienszenen wie aus Werbespots für Kinderschokolade oder Cornflakes. Stolze Väter trugen ihre glücklich strahlenden Kinder auf den Schultern durch die sonnige Landschaft. Mütter in blumigen Sommerkleidern amüsierten sich beim Topfschlagen und Tauziehen. Und an der langen Tafel im Garten thronte, seinem Nachnamen alle Ehre machend, das Geburtstagskind mit einer Krone auf dem Kopf, während seine Eltern Arm in Arm danebenstanden und ihrem Nesthäkchen gerührt zulächelten.

Wie ein Zaungast beobachtete ich den Club wohlsituierter Familien und fühlte mich dabei wie an einem Winterabend, an dem man allein, frierend und schlecht gelaunt an erleuchteten Fenstern vorbeigeht, durch die man glückliche Menschen am Kaminfeuer sitzen und miteinander lachen sieht. Und obwohl ich wusste, dass viel von dem zur Schau getragenen Glück nur Fassade war, sehnte ich mich trotzdem danach, dem vertraut anmutenden Club wieder anzugehören.

Zugleich wies ich mich selbst zurecht, dass es einzig die

Traumvorstellung eines Hollywood-Happy-Ends für meine Familie war, um die ich trauerte, und dass dieser Traum nichts mit der Realität zu tun hatte, die Mark und ich in unserer Ehe erlebt hatten. Ich zwang mich sogar, an einen Lehrer aus Schulzeiten zu denken, der immer wieder alte Weisheiten zitierte, so wie: »Man kann nicht zweimal in denselben Fluss steigen, denn andere Wasser strömen nach.«

Doch selbst dieser Appell an meine Vernunft war umsonst. Und so wählte ich, kaum dass wir wieder im Auto saßen und zurück nach Berlin fuhren, Marks Nummer und bat ihn um ein gemeinsames Mittagessen. Als Grund gab ich vor, die Kinderaufteilung in den anstehenden Sommerferien besprechen zu wollen. In Wahrheit erhoffte ich mir durch unser Lunch-Date aber eine Gelegenheit für eine Aussprache und womöglich sogar neue Annäherung.

Doch schon die Terminvereinbarung für das Date verlief nach den alten Mustern, die mich so oft frustriert hatten. In den kommenden vier Wochen bis zum Beginn der Sommerferien bot Mark mir genau ein knapp bemessenes Zeitfenster an. Ansonsten war er angeblich schon komplett »durchverabredet«.

Dass für mich der vorgeschlagene Zeitpunkt denkbar ungünstig war, da ich genau an dem Tag den Gesprächstermin mit meinem ehemaligen Chef Roger Kanitz vereinbart hatte, interessierte Mark nicht weiter.

Als wir uns schließlich in einem Restaurant gegenübersaßen – meinen Termin mit Roger Kanitz hatte ich wohl oder übel verschieben müssen –, schlang Mark sein Essen hinunter und sah dabei immer wieder auf die Uhr.

»Mail mir doch später sämtliche relevanten Daten ins Büro«, wies er mich mit vollem Mund an. Und zwar gut organisiert und in dieser Reihenfolge:

Erstens: den Termin von Lorenz' Vorschulklassen-Sommerfest; zweitens: das Datum und die Uhrzeit seiner Einschulung nach den Sommerferien; drittens: die Adresse seiner neuen Schule; viertens: den Namen und die Anschrift der neuen Kita der Mädchen; fünftens: sämtliche Daten der Schul- und Kita-Ferien für das kommende Schuljahr; sechstens: eine Auflistung der Selbstbeteiligungskosten für die prophylaktischen Zahnbehandlungen der Kinder dividiert durch zwei; siebtens: die Telefonnummer von unserer Babysitterin Natalia, die er sich, obwohl wir Natalia jahrelang regelmäßig beauftragt hatten, immer noch nicht selbst notiert hatte.

Ich atmete tief durch und fragte Mark, warum er immer wieder versuchte, mich in die Rolle seiner Privatsekretärin zu drängen.

Daraufhin grinste er schief und erwiderte:

»Weil es immer wieder funktioniert.«

Der Punkt ging an ihn. Von draußen ertönte genervtes Hupen; Mark hatte seine »Katze« – wie er seinen samstäglich geputzten dunkelgrünen Jaguar zärtlich nannte – in der zweiten Reihe geparkt und blockierte mindestens drei andere Autos.

Schnell blätterte er einige Geldscheine für das Essen auf den Tisch und schnappte sich seinen Sommermantel. Dann war er weg. Und mit ihm meine melancholische Ambivalenz.

Um nie wieder einen Ehe-Glorifizierungs-Anfall zu erleiden, schrieb ich zu Hause in fetten Großbuchstaben »Radikale Akzeptanz« auf einen Zettel und klebte mir ihn ins Bad mitten auf den Spiegel. Die Liebe zwischen meinem Exmann und mir war vorbei. Ein für alle mal.

3

Als ich wenige Tage später am Kollwitzplatz entlanglief, hörte ich eine dunkle Stimme meinen Namen rufen. Ich sah mich um. Vor den Cafés auf der anderen Straßenseite saßen mehrere asiatische Touristen neben den vertrauten einheimischen Laptop-Posern, die geschäftig taten und sich von ihren aufgeklappten Mac-Notebooks kreativen Sex-Appeal erhofften.

Dann erkannte ich Sven, der allein mit einem Glas Rotwein vor sich an einem Tisch saß. Svens und meine gemeinsamen Erinnerungen führten uns zurück zu den Anfängen unserer Studienzeiten. Damals hatten wir uns sehr ineinander verliebt, doch unsere Wege trennten sich, als Sven sein Studium schmiss und auf unbestimmte Zeit auf Weltreisen ging.

»Inzwischen bin ich selbstständig und organisiere Sportevents«, sagte er, nachdem ich mich zu ihm in die warme Maisonne gesetzt hatte.

Ich musterte ihn. Mit seinen aschblonden *Bed-Head*-Haaren, seiner hippen Sonnenbrille und seinem dunkelgrauen T-Shirt versuchte er zwar, das Image eines coolen Hundes zu vermitteln. Leider entsprach sein Körper diesem Wirkungsideal aber nicht mehr; im Vergleich zu früher hatte der nämlich an Masse zugelegt.

Sven ist bestimmt verheiratet oder lebt schon lange in einer Beziehung, sagte mein innerer Kritiker.

Mit meiner Einschätzung, ob ein Mann fest liiert war, lag ich selten falsch. Hatte man in der Generation unserer Eltern noch den Frauen nachgesagt, sie gingen nach der Geburt ihrer Kinder wie Hefeklöße auseinander, waren es aktuell fast ausschließlich die Männer, die sich in den Häfen ihrer Ehen oder Langzeitbeziehungen hemmungslos gehen ließen, dabei Bauch- und Doppelkinnringe ansetzten und seltsamerweise auch früher als die beziehungsunfähigen Dauersingles ihre Kopfhaare verloren.

In Svens Fall – dem ich am liebsten sofort eine *»Reinvent yourself«*-Kur inklusive eines straffen sportlichen Trainingsprogramms verordnet hätte – lag ich mit meiner Prognose allerdings nur fast richtig, da er sich kürzlich von seiner Freundin Inka, der Mutter seiner vierjährigen Tochter Nele, getrennt hatte. Oder besser gesagt hatte Inka sich von ihm getrennt, wie er mir nach seinem dritten Glas Rotwein gestand.

Als Sven von seiner letzten Geschäftsreise spät am Abend nach Hause zurückkehrte, fand er seine Wohnung komplett leer geräumt vor. Ohne Vorwarnung war Inka, während er weg war, mit der gemeinsamen Tochter umgezogen, hatte bis zum letzten Seifenstück alles mitgenommen und Svens persönliche Sachen zum Rattengift in den Keller geräumt. Mit einem Feuerzeug tastete sich Sven an jenem Abend seinen Weg durch die dunklen Räume seines Zuhauses. Unter der Küchentür sah er schließlich einen matten Lichtstrahl schimmern. Sven öffnete die Tür und fand unter einer verwaisten Glühbirne, die von der Decke baumelte, einen Zettel auf dem Boden. Darauf hatte Inka geschrieben: »Der Letzte macht das Licht aus.«

Mich erinnerte der Racheakt an den Trennungsalbtraum eines ehemaligen Kollegen aus dem Architekturbüro, dessen Exfrau noch einen Schlüssel zur ehemals gemeinsamen Wohnung besessen hatte. Dort säte sie – während mein Kollege mit seiner Neuen auf Ibiza in der Sonne schmorte – Kressesamen auf alle Sisalteppiche und Rattanmöbel und goss diese täglich so lange, bis die Wohnung einem großen Gemüsebeet glich.

Als ich nachbohrte, was Inka veranlasst hatte, Sven auf so eine Weise sitzen zu lassen, hob er ratlos die Schultern.

»Wir haben uns vor ein paar Jahren über die Arbeit kennengelernt«, sagte er und antwortete bewusst an meiner Frage vorbei. »Damals war sie eine sehr gute Eventmanagerin mit unschlagbarem Humor.«

Weil Inka schon über vierzig war, berichtete Sven weiter, sollte Nele ihr einziges Kind bleiben. Er konnte es deshalb verstehen, dass Inka jede Sekunde Mutterdasein auskosten und nach der Geburt erst mal nicht arbeiten wollte. Außerdem erleichterte es ihn zunächst auch, dass sie die Verantwortung für ihre Tochter mit so viel Gewissenhaftigkeit übernahm und ihm damit den Rücken freihielt.

»Mit der Zeit«, fuhr Sven fort, »wurde Inka aber immer dogmatischer und mutierte zu einer typischen Latte-macchiato-Mutter.«

Ich wusste, was Sven mit der Bezeichnung meinte, da dieser Muttertypus in jüngster Zeit zum Lieblingsthema zynischer Journalisten avanciert war.

Eine Latte-macchiato-Mutter aus Berlin-Mitte oder vom Prenzlauer Berg war hiernach die Verwandte der Zehlendorfer *Muddi,* und man erkannte sie daran, dass sie hauptberuflich als überehrgeizige Managerin ihrer Kinder tätig war; ausschließlich Bioprodukte kaufte; kategorische und teilweise militante Impfgegnerin war; ebenso viel Geld beim Shoppen ausgab wie ihre Zehlendorfer Verwandte, mit dem Unterschied, dass man ihrem verranzten Straßenchic den hohen Preis nicht ansah; ihre Kinder in dem schwarzen BMW X5 oder dem schwarzen Kombi Audi A6 Avant ihres Mannes durch die engen Innenstadtstraßen vom Capoeira-Workshop zum Kinder-Yoga fuhr und dabei grundsätzlich Schwierigkeiten mit dem Einparken hatte.

Sven vertraute mir weiter an, dass Inka – seiner Interpretation nach – in ihrer Mutterrolle nicht nur alles richtig, sondern perfekt richtig machen wollte. Doch je absichtsvoller sie das Ganze anging, desto überspannter wurden ihre Erwartungen, die sie in ein gemeinsames Familienleben setzte. Und umso gereizter verhielt sie sich gegenüber Sven, wenn er Nele nicht exakt so behandelte, wie Inka es in ihren Erziehungsratgebern gelesen hatte, oder im Haushalt etwas an den falschen Platz räumte beziehungsweise Inkas feste Tagesstrukturen durch einen spontanen Einfall durcheinanderbrachte.

»Inka war so besessen in ihrem Streben nach Ordnung, dass an unserem Kühlschrank sogar eine Exceltabelle hing, in die sie den Essensplan für den ganzen Monat inklusive Einkaufslisten eingetragen hatte«, reflektierte Sven. »Dass ihr verspanntes Ziel nach Perfektion unerreichbar war, weil es ein ›noch perfekter‹ und ›noch ordentlicher‹ immer geben würde, wollte sie nicht hören. Im Gegenteil: Schon die kleinste Kritik an ihrem Verhalten hat jedes Mal zu einem heftigen Streit zwischen uns geführt.«

Natürlich hätte er auch Fehler gemacht, räumte er noch ein. So hatte er sich irgendwann, um dem ständigen Gezanke mit Inka aus dem Weg zu gehen, immer öfter hinter seiner Arbeit in der Firma versteckt. Das funktionierte so lange, bis Inka den Schlussstrich auf ihre Weise zog.

Ich konnte mir Svens Familienhölle lebhaft gut vorstellen und erzählte ihm von einem Samstagvormittag, den ich vor einigen Monaten – damals lebte ich noch in Zehlendorf – bei unseren besagten Nachbarn, den Königs, verbracht hatte:

Weil Mark übers Wochenende verreist war, hatte Sandra König meine Kinder und mich zu sich zum Frühstück eingeladen.

Sandra, eine studierte BWLerin, hatte ihren Job in der Personalabteilung eines Versicherungsunternehmens nach der Geburt ihres ersten Kindes an den Nagel gehängt. Das Arbeiten vermisste sie nicht.

»Für den Spagat zwischen Karriere, Kindern und Ehemann fehlt mir ein drittes Bein«, pflegte sie betont scherzhaft zu sagen, wenn sie wieder einmal ihre Qualitäten als besonders bemühte Ehefrau und bekennende Eislaufmutter herausstellte.

Sandra war überzeugt davon, dass man heutzutage als Mutter tatkräftig dabei mithelfen müsse, seine Kinder auf die global zusammengewachsene Welt im digitalen Zeitalter optimal vorzubereiten. Deshalb hatte sie ihren sechsjährigen Sohn zu Beginn der ersten Schulklasse für die Schach-AG mit Vorkenntnissen angemeldet und ihre vierjährige Tochter für den Kita-Crashkurs *Kinder auf der Überholspur.*

Dass sich beide Kinder gleichermaßen zum potenziellen Bundeskanzler-Nachwuchs eigneten und sie ihnen für ihr Hochschulstudium zwecks weiterer Unterstützung auch in eine andere Stadt hinterherziehen würde, stand für Sandra außer Frage.

Sandras Mann Fritz König, ein phlegmatischer Konfliktausweicher, hatte sich an jenem Morgen dazu breitschlagen lassen, während unseres »Weiberfrühstücks«, wie Sandra es nannte, den obligatorischen Familiengroßeinkauf sowie die Reinigung von Sandras dunkelgrauem VW-Touran inklusive der Polster- und Felgenpflege zu übernehmen.

Während Fritz sich durch den Einkaufsdiscounter drängte und die Kinder zusammen im Garten spielten, wollten Sandra und ich uns gemütlich mit Croissants und Kaffee zurücklehnen. So jedenfalls war der Plan.

Von der erhofften Plauderatmosphäre war dann aber nichts zu spüren. Drei geschlagene Stunden lang kam ich nicht ein einziges Mal dazu, einen Satz zu Ende zu führen oder von Sandra etwas Zusammenhängendes zu erfahren, da sie wie manisch damit beschäftigt war, ihre Kinder und/oder ihren Haushalt zu optimieren. Insgesamt hat sie während dieser Zeit vierzehnmal einem der Kinder die Rotznase geputzt; zweimal einem ihrer Kinder ein neues Poloshirt angezogen, da sie sich mit Kakao befleckt hatten (und Kakao muss man, so belehrte mich Sandra, sofort mit heißem Wasser auswaschen); achtmal die Zierkissen der Sofas neu drapiert, nachdem die Kinder sie beim Toben zerknautscht hatten; fünfmal die Falten der Seidenduchesse-Vorhänge zurechtgezupft, nachdem eines der Kinder zu nah an ihnen vorbeigerannt war; vierzig- bis fünfzigmal mit den Kindern geschimpft, dass sie beim Spielen in ihren Zimmern bleiben sollen; vierzehnmal ihrer Tochter die schwarze Samthaarschleife neu in die Haare gesteckt (die sich die Kleine immer wieder herausriss – was ich persönlich sehr gut nachvollziehen konnte).

Als Fritz König nach Hause zurückkehrte, war Sandra fix und fertig mit ihren Nerven und beklagte sich ausgelaugt darüber, wie anstrengend der Nachwuchs wieder mal gewesen war.

Fritz nickte stoisch – offenbar musste er sich das ständig anhören.

Dann rief er alle Kinder ins Esszimmer, weil er ihnen Eis mitgebracht hatte. Für jedes Kind einen kleinen Pappbecher mit jeweils einer Kugel Vanille- und einer Kugel Schoko-Eis und als Topping bunte Streusel und ein Gummibärchen.

Während die Kids sich begeistert über das Eis hermachten, zog Sandra ihren Mann zur Seite:

»Warum hast du denn jedem gleich *zwei* Kugeln Eis mitgebracht?«, zeterte sie ungehalten und erhob dabei ihre grelle Stimme.

»*Eine* Kugel ohne die Streusel hätte doch gereicht. Der Industriezucker führt dazu, dass die Kinder überdrehen, aber das ist dir ja egal, weil ich diejenige bin, die das wieder ausbaden muss!«

Ich schämte mich fremd für Sandras impulskontrollgestörtes Aufbrausen wegen Nichtigkeiten.

Oder lag ich vielleicht falsch, weil man heutzutage als besonders bemühte Ehefrau auch tatkräftig mithelfen muss, seinem Gatten die von Pestiziden unterwanderte Umwelt optimal zu vergegenwärtigen?

Sven war meiner Anekdote mit einem Anflug von Traurigkeit gefolgt. Dann bestätigte er mir, ich hätte den Nagel auf den Kopf getroffen. Genauso hätte sich die Szene auch mit Inka abspielen können.

Wir tauschten unsere neuen Kontaktdaten aus und stellten dabei fest, dass auch er im Gleimkiez wohnte und wir quasi Nachbarn waren.

Als ich aufstand, um zu gehen, hielt Sven mich auf:

»Was meinst du, Phyllilein …«, sagte er und blinzelte mich plötzlich ganz flirtiv an.

»Eigentlich waren wir beide damals doch ein super Team, oder?«

»Stimmt, Svenilein – *damals*. Und deshalb kennen wir uns für solche Plattitüden auch viel zu gut.«

Sven grinste ein bisschen verschämt, umarmte mich dann zum Abschied und murmelte noch, dass ich natürlich recht hätte und er jetzt erst mal sein Leben neu ordnen müsse.

Auch ohne Sixpack ist er immer noch ganz lässig, reflektierte ich meinen Eindruck von Sven.

Dennoch schloss ich ihn als potenziellen neuen *love interest* für mich aus. Das Letzte, was ich in meiner aktuellen Situation gebrauchen konnte, war ein Mann mit verletztem Stolz und Liebeskummer, dem es darum gehen würde, sich seine Attraktivität neu zu beweisen. Und aufgewärmter Filterkaffee schmeckt bekanntlich nicht. Aber gab es für eine Mutter von drei Kindern überhaupt noch einen frischen doppelten Espresso?

Auf dem Weg nach Hause machte ich bei *Anouks* halt, wo ich seit meinem Umzug regelmäßig hinging, um in dem inspirierenden Allerlei zu stöbern. Zu meiner Überraschung entdeckte ich unter der türkisfarbenen Tunika meiner neuen Laden-Freundin die Wölbung eines Babybauchs. Während ich in einer Kiste mit Dutzenden wild gemusterten Stiften nach einem neuen Kugelschreiber kramte, offenbarte Anouk mir noch eine weitere Neuigkeit: Sie und ihre ersten beiden Kinder würden bald mit Tim zusammenziehen, dem Vater ihres dritten Kindes, den sie kürzlich noch als ihren zukünftigen Exfreund deklariert hatte.

»Mein Therapeut hat mich überredet, meiner Bindungsangst konfrontativ zu begegnen«, vertraute mir Anouk an und bemühte sich, möglichst locker zu klingen. »Er hat mir erklärt, dass jede Angst irgendwann ihren Gipfel erreicht und dann wieder abfällt.«

Ich ging davon aus, dass Anouk ihr Beziehungsexperiment nur wagte, weil sie besagten Gipfel schon überwunden hatte, und beglückwünschte sie zur Gründung einer richtigen Familie. Allein durch die Erwähnung der Beziehungsstruktur »Familie« flackerte jedoch die blanke Panik in ihren Augen auf, weswegen ich annahm, dass der Höhepunkt ihrer Angst noch nicht mal in Sichtweite war.

Um vom Thema abzulenken, erkundigte sich Anouk nach meinen Erfolgen mit der grünen Schleife.

»Ich brauch erst mal einen Job«, sagte ich und wich nun meinerseits dem Thema aus, was Anouk sofort durchschaute.

»Success breeds success«, sagte sie und beschwor mich, den Gaul von hinten aufzäumen: »Ein neuer Job kommt wie von selbst, wenn du wieder guten Sex hast. Dafür sorgen kosmische Energien.«

Mein Argument, dass mir aktuell nicht einmal ein Mann einfiel, mit dem ich der kosmischen Energien zuliebe schlafen könnte, ließ sie auch nicht gelten.

»Such dir doch einen *Manny* zum Babysitten«, raunte sie mir zu. »Einen Surfer aus Sydney, der erst die Kinder und dann dich ins Bett bringt. Oder gib eine Kontaktanzeige in einer Expat-Zeitschrift auf. Beziehungen zu Ausländern können dir auch auf deinen Reisen im Rentenalter wieder nützlich sein …«

Während Anouk den Preis meines neuen Kugelschreibers einscannte, empfahl sie mir zudem die Spezies »fremder Ehemann«. Der hätte ähnliche Zeitfenster wie die alleinerziehende Mutter, wäre leicht verführbar, diskret und außerdem überaus dankbar dafür, überhaupt mal wieder Sex zu kriegen.

Ich dankte Anouk für ihre praxisorientierten Ratschläge.

Am Abend, als die Kinder schon schliefen, setzte ich mich auf den Balkon. Die Ereignisse stehen nicht Schlange, sondern brechen entweder über einen herein oder finden gar nicht statt – in diesem Punkt gab ich Anouk recht. Und so entschied ich mich, neben einer weiteren Bewerbungsinitiative für einen neuen Job auch in Sachen Männer in die Offensive zu gehen. Irgendwo muss man anfangen. Aus einem entlegenen Winkel meiner Schreibtischschublade kramte ich ein uraltes Adressbuch, auf dessen abgewetztem Ledereinband in goldenen Lettern *Lovers and Losers* gestanzt war. Seite für Seite ging ich die Mottenkiste meiner verflossenen Hottis aus früheren studentischen Partyzeiten durch, sofern ich deren Namen überhaupt noch Gesichtern zuordnen konnte.

Bei »Boris« machte ich halt. Nach kurzem Zögern wählte ich entschlossen seine Nummer, die immer noch aktuell war.

Zu meinem Erstaunen wunderte sich Boris nicht sonderlich darüber, dass ich mich nach über zehn Jahren wieder bei ihm meldete. Wahrscheinlich ging er davon aus, dass jede Frau, die schon mal mit ihm geschlafen hatte, früher oder später zu ihm zurückkehren würde, und sei es nur für eine Nacht. Schon damals, als ich Boris kennenlernte, gehörte er zu dem Typ Dauersingle, der mit mehreren Langzeit- und Kurzzeitaffären jongliert und sich nie auf eine Frau festlegt; und so wie es schien, hatte sich daran bis heute nichts geändert.

»Was machst du am Freitagabend?«, fragte mich Boris nach kurzem Small-Talk-Geplänkel.

»Dich treffen?«

»Ja, klingt cool«, entgegnete er und nannte mir Ort und Uhrzeit.

Die unrenovierten Kellergemäuer der Bar *O-Train*, in der ich mich mit Boris um kurz nach Mitternacht treffen sollte, waren noch leer, als ich sie betrat. Vor zwölf Uhr nachts geht das Nachtleben in Berlin nirgendwo los, und hier, im angesagten Grenzgebiet zwischen Kreuzberg und Neukölln, fing es noch später an.

Dumpfe Minimal-House-Beats dröhnten mir entgegen, und in einer Ecke des Gewölbes entdeckte ich einen in die Jahre gekommenen DJ, der in Röhrenjeans gezwängt mit geschlossenen Augen im Takt wippte und von seiner späten Entdeckung träumte. Wenigstens gab es um diese Uhrzeit noch keine Türkontrolle. Eine Bekannte von mir, Mitte dreißig, war kürzlich in derselben Gegend von einer Türsteherin mit der Bemerkung: »Jetzt kommen die schon zum Sterben her«, abgewiesen worden.

An der Bar – mit einer Bierflasche in der einen und einer Zigarette in der anderen Hand – stand Boris. Gute zehn Jahre waren vergangen, seit wir uns zum letzten Mal gesehen hatten, doch Boris hatte sich äußerlich kaum verändert; abgesehen von ein paar neuen Falten im Gesicht und der Tatsache, dass sein weit aufgeknöpftes Hemd meinen Blick nicht mehr auf eine stark *be*haarte, sondern auf eine trendgemäß stark *ent*haarte Brust lenkte.

»Ahoi, Phyllis«, sagte Boris, als er mich erkannte, und aus seinem Lächeln leitete ich seine Erleichterung darüber ab, dass ich immer noch ganz gut aussah. Unmissverständlich küsste er mich zur Begrüßung auf den Mund, bestellte uns zwei Gin Tonics und gab dem Barkeeper dabei ein Zeichen, mit dem Alkohol für mich nicht sparsam umzugehen.

Während wir an unseren Drinks nippten, qualmte Boris eine Zigarette nach der anderen und erzählte mir vermeintlich lustige Anekdoten aus seinem Leben. Doch je länger ich ihm zuhörte, desto ernüchterter wurde ich. Als wäre die Zeit stehen geblieben, gab Boris immer noch dieselben Geschichten zum Besten wie vor zehn Jahren. Nicht nur, dass ich sie alle schon kannte, sie hatten mich auch damals schon nicht sonderlich interessiert. Beruflich hatte Boris immer noch genauso viele diffuse Kreativprojekte am Start wie früher, von denen niemals eines verwirklicht wurde. Nachts hopste er von einer Party zur nächsten, und in seinem Privatleben kamen und gingen die Frauen.

Irgendwann fragte er mich ohne wahres Interesse, wie es mir denn in der Zwischenzeit so ergangen war. Während ich von meiner Trennung von Mark berichtete, beäugte er mich mit seinem einstudierten Schlafzimmerblick, zog betont gelangweilt an seiner Kippe und kam sich dabei besonders verführerisch vor.

Als Boris nach einer gefühlten Ewigkeit in Richtung Toiletten verschwand, konnte ich mir ein Gähnen nicht länger verkneifen. Ich sah auf die Uhr, stellte mit Entsetzen fest, dass erst eine knappe Stunde vergangen war, und gestand mir ein, dass

Boris mich noch mehr langweilte als die Zehlendorfer Abendessen.

Nach und nach füllte sich die Bar mit szenigen IT-Menschen und solchen, die es noch werden wollten. Ich rechnete mir aus, wie lange ich noch bleiben musste, damit meine Babysitterin auf die ihr zugesagten fünfzig Euro für ihren Arbeitseinsatz kommen würde. Und weil ich mir wegen meiner trennungsbedingten Sparmaßnahmen einen Babysitter-Abend nur noch selten leisten konnte, ärgerte ich mich über meine Fehlinvestition.

Schließlich kehrte Boris zurück, zog seine Nase ein paar Mal hoch, bot mir auch etwas von seinem Koks an und raunte mir dann betont lasziv ins Ohr, ich hätte trotz meiner vielen Kinder immer noch einen genauso geilen Arsch wie früher, und fickende Mütter würden ihn total anmachen.

Er ist erbärmlich!, dachte ich und verlor endgültig die Lust auf ihn. Ich beschloss, die fünfzig Euro in den Ofen zu schießen beziehungsweise sie meiner Babysitterin auch dann zu zahlen, wenn sie nur zwei Stunden dafür hatte arbeiten müssen. Dann ließ ich Boris einfach stehen.

Als ich nach Hause kam, saß Natalia, die zu Zehlendorfer Zeiten so oft auf meine Kinder aufgepasst hatte, dass mich inzwischen eine Freundschaft mit ihr verband – mit Clooney zu ihren Füßen vor dem Fernseher und hatte mit der *Late Night Show* bestimmt weitaus mehr Spaß gehabt als ich mit Boris.

Dass mein Date ein Fiasko gewesen war, wunderte Natalia gar nicht. »Männer müssen Frauen etwas zu bieten haben; guten Sex, Geld oder am besten beides«, war ihre konsequente Messlatte, »und dieser verdrogte Boris klingt nach weder noch. Bestimmt ist er inzwischen auch eine Niete im Bett. Die vielen Drogen sind über die Jahre nicht an seinen Kleidern hängen geblieben.«

Ich gab Natalia recht, verbuchte die Babysitterkosten unter Lehrgeld und legte den Abend in meiner überfüllten Gedächtnisschublade »wieder mal was dazugelernt« ab. Von dieser Pleite wollte ich mich aber nicht unterkriegen lassen, im Gegenteil. »Mit Männern ist es wie mit dem Fußball. Man muss nur oft genug aufs Tor schießen – irgendwann trifft man dann«, pflegte meine Großtante Hella stets zu sagen, und daran wollte ich mich nun auch halten.

Gleich am nächsten Tag sichtete ich die gängigen Portale für Partnervermittlungen, da sie mir seriöser erschienen als die *Zweite Runde für die Liebe*. Nachdem ich mich für eines entschieden hatte, loggte ich mich mit einem Probe-Account ein und unterzog mich einem Persönlichkeitstest. Nachdem ich ihn so ehrlich wie möglich beantwortet hatte, enthüllte mir die Auswertung, dass die Entscheidungen, die ich für mein Leben treffe, zu gerade mal acht Prozent von meinem Verstand gesteuert wurden, der meinem instinktgesteuerten Erlebnishunger haushoch unterlegen war. Weil mir im nächsten Schritt ausschließlich deftige Anpackertypen und kein einziger Akademiker als Top-Ranking-Partner vorgeschlagen wurden, deklarierte ich meinen unterdrückten Verstand zu meinem Alleinstellungsmerkmal. Hierin lag also des Rätsels Lösung, dass meine Ehe mit einem Mann, der weder einen Ikea-Stuhl zusammenbauen noch mit einer Bohrmaschine umgehen konnte, in die Brüche gegangen war.

Während ich das Foto meines obersten *Top-Matching*-Partners näher betrachtete, stellte ich außerdem fest, dass das Computersystem meinen Männergeschmack optisch betrachtet gar nicht so schlecht eingeschätzt hatte. In seinem Outdoorlook mit freiem Oberkörper fand ich Mr. *Top-Matching* jedenfalls weitaus attraktiver als einen Manager-Mann im Anzug, der als *Low-Ranking*-Partner viel weiter unten in meiner Liste auftauchte und dessen »Ich verdiene viel Asche«-Pose ich peinlich fand.

Nach kurzen, intensiven E-Mail-Chats mit den ersten zehn Männern auf meiner Liste verabredete ich mich an einem Wochenende, an dem die Kinder mal wieder bei Mark waren, mit einigen von ihnen persönlich.

Mein erstes Date, mit dem ich mich Samstagvormittag traf, hieß Uwe und entpuppte sich als besonders fantasievoll. So stellte sich gleich zu Beginn unseres Dates heraus, dass sich hinter seiner Jobbezeichnung »selbstständig« die selbstständige Verwaltung seiner Hartz-IV-Bezüge verbarg und dass er mit seinem Wohnort »Innenstadt« den Ortskern von Marzahn meinte. Dort fühlte er sich derart wohl und fest verwurzelt, dass er sich kaum daran erinnern konnte, wann er seinen Kiez das letzte Mal verlassen hatte – was ich ihm sofort glaubte, als sich herausstellte, dass er die Häuser rund um den Kollwitzplatz zuletzt im unrenovierten Zustand gesehen hatte.

Der zweite Mann, den ich Samstagnachmittag kennenlernte, hieß Jochen und entpuppte sich als ein neunundsechzigjähriger »Reif sucht jung«-Typ. Dass er im Internet angegeben hatte, erst fünfundvierzig Jahre alt zu sein, begründete er damit, dass das seinem gefühlten Alter entspräche. Während unseres Gesprächs prahlte Jochen damit, seine zwei Exgattinnen erfolgreich unter die Erde gebracht zu haben. Anschließend lachte er laut über seinen schlechten Witz und sabbelte mich solange mit altbackenen Textbaustein-Komplimenten zu, bis ich die Flucht nach Hause ergriff.

Mit meiner dritten Verabredung Thilo verbrachte ich den Abend. Thilo war wirklich neununddreißig Jahre alt, arbeitete wirklich als Produktionsleiter beim Film und lebte auch wirklich in Berlin-Mitte. Mit ihm auszugehen machte Spaß, und ich freute mich schon darauf, ihn ein zweites Mal zu treffen – bis Thilo mir gegen Ende des Abends gestand, nur zu fünfzig Prozent Single zu sein. Um die schöne Stimmung zwischen uns nicht zu versauen, hatte er das nicht eher erwähnen wollen.

Mein nächstes Blind Date Jörg, mit dem ich am Sonntag frühstücken ging, steuerte sein Ziel wagemutiger an. Kaum hatte ich mich zu ihm gesetzt, packte er den Stier bei den Hörnern. Er erklärte mir, keine feste Beziehung zu suchen, sondern eine Frau, die ihn in Swingerclubs begleitete, in Reizwäsche vor ihm strippte, sich beim Sex mit ihm filmen ließ und sich nicht zierte, ihm Jelly-Anal-Plugs in den Po zu rammen. Sollte ich zu all dem nicht bereit sein, wäre unser Treffen reine Zeitverschwendung.

Der fünfte und letzte Mann, dem ich eine Chance gab, hieß Ulf und schwärmte als Gesprächsauftakt von seinem letzten Wochenende, an dem er mit einem alten Kumpel im Schrebergarten seiner Eltern neben dem Koi-Karpfen-Teich Schweinenackenkoteletts gegrillt hatte. Als wenig später herauskam, dass er mit sechsunddreißig Jahren immer noch das Verwöhnprogramm im Hotel Mutti genoss, fingierte ich einen dringenden Babysitter-Anruf und brach die Verabredung ab.

War das die Realität?, fragte ich mich missmutig, während ich meinen Internet-Account wieder löschte. Hatte ich wirklich nur die Auswahl zwischen Blendern, Lügnern, *lucky* Losern, Langweilern und anderen Gestörten, die vor fünfunddreißig Jahren auch noch keine Frau abgekriegt hatten?

Oder hatte ich die persönlichen Fragen für meinen Account zu ehrlich beantwortet? Gehörte es dazu, dass man seine Identität beschönigte, weil Männer mit einem wahrheitsgemäßen Auftritt nicht zurechtkamen?

Aus reiner Neugierde, bei was für Männern ein ganz anderer Frauentyp als ich landen würde, startete ich mein Internet-Dating-Experiment noch mal von vorn – dieses Mal wieder bei dem Portal www.zweite-runde-fuer-die-liebe.de.

Hier legte ich mir einen Account unter dem Namen »Antje Kemper« zu. Für die Fragen, denen ich mich, alias Antje, stellen musste, ließ ich meiner Fantasie freien Lauf.

Finanziell abgesichert war sie, die fiktive Antje, die fest angestellt als Apothekerin arbeitete. Sie hatte eine zehnjährige Tochter, die hälftig beim Vater lebte, und wohnte in einer großzügigen Wohnung, in der sie ihren Bereich strikt von dem ihrer Tochter trennte. Antje hatte keine Haustiere, kochte und backte gern in ihrer Freizeit, hörte Kuschelrock und genoss lange Spaziergänge. Postnatale körperliche Verschleißerscheinungen hatte sie ebenso wenig wie Ansprüche an ihren zukünftigen Liebhaber. Eifersuchtsanfälle und Spionagetätigkeiten waren für sie Fremdwörter. Antjes einziger Wunsch war, sich in ihren kittellosen Momenten an einen beschützenden Mann schmiegen zu dürfen.

Da am nächsten Vormittag das Gespräch mit meinem Exchef Roger Kanitz endlich stattfand, vertagte ich die Analyse meines Experiments.

Auf dem Weg durch das Büro-Loft in Mitte, in dem ich früher gearbeitet hatte, traf ich meine ehemaligen Kollegen wieder, die sich gespannt nach meinem Leben erkundigten. Als ich ihnen sagte, wie dringend ich Arbeit suchte, verstummten sie jedoch und wichen meinem Blick aus.

»Findest du es deinen Kindern gegenüber nicht unfair, wenn du wieder *fulltime* arbeiten willst?«, meldete sich lediglich mein Exkollege Hagen zu Wort.

Ich bemühte mich um Gelassenheit. Auf eine Diskussion

darüber, dass sich die Karrierefrau zwar inzwischen gesellschaftlich etabliert hat, die Karrieremutter aber noch lange nicht, wollte ich mich nämlich gar nicht erst einlassen.

»Schön, dich wiederzusehen!«, empfing mich Roger Kanitz herzlich, der mit seinen grau melierten Haaren trotz seines fortgeschrittenen Alters immer noch attraktiv war.

Roger wirkte ausgeglichener als früher, und gleich zu Beginn unseres Gesprächs erfuhr ich hierfür den Grund: Er und seine dreißig Jahre jüngere russische Freundin erwarteten ihr erstes Kind. Als ehemals arbeitswütiger und eingefleischter Junggeselle war Roger jetzt nicht nur völlig vernarrt in die Frau an seiner Seite, sondern auch schon in das Baby, das noch gar nicht geboren war.

Schon wieder eine Russin, dachte ich, da Roger mit seiner Frauenwahl wieder mal unter Beweis stellte, dass die Russinnen in der Kategorie Männerfang inzwischen selbst den Yogalehrerinnen den Rang abgelaufen haben. Oft hatte ich mich gefragt, ob das Geheimnis russischer Frauen in der Robustheit ihres Gemüts liegt, welches sie nicht nur harte, lange Winter, sondern auch widerspenstige Männer ertragen lässt. Oder ob die Kombination aus ihrer Strapazierfähigkeit und ihrem Selbstverständnis, mit der sie feminin und lasziv ihre Sinnlichkeit zelebrieren, die Männer besticht.

Roger drehte den Bildschirm seines Computers in meine Richtung.

»Sie ist bildschön, stimmt's?«

Er strahlte voller Stolz während er mir eine bildtechnisch eindrucksvoll nachbearbeitete 3-D-Ultraschall-Fotoserie von seiner ungeborenen Tochter präsentierte.

»Babyfernsehen hat es der Gynäkologe bei der letzten Untersuchung genannt«, fuhr er fort, »und da hab ich sofort an dich gedacht …«

Na toll, dachte ich, wenn es um sein neues Bauprojekt geht, denkt er nicht an mich, dafür aber beim Anblick einer Gebärmutter.

Roger, dem mein Missmut nicht entgangen war, lehnte sich amüsiert zurück: »Doch nicht wegen deines multiplen Kinderkriegens, Phyllis«, sagte er und klärte das Missverständnis auf, »sondern wegen der 3-D-Effekte!«

Erleichtert ahnte ich jetzt, worauf Roger hinauswollte: Tatsächlich schlug er mir vor, mich im 3-D-Modelling und Rendern – worunter man in der Architektur die Umsetzung technischer Zeichnungen in anschauliche 3-D-Bilder versteht – fortzubilden.

»Leute, die den Bauherren unsere Pläne visualisieren und schmackhaft machen können, werden nach wie vor gesucht«, erläuterte mir Roger die Marktsituation. Dann reichte er mir den Flyer einer privaten Akademie, die entsprechende Kurse anbot. Mit der Idee einer Weiterbildung zum 3-D-Visualisierer rannte Roger bei mir offene Türen ein. Denselben Plan hatte ich auch schon vor einiger Zeit gehabt.

Natürlich war es langfristig immer noch mein Traum, wieder als Architektin zu arbeiten. Doch als Überbrückungstätigkeit, solange die Kinder klein waren, eignete sich das Rendern gut: Ich könnte freiberuflich von zu Hause arbeiten, ausreichend verdienen, und außerdem wären meine Kunden Architekten, wodurch ich den Kontakt zur Architekturszene nicht verlieren würde.

Zu meiner Ehezeit war mein Vorhaben daran gescheitert, dass a) die Fortbildung *fulltime* am anderen Ende Berlins stattgefunden hätte, b) der Kurs inklusive der Software rund zwölftausend Euro gekostet hätte, und c) Mark nicht bereit dazu gewesen war, mein Vorhaben finanziell und/oder in seiner praktischen Umsetzung zu unterstützen. Dass ich mir damit eine kinderkompatible berufliche Basis geschaffen hätte, wollte Mark damals nicht hören. Stattdessen warf er mir vor, durch meine Rastlosigkeit immer wieder neue Hektik in unser Leben zu bringen.

»Lass uns in Kontakt bleiben, Phyllis«, beendete Roger das Gespräch. »Versprechen kann ich dir nichts, aber wie gesagt: Aufträge zum Rendern gibt's immer, und du bist die Erste, der ich sie gebe, wenn du das gut drauf hast.«

Ich bedankte mich bei Roger für seinen Rat und verabschiedete mich von ihm und meinen ehemaligen Kollegen.

Sobald ich wieder auf der Straße stand, rief ich Cosima an und schilderte ihr die Sachlage. Zwar hatte ich nicht erwartet, dass Roger mir einen neuen Job anbieten würde. Doch auf ein Wunder hatte ich insgeheim schon gehofft. Und so gut Rogers Masterplan mit dem Visualisieren gemeint war, so schwierig war er in seiner Umsetzung: Auf meinem Konto lagen weder zwölftausend Euro, noch verfügte ich über finanzielle Sicherheiten, gegen die ich einen Kredit hätte aufnehmen können. Und in meiner Familie gab es nur meine Marbella-Mutter, die ich hätte anpumpen können, und das war das Letzte, was ich tun wollte.

Weitere Verwandte hatte ich aber meines Wissens nicht. Als in den Siebzigern geborenes Kind einer damaligen Vollblut-Hippie-Mutter hatte diese meinen Vater nämlich als unwichtig eingestuft und in meiner Geburtsurkunde als unbekannt eintragen lassen. Nachdem meine Mutter die Kehrtwende ihrer Geisteshaltung vollzogen und als konservative Golf- und Bridgespielerin ins Nobel-Rentnerparadies Marbella gezogen war, hatte sie mir auf mein Drängen hin zwar den Namen eines Mannes genannt, der angeblich mein Vater war. Meinen Recherchen nach war dieser Mann damals aber bereits verstorben.

»Da gibt's nichts zu beratschlagen«, antwortete mir Cosima knapp, »Roger Kanitz war deine letzte Chance. Im Ausschlussverfahren bleibt dir nichts anderes übrig, als deine Mutter anzuhauen und die Weiterbildung zu machen. Es sei denn, du willst doch noch pädagogisch in einer Kita tätig werden.«

Kaum war ich wieder zu Hause, setzte ich notgedrungen einen Darlehensvertrag auf. Hierin bat ich meine Mutter nach einer knappen Darlegung der Gründe um einen Kredit von zwölftausend Euro, welchen ich ihr mit einer Verzinsung von drei Prozent innerhalb von zwei Jahren zurückzahlen würde. Beherzt legte ich den Vertrag aufs Fax und drückte auf »senden«.

Ich musste nicht lange warten, bis ich eine Antwort erhielt, wiederum per Fax. Kommentarlos hatte meine Mutter den Vertrag unterschrieben. Nur die Ziffer *drei* vor Prozent hatte sie durchgestrichen. Stattdessen stand dort jetzt *vier*.

Ich griff zum Telefon, rief die Akademie an und erfragte die Daten für den nächsten Kompaktkurs von sechs Monaten und meldete mich für diese Option an. Mitte September würde es losgehen, und Ende Februar würde ich noch vor Beendigung des Trennungsjahrs fertig sein. Das Timing war immerhin perfekt.

Da es inzwischen Nachmittag geworden war, beeilte ich mich, die Kinder abzuholen und gemeinsam mit ihnen auf den Spielplatz zu gehen, der sich auf dem Falkplatz befand. Dort sah ich schon von Weitem einen Mann auf einer Bank sitzen, der mir bekannt vorkam. Als wir näher kamen, erkannte ich, dass es Sven war, der gedankenverloren etwas in sein Handy tippte. Als er uns sah, begrüßte er uns freudig und zeigte auf seine Tochter Nele, die gerade gemeinsam mit einer straßenköterblonden Frau Marke Mauerblümchen die Rutsche herunterschlidderte.

»Das ist nur eine Bekannte von mir ...«, fügte Sven schnell noch hinzu, während sich meine Kinder ein Wettrennen zur Rutsche lieferten.

Natürlich verstand ich sofort, dass Sven hiermit verschlüsselt ausdrücken wollte: »Das ist nur eine Affäre, und ich bin nach wie vor offen für andere Frauen.«

Dass Svens Bekannte ihre Beziehung zu ihm auch nur als unverbindliches Tingeltangel betrachtete, bezweifelte ich allerdings. Aufopfernd versuchte sie nämlich, seiner Tochter unvergessliche Erlebnisse auf dem Spielplatz zu bereiten. Außerdem strich sie Sven ab und zu liebevoll über den Kopf, was ihm sichtlich unangenehm war, und schließlich war sogar sie es, die Nele im Gebüsch hochhielt, als die Kleine mal musste.

Typisch Mann, dachte ich mir, weil ich oft beobachtete, dass Männer nach einer Trennung aus Bequemlichkeit das entstandene Loch in ihrem Leben möglichst schnell mit irgendeiner Frau stopften. Auch dann, wenn ihnen von vornherein klar war, dass sie mit der Frau keine ernsthafte Beziehung führen wollten. Dazu redeten sie sich meistens ein, die Abmachung über ein lockeres Verhältnis beruhte auf Gegenseitigkeit.

Wobei mir diese Sorte Mann noch sympathischer war als das Streunen jener Männer, die es in Post-Trennungs-Zeiten auch jenseits der dreißig noch nötig hatten, sich zum Wiederaufbau ihres männlichen Egos in jedem Dorf einen Köter zuzulegen.

Typisch Frau, dachte ich mir aber auch, weil viele Frauen dem Irrglauben verfallen waren, sie könnten einen Mann für sich gewinnen, indem sie sich durch ihre Dienstleistungen in seinem Alltag unentbehrlich machten.

Wenke, eine alte Schulkameradin, gehört auch zu diesem Typ Frau. Als ich sie zuletzt sah, war sie gerade neununddreißig geworden und eine der »Noch-nicht-mal-alleinerziehend«-Frauen, denen die Torschlusspanik auf die Stirn geschrieben stand und die sich (Plan B) einen Welpen beim Hundezüchter vorbestellt hatten.

Wenkes damaliger Liebhaber war – wie hätte es auch anders sein können – ihr in Scheidung lebender Chef, von dem sie sich die letzte Chance auf ein eigenes Kind erhoffte. Als Mittel zum Zweck tat sie *alles* für ihn; sie bügelte seine Hemden, mähte seinen Rasen, polierte seine Schuhe und belegte japanische Kochkurse, weil er so gern Sushi & Co aß.

Während unseres letzten Treffens vertraute Wenke mir bedrückt an, ihr Chef und Lover hätte sie in der vergangenen Nacht im Halbschlaf »Maria« genannt. Ich ging natürlich davon aus, dass seine Exfrau Maria hieß, und versuchte Wenke zu beruhigen; nach einer langen Ehe kann so etwas, wie ich finde, mal passieren. Fatalerweise war das aber der falsche Trost. Denn es war gar nicht die Exfrau ihres Chefs und Liebhabers, die Maria hieß, sondern seine unattraktive, fettleibige Putzfrau.

Bevor wir nach Hause gingen, fragte ich Sven, welche Kita Nele besuchte, und erfuhr, dass auch sie bei den *Gleimzwergen* untergebracht war. Dass wir uns bald Tag für Tag in der Kita über den Weg laufen würden, freute mich. Es tat mir gut, neben Cosima auch Sven als alten Vertrauten in meiner Nähe zu wissen. Nun würden wir also in der Zukunft anstatt miteinander zu flirten über Kindergartenausflüge und Elternvorstandswahlen reden. Das dörfliche Gefühl in meinem Prenzelberger Kiez gab mir das Gefühl, hier ein neues Zuhause gefunden zu haben.

4

Das nächste Wochenende verbrachten die Kinder wieder bei Mark. Als sie Sonntagabend zurückkehrten, war ihr Koffer prall gefüllt.

Neben ihren Kleidern packte ich auch ein batteriebetriebenes, miauendes Kätzchen für Fanny, einen Schmink- und Frisierkopf für Maya sowie eine Darth-Vader-Figur für Lorenz aus. Ich ging davon aus, dass Mark einen beruflichen Deal erfolgreich abgeschlossen und den Kindern zur Feier des Tages freie Auswahl in einem Spielzeugladen gelassen hatte.

Doch weit gefehlt: »Die sind von Ziska!«, rief Fanny, woraufhin sich Lorenz demonstrativ mit der Hand gegen die Stirn schlug und seine Schwester verbesserte: »Papas Freundin heißt F r a n z i s k a!«

Geschockt fragte ich nach, was er mit »Freundin« meinte. Unbekümmert berichteten mir die Kinder, Franziska kenne Mark aus der Kanzlei und hätte das ganze Wochenende mit ihnen verbracht. Außerdem hätte sie ihnen nicht nur die tollen Spielsachen gekauft, sondern auch viele Süßigkeiten und dreimal Pizza. Franziska liebte Kinder nämlich über alles, und wenn sie etwas älter wäre, wollte sie auch welche haben.

Ich war fassungslos. Wie konnte Mark so respekt- und rücksichtslos sein und mich nicht über seine Freundin informieren, *bevor* er sie den Kindern vorstellte?

Schon lange vermutete ich eine andere Frau in Marks Leben, doch hatte er es immer wieder mit der Floskel »Da weißt du mehr als ich« abgestritten. Verhärtet hatte sich mein Verdacht, als Cosima Mark vor einigen Monaten mit einer Blondine in einem Restaurant gesehen hatte und mir daraufhin ein blaues Bild schenkte, auf das sie »Gutschein für einen Privatdetektiv« geschrieben hatte.

»Glaubt man der Farbpsychologie, bringt uns Blau der Wahrheit näher«, sagte sie damals und riet mir, Mark beschatten zu lassen. Hätte ich das mal getan, anstatt seinen Unschuldsbeteuerungen zu glauben.

Außerdem hätte ich meine Hand dafür ins Feuer gelegt, Mark würde nicht mit einer Kollegin anbandeln. Hatte er doch *»Don't shit where you eat«* oder besser gesagt *»Don't fuck the office«* immer wieder zu seinem obersten Prinzip erklärt.

Meine Gedanken rasten, und jetzt verstand ich auch, warum Mark mich widerstandslos hatte ziehen lassen. Zwar hatte ich mit unserer Trennung nicht den Hintergedanken gehegt, Mark wachzurütteln, damit er sich wieder für mich ins Zeug legte. Dass er dem Ehe-Aus aber ohne Weiteres zugestimmt hatte, war dennoch kränkend gewesen.

»Mark ist stur und obendrein ein Verdrängungskünstler«, hatte ich mir sein Verhalten schöngeredet. Doch die Wahrheit war banaler – eine andere Frau steckte dahinter.

Womöglich hatte Mark seine Respekt- und Lieblosigkeit allein deshalb auf die Spitze getrieben, *damit* ich ihn verließ und er die Verantwortung für unsere Trennung nicht selbst tragen musste?

Sobald die Kinder im Bett waren, griff ich zum Telefon.

»Wie lange läuft das schon zwischen dir und dieser Frau? Wieso hast du mir immer wieder ins Gesicht gelogen? Wieso hast du mir nichts gesagt, bevor du sie den Kindern vorstellst?«, stellte ich ihn zur Rede.

Mark – ganz der routinierte Anwalt – fing meine Litanei an Vorwürfen mit professioneller Distanz ab. Auf einen argumentativen Nahkampf ließ er sich gar nicht erst ein.

»Mach doch jetzt wegen Franziska kein Fass auf«, sagte er kalt. »Du hast es doch eh schon die ganze Zeit gewusst. Im Übrigen fällt es in *meinen* Verantwortungsbereich, wen ich an *meinen* Kinderwochenenden den Kindern vorstelle. Und jetzt entschuldige mich bitte, ich habe noch zu tun.«

Es tutete aus dem Hörer, Mark hatte aufgelegt. Genervt knallte ich das Telefon auf den Tisch. War Mark denn nicht klar, dass wir zum Wohl der Kinder auch weiterhin ein Elternteam bilden und uns in wichtigen Belangen abstimmen sollten?

Durch unsere gemeinsame emotionale Verantwortung unseren Kindern gegenüber waren wir schließlich wie durch einen unbefristeten und unkündbaren Vertrag aneinandergekettet – daran konnte unsere Trennung als Paar auch nichts ändern.

Vielleicht wusste Mark auch gar nicht, was man Kindern in welchem Alter zumuten kann, überlegte ich weiter. Schließlich war ich während unserer Ehe hauptsächlich diejenige gewesen, die sich mit den Bedürfnissen der Kinder und erzieherischen Fragen auseinandergesetzt hatte. Für Mark war das alles jetzt Neuland.

In der folgenden Nacht schlief ich schlecht. Ich erinnerte mich an meine Freundin Esther, deren Töchter bei jeder neuen Freundin ihres Exmannes Dirk mit demselben Spruch nach Hause kamen: Susie, Musie oder Spusie liebt Kinder über alles …

Drei ganz große Lieben hatte Dirk innerhalb von drei Jahren durchlaufen. Seine wechselnden Freundinnen hatten sich mit ihren Beteuerungen überboten, wie vernarrt sie allgemein in Kinder waren und besonders natürlich in die von Dirk. Dabei lag es auf der Hand, dass seine ersten beiden Freundinnen das nur behauptet hatten, um bei Dirk zu punkten. Die dritte meinte es zwar ernst, drängte sich aber zu sehr auf. So bat sie beispielsweise eigenmächtig den Klassenlehrer von Dirks Tochter um ein Gespräch, nachdem das Mädchen eine Fünf mit nach Hause gebracht hatte. Und zu Weihnachten schenkte sie Dirk eine Radierung, die sie bei einem Künstler in Auftrag gegeben hatte: Darauf zelebrierte sie das Stiefmuttermotiv in inniger Umarmung mit den beiden Kindern.

Esther versuchte ihrem Exmann immer wieder klarzumachen, dass die Kinder seine Freundinnen als Bezugspersonen in ihr Herz schließen. Und dass er es sich gut überlegen soll, wann beziehungsweise ob er ihnen seine temporären großen Lieben überhaupt vorstellt. Dirk hingegen war der Auffassung, dass Esther die Kinder zu sehr behütete, und unterstellte ihr obendrein Eifersucht. Auch hielt er es nicht mal für nötig, die Kinder zu trösten, wenn ihm wieder einmal eine Frau abhandengekommen war – diese Aufgabe überließ er gern Esther.

Um mich von meiner Enttäuschung, Wut und Sorge abzulenken, stürzte ich mich in Arbeit und tat mein Bestes, um mich auf mein neues Berufsfeld vorzubereiten:

Ich verglich verschiedene Baubroschüren in ihren visuellen Umsetzungen miteinander und recherchierte die aktuellen Softwares. Außerdem führte ich ein Gespräch mit einem Produktdesigner, der mir versicherte, dass Visualisierer auch in seiner Berufssparte gefragt waren.

Parallel dazu checkte ich regelmäßig Antje Kempers Internet-Account und stellte fest, dass Antjes Persönlichkeitsstruktur das Vertrauen von Männern weckte. Ihr Account wurde geradezu überflutet mit Cyber-Anstupsern, Cyber-Lächeln, Cyber-Komplimenten und Cyber-Anfragen zur Kontaktaufnahme. Auch qualitativ wirkten die Männer, die sich für Antje interessierten, gar nicht schlecht und viel seriöser als die, die sich auf mein wahrheitsgetreues Profil hin gemeldet hatten.

Als die ersten Männer Interesse an einem persönlichen Treffen mit mir, alias Antje Kemper, bekundeten, entschied ich mich für einen Mann namens Kay, der mich eigentlich schon deshalb nicht interessierte, weil er Wirtschaftsprüfer war, zwei

Söhne namens Friedrich und Maximilian hatte und, hiernach zu urteilen, einer Welt zuzuordnen war, der ich mit dem Ende meiner Ehe entflohen war. Für einen Testlauf, bei dem ich zum ersten Mal die wahre Identität von Antje Kemper enttarnen würde, kam er mir aber gerade recht. Einen guten Plan hatte ich nämlich noch nicht, wie ich meiner neuen Bekanntschaft beichten sollte, dass ich in Wahrheit Phyllis hieß, verschuldet war und mit einer ganzen Schar von Kindern und Haustieren auf sehr überschaubarem Wohnraum zusammenlebte. Dass ich darüber hinaus Kuschelrock verabscheute, höchstens Kinderpampe kochen konnte und mir auf speziellen Wunsch einen Kittel erst zulegen müsste.

Da Kay sofort zusagte, als ich ihm, gemäß der Hobbyliste von Antje Kemper, einen gemeinsamen Spaziergang vorschlug, bestellte ich ihn zu einer Straßenkreuzung, von der aus man in die eine Richtung um den zwei Kilometer langen See Krumme Lanke spazieren kann, während sich in die andere Richtung ein fünf Kilometer langer Weg um den größeren Schlachtensee erstreckt. Je nach Ersteindruck von meinem Versuchskaninchen wollte ich mich spontan für den kürzeren oder den längeren Spaziergang entscheiden.

Zwanzig nach drei – und damit zwanzig Minuten zu spät – zeigte meine Uhr an, als ich mit Clooney zwischen der Krummen Lanke und dem Schlachtensee auf Kay wartete. Da mein, alias Antje Kempers Foto, das ich im Internet veröffentlicht hatte, absichtlich sehr verschwommen war, diente mir Clooney als Erkennungszeichen. Ich sah mich um. Doch ein Mann, der zu Kays Foto oder seiner Selbstbeschreibung passte, war nirgendwo zu sehen.

Mit einer Mischung aus Langeweile und Genervtheit sortierte ich den SMS-Speicher meines Handys. Dabei kam mir meine Namensschwester Phyllis aus der griechischen Mythologie in den Sinn. Die hatte sich aus Gram über das Fernbleiben ihres Liebhabers in einen blattlosen Mandelbaum verwandelt, und vielleicht ereilte mich ja jetzt das gleiche Schicksal.

Ich beschloss, Kay noch exakt fünf Minuten zu geben, bevor er für mich zur Persona non grata wurde. Es gab einfach Benimmregeln, die ein Mann befolgen musste, wenn er eine Chance bei mir haben wollte. Und es war mir auch egal, ob andere das altmodisch oder pedantisch fanden oder ob es sogar im Widerspruch zu den Berliner Coolness-Regeln stand.

Zu diesen Benimmregeln gehörte beispielsweise, dass ein Mann wartete, bis ich die Haustür aufgeschlossen hatte und im Eingang verschwunden war, nachdem er mich mit seinem Auto nach Hause gebracht hatte. Dazu gehörte auch, dass er mir in einem Café den besseren Platz anbietet und sich erst nach mir setzt. Und natürlich sollte es eine Selbstverständlichkeit sein, dass ein Mann mich zur verabredeten Zeit nicht länger als maximal zehn Minuten warten lässt, ohne sich wenigstens telefonisch oder per SMS für seine Verspätung zu entschuldigen.

Zum Zeitvertreib war ich inzwischen dazu übergegangen, Bonbonpapiere aus meinen Manteltaschen in einen Mülleimer zu entsorgen. Dabei fiel mir ein zusammengefalteter Zettel in die Hände. Ich strich ihn glatt und las in fremder Handschrift: »Jesco«, darunter eine Handynummer, und dann noch »Meld dich mal«.

»Ach nee!«, entfuhr es mir laut, und ich verfluchte meine Unordnung, die dazu geführt hatte, dass ich den Zettel jetzt erst, mehrere Wochen nach dem Abendessen bei Claire und Klaus-Dieter gefunden hatte.

Meine Laune besserte sich schlagartig. Und da ich nun definitiv keine Lust mehr auf einen Spaziergang mit einem Wirtschaftsprüfer hatte, eilte ich mit Clooney zu meinem Auto, fuhr weg und war erleichtert darüber, dass dieser Kay nicht aufgetaucht war.

Drei Tage waren inzwischen vergangen, seit ich Jescos Zettel in meiner Jackentasche gefunden hatte.

»Wie kannst du dir so eine Chance entgehen lassen!«, sagte Cosima und schüttelte verständnislos den Kopf.

Da ihr Mann Matthias übers Wochenende an die Ostsee zum Segeln gefahren war, hatten wir es uns mit Sundownern auf ihrer Terrasse mit Blick auf die Gethsemanekirche gemütlich gemacht, während sich unsere insgesamt fünf Kinder im Wohnzimmer auf einem Matratzenlager fläzten und sich einen Disneyfilm ansahen.

Ich erklärte meiner Freundin, nach reiflicher Überlegung wäre ich doch zu dem Schluss gekommen, dass eine Lovestory zwischen Jesco und mir wenig sinnvoll wäre, weil er keine eigenen Kinder hatte. Und bei Männern ohne eigenen Nachwuchs erschien mir das Risiko zu groß, dass sie noch eigene Kinder kriegen wollten, wohingegen ich es ausschloss, noch ein weiteres Kind zu bekommen.

»Ich glaube, du bist einfach nur zu feige. Vielleicht ist Jesco unfruchtbar und sehnt sich nach einer bestehenden Familie. Und warum denkst überhaupt so weit, bevor du das erste Mal mit ihm geschlafen hast? Es ist Sommer, du bist in Berlin, und die Stadt ist voller Sex!«

Die Stimme meiner Freundin klang jetzt beinahe vorwurfsvoll. Cosima redete gern über Sex, was bestimmt daran lag, dass sie selbst schon seit Langem keinen mehr hatte. Gespräche über Sex gaben ihr das Gefühl, wenigstens nah am verpassten Geschehen dran zu sein. Zu ihrer Frustration wollte Matthias nämlich kaum noch mit ihr schlafen.

Als Eltern und als berufliches Team in der Arztpraxis arbeiteten Cosima und Matthias gut zusammen. Machtkämpfe und Streitereien, wie sie zwischen Mark und mir stattgefunden hatten, kannten sie kaum – was meiner Ansicht nach auch daran lag, dass Ärzte, zumindest während der ersten Jahre ihrer beruflichen Laufbahn, einer soliden, planbaren Karriere ohne variables Gehalt unterworfen sind. Und dass diese Kalkulierbarkeit Frauen und Männern gleichermaßen ermöglicht, eine berufliche Auszeit für die Kindererziehung einzulegen, ohne dass es ihrer weiteren Karriere schadet. Außerdem sind Ärzte als Humanwissenschaftler im Dienst der Menschheit unterwegs. Der Sinn und Zweck ihres Arbeitens ist damit unangreifbar, und automatisch genießt jeder Arzt einen Respektbonus für seine Arbeit – auch beim jeweiligen Partner.

Was aber nützte gegenseitiger Respekt, wenn die Erotik über die Jahre auf der Strecke geblieben war? Wie Brüderchen und Schwesterchen lebten Matthias und Cosima harmonisch miteinander, und kürzlich hatte er ihr gesagt, sie sei sein bester Freund. Matthias hatte es als Kompliment gemeint und war irritiert, als sie tief verletzt reagierte. Cosima wollte nicht der sexuell neutrale Kumpel ihres Mannes sein. Stattdessen wünschte sie sich nichts sehnlicher, als von ihm wieder als schöne und begehrenswerte Frau wahrgenommen zu werden.

Sprach Cosima ihren Mann auf ihr brachliegendes Sexleben an, wich er dem prekären Thema entweder mit humorigen Floskeln aus, über die Cosima aber nicht lachen konnte. Oder er schob seinen anstrengenden Arbeitsalltag vor, der seine körperliche Lust angeblich hemmte. Insistierte Cosima dennoch weiter, parlierte Matthias darüber, wie gut es ihnen doch gehe und dass sie sich freuen sollten über das, was sie haben, anstatt über »belanglose Kleinigkeiten« zu lamentieren, die in langen Beziehungen zwangsläufig auf der Strecke blieben.

Nach solchen Gesprächen ging es Cosima grundsätzlich noch schlechter als davor. Sie fühlte sich allein gelassen mit ihren Bedürfnissen nach mehr Sinnlichkeit, und es enttäuschte sie, dass Matthias sich dem Problem nicht stellte und es darüber hinaus noch bagatellisierte.

Cosima fühlte sich zu jung, um für den Rest ihres Lebens keinen Sex mehr zu haben. Gleichzeitig wollte sie ihren Mann auch nicht betrügen. Deshalb überlegte sie, ob sie wirklich den Rest ihres Lebens mit ihrem Mann verbringen sollte oder ob es nicht ehrlicher sich selbst gegenüber wäre, wenn sie sich jemanden suchte, der ihre weiblichen Sehnsüchte besser stillen könnte.

Cosima sah mich wieder auffordernd an und fuhr unnachgiebig fort: »Ein früher Samstagabend ist der *perfekte* Zeitpunkt, um einen Mann zum ersten Mal anzurufen.

Ich hielt das für eine an den Haaren herbeigezogene Aussage. Über einen Dienstag- oder Mittwochmittag konnte man sich streiten, aber wer meldete sich schon bei einem Mann zur Sportschauzeit?

»Das mein ich doch«, sagte Cosima und führte als weiteres abstruses Argument an, jetzt gerade wäre eben ein besonders *kreativer* Zeitpunkt für einen flirtiven Erstanruf.

Ich gab auf, trank meinen Wein aus, schnappte mir mein Handy und stellte mich nah an das Geländer der Dachterrasse, von dem aus ich das Straßengeschehen beobachten und hören konnte. Leise Geräusche im Hintergrund beruhigten mich, wenn ich nervös war.

Dann wählte ich Jescos Nummer und lauschte dem Freizeichen. Da ich meine eigene Rufnummer nicht unterdrückt hatte, gab es kein Zurück mehr.

»Hallo?«, hörte ich seine Stimme.

»Hi, hier ist Phyllis.«

»Phyllis ...«, antwortete Jesco abwesend, während sich meine Vorahnung bestätigte und ich im Hintergrund den Sportreporter laut »Tor!« rufen hörte.

Ich hoffte, Jesco würde noch etwas hinzufügen, doch der schwieg, da er wahrscheinlich gerade Herthas Abstiegskampf durchlitt.

Fieberhaft überlegte ich, was ich als Nächstes sagen könnte.

»Ja, also«, fuhr ich fort, »als du bei Claires Abendessen früher gegangen bist, wäre ich am liebsten mitgekommen.«

»Zu mir?«

Ich spürte, wie mein Gesicht heiß wurde. Doch anstatt mit einer coolen Antwort zu kontern, haspelte ich unbeholfen weiter.

»Ich mein, ich hätte gern noch einen Drink genommen oder so ...«

»Dann holen wir das doch nach«, sagte Jesco und lud mich am nächsten Nachmittag in den Garten hinter seiner Werkstatt zum Grillen ein.

»Das ist Natur mitten in der Stadt. Ein paar Freunde von mir kommen auch vorbei.«

Mein Bauch zog sich vor Anspannung zusammen, und meine Gedanken rasten.

Als wäre ich ein Teenie, der zum allerersten Mal ein Date ausmacht, wusste ich nicht, was ich antworten sollte. War es taktisch klug, seiner kurzfristigen Einladung zu folgen, oder sollte ich lieber viel beschäftigt tun und ein Treffen hinauszögern? Oder überreizte ich dann mein Blatt, da ich ihn schon wochenlang hatte warten lassen? Und war jegliches Taktieren nicht ohnehin kindisch?

»Okay, gern«, antwortete ich schließlich.

Da Jesco nichts erwiderte, ich aber hörte, wie sich der Sportreporter ihm Hintergrund über Herthas Abwehr in Rage redete, fuhr ich unbeholfen fort:

»Der letzte Fleck Natur mitten in der Stadt klingt ja auch

wirklich schön. Natur entspannt mich immer so. Mit Grillen und frischer Luft und Vögeln und so.«

Cosimas Augen weiteten sich, und ich bemerkte, dass ich schon wieder in der Zweideutigkeit gelandet war. Doch anstatt wenigstens dieses Mal souverän zu reagieren oder darüber hinwegzugehen, setzte ich nach: »Also, ich meine natürlich *die* Vögel, die *Tiere* …«

»Klar … ähm … Am besten schicke ich dir meine Adresse gleich per SMS«, sagte Jesco, bevor ich das Telefonat rasch beendete und am liebsten im Erdboden versunken wäre.

Unter »Natur« habe ich mir was anderes vorgestellt, dachte ich, als ich am nächsten Tag mit dem Fahrrad auf dem Areal eines ehemaligen Containerbahnhofs an verwaisten und heruntergekommenen Lagerhallen vorbei über Brachflächen fuhr. Jesco hatte mich in das letzte Niemandsland der Innenstadt nördlich des Hauptbahnhofs gelotst, in dem in einigen Jahren das Großbauprojekt Europacity entstehen sollte.

Mit der Adresse, die er mir geschickt hatte, war selbst das Navigationssystem meines Handys überfordert. So musste ich eine Weile suchen, bis ich in einem entlegenen Winkel des Geländes ein Haus entdeckte, vor dem zwei Autos parkten.

Als ich mein Fahrrad abstellte und mein Sommerkleid unter meiner Parkaweste zurechtzupfte, bekam ich auf einmal Angst vor der eigenen Courage. Ich kannte Jesco kaum und konnte nicht einschätzen, was mich erwartete. Um mich noch nicht in die Höhle des Löwen wagen zu müssen, rief ich Cosima an, die auf meine Kinder aufpasste – falls nötig auch bis morgen früh.

»Den Kindern geht es gut, Phyllis – und jetzt kneif bloß nicht in letzter Sekunde!«, rief Cosima noch vor einem »Hallo« ins Telefon. Dann legte sie einfach wieder auf.

Ich ärgerte mich darüber, vor langer Zeit mit dem Rauchen aufgehört zu haben, denn eine Zigarette hätte mich in diesem Moment beruhigt. Von irgendwoher vernahm ich jetzt leise Musik. Ich ging zur Haustür, doch die war verschlossen. Da ich keine Klingel fand, spähte ich durch ein Fenster. Überall standen Werkstattbänke und Frästische, und an den Wänden lehnten Bilderrahmen. Von Jesco war jedoch keine Spur.

Mir wurde klar, dass die Musik hinter dem Haus herkommen musste, und ich folgte den Klängen. Auf der Rückseite des Hauses hielt ich inne: Vor mir tat sich ein großer Garten auf, der sich bis zum Spreeufer erstreckte und dessen Bepflanzung üppig und wild in alle Richtungen wucherte. Jesco hatte recht – das konnte man in der Tat als Natur bezeichnen.

Mitten auf der Wiese – mit Blick auf die Spree – standen Sonnenstühle und Liegen unter einem großen Sonnenschirm. Auf einem der Stühle erkannte ich Jesco, der neben zwei Freunden in der Sonne saß und mich mit den Worten »Schön, dass du es geschafft hast« zu sich herüberwinkte.

Zum Glück sind noch andere da, dachte ich erleichtert, während Jesco mir seine Freunde vorstellte: Marlene war Galeristin, und Julius arbeitete in einem Kunstauktionshaus. Heimlich musterte ich die beiden. Der Slogan *»Express your understatement«* passte zu ihnen, da sie mit ihrem puren, minimalistischen Stil ihre Lässigkeit inszenierten und Kleider von kleinen Modelabels trugen, deren Kollektionen niemand ansehen darf, wie viel Geld man dafür blechen muss.

Jesco reichte mir einen Wodka Gimlet, bot mir einen Liegestuhl an und rückte seine Liege möglichst dicht neben meine. Während Julius in einem Kunstmagazin blätterte, zündete sich Marlene einen Joint an und gab ihn an Jesco weiter. Der bot ihn gentlemanlike zuerst mir an. Ich zögerte. Jahrelang hatte ich nichts mehr geraucht. Kurz und wie zufällig berührte Jesco mein Bein.

Was soll's, *it's better in bed, when you're out of your head*, dachte ich, nahm den Joint und zog daran.

Entspannt lehnte ich mich in meinem Liegestuhl zurück und beobachtete die Boote, die auf der Spree an uns vorbeizogen. Die Wechselwirkung von Joint und Wodka ließ dank der heißen Augustsonne nicht lange auf sich warten und versetzte mich in einen Glücksrausch, der meine Sinne verzerrte. Ich kam mir vor wie in einem authentischen Werbefilm für Berlin-Mitte. Jesco, Marlene und Julius sahen nicht nur aus wie der Prototyp des kunstaffinen, hippen Berliners, sondern unterhielten sich auch über die entsprechenden Themen: Welcher Künstler befand sich in der gestreiften Phase, wer durchlief die gepunktete und wer die karierte?

Wie durch eine Nebelwand verfolgte ich ihren kunstsachverständigen Diskurs. Dabei amüsierte ich mich darüber, dass in jedem Satz mindestens dreimal der Begriff »Ebene« fiel, dicht gefolgt von dem Wort »Spektrum«.

Meine Kenntnisse vom aktuellen Kunstmarkt hielten sich zwar in Grenzen, doch waren mir zumindest die wichtigsten Kodexe der Kunstszene bekannt. So sprach man zum Beispiel niemals von den »Bildern« eines Künstlers, sondern von seinen »Arbeiten« – was mir prompt ein anerkennendes Nicken einbrachte.

Gegen Abend verabschiedeten sich Jescos Freunde.

Während er sie hinausbegleitete, blieb ich allein im Garten zurück. Die Alkohol- und Graswirkung hatte inzwischen nachgelassen, und plötzlich wurde ich wieder etwas nervös.

Guter Sex war lange Zeit das letzte Bindeglied zwischen Mark und mir gewesen. Zuletzt hatte er jedoch immer seltener stattgefunden und irgendwann war er ganz verebbt. Außerdem war Mark zehn Jahre lang der einzige Mann gewesen, mit dem ich geschlafen hatte. Und so hatte ich auf einmal Angst, mich bei einem quasi Fremden wie ein Anfänger zu verhalten, weil ich die Do's and Dont's des Sichverführenlassens nicht mehr kannte.

Zudem hoffte ich, dass Jesco meinen erotischen Geschmack teilte. Schon während meiner Sturm-und-Drang-Zeit vor meiner Beziehung mit Mark hatte ich es nämlich als reinste Zeitverschwendung empfunden, wenn ein Liebhaber eine andere Auffassung von Erotik hatte als ich.

Gar nichts anfangen konnte ich zum Beispiel mit den narzisstisch gestörten »Franky's Fickparadlern«. Diesem Liebhabertyp ist es ganz egal, mit wem er schläft, sofern die Frau ihn sexuell befriedigt. Seine Darbietung im Bett ähnelt hochleistungssportlichem Rammeln, und zur Steigerung seiner Lust turnt es ihn an, der Frau auf den Po zu klatschen und dabei »Ich fick dich so geil« zu rufen. Rücksichtnahme auf die Frau kennt ein Franky's Fickparadler nicht, und es würde niemanden wundern, verkündete er nach seinem Orgasmus laut »Erster!«. Nach dem Duschen steht ein Franky's Fickparadler gern nackt vor dem Spiegel und singt *»Sex bomb, sex bomb … I'm a sex bomb«*. Das größte Glück beschert sich dieser Liebhabertyp jedoch, wenn er sich genauso wie sein Namensgeber, der Videothekenbetreiber Franky aus dem Film *Bang Boom Bang*, regelmäßig selbst beim Sex filmt: Die Frau, mit der Franky in dem Streifen *Eingelocht* aus seiner Pornoreihe *Fickparade* Sex hat, ist darin kaum zu sehen. Selbstverliebt richtet Franky den Fokus der Kamera nämlich ausschließlich auf sich selbst.

Ebenso wenig wie diese Spezies mochte ich auf der anderen Seite die »geschmeidigen Pfirsiche«, die außen weich und innen hart waren. Dieser Liebhabertyp geht pseudoeinfühlsam auf die Frau ein und fragt sie nach ihren Gefühlen, während im Hintergrund der *Bolero* läuft. Damit will er demonstrieren, dass er nicht zu den Männern gehört, die Frauen mit ihrem Können zutexten und dabei grundsätzlich übertreiben. Außerdem ist der geschmeidige Pfirsich stets darum bemüht, einer Frau ihre Wünsche von den Lippen abzulesen. Das tut er jedoch nicht aus Hingabe, sondern weil er es für eine Erfolg versprechende Masche hält.

Mitunter trägt diese wendige Sorte von Mann der Frau seiner Begierde das Gedicht *An die Geliebte* von Rainer Maria Rilke vor. Das kennt er nicht aus Liebe zur Poesie auswendig, sondern weil er es schon so vielen Frauen dargeboten hat. Er ist der Schwabe unter den Liebhabertypen, der nur so tut, als mache er sich Gedanken um die jeweilige Frau. In Wahrheit geizt er mit seinen Einfällen, spult immer das gleiche Programm ab und macht Versprechungen, die er nie einhält. Der geschmeidige Pfirsich ist der Typ Mann, der viele große Lieben im Leben hat, von denen keine länger als sechs Wochen andauert.

Mit einer Mischung aus Rührung und Unverständnis erinnerte ich mich zudem an die »zu Wohlerzogenen«, die zu verklemmt sind, um zu merken, dass man ihnen am liebsten *»A little less conversation, a little more action«* entgegenschmettern würde. Wobei ich guter Hoffnung war, dass man diesem Antiliebhabertyp jenseits der Dreißig nicht mehr begegnet.

Mit einem »zu Wohlerzogenen« kommt es in der Regel überhaupt nicht zum Sex, weil er flirtiv-anheizende Psychospielchen nicht durchschaut. Kokettiert eine Frau gegenüber diesem Liebhabertyp beispielsweise damit, dass sie sich nicht sicher ist, ob sie wirklich schon in der ersten Nacht mit ihm schlafen möchte, verführt er sie auch nicht. Stattdessen bietet er ihr höflich sein Bett an, während er sich selbst aufs Sofa legt, mit den Worten: »Wir müssen nichts tun, was du nicht willst.«

Kommt es dann doch noch zum Sex, fragt er nach, ob man

das, was er tut, schön findet. Bejaht man es (um der Fragerei ein Ende zu bereiten), inspiziert er verstohlen alle Körpersignale, um sich zu vergewissern, ob man die Wahrheit gesagt hat.

Der kritischste Moment beim Sex mit einem »zu Wohlerzogenen« ist kurz vor dem eigenen Höhepunkt. Dann nämlich bringt er es glatt fertig und verlangsamt wieder, um nochmals nachzufragen, ob er wirklich alles gut macht; oder aber er macht mit einer abwegigen Bewegung alles zunichte.

Als Jesco zurückkehrte, mixte er uns neue Drinks und setzte sich wieder neben mich. Er sah mich an, nippte an seinem Glas und sagte kein Wort. Mich verunsicherte seine kryptische Art, sie machte es mir schwer, ihn zu durchschauen.

Um das Schweigen zu brechen, suchte ich nach einem möglichst unverfänglichen Gesprächsstoff. Verkrampft lenkte ich das Thema auf die Gartenbepflanzung. Und so unterhielten wir uns – beziehungsweise eigentlich redete nur ich – so lange über Farne und Flechten, Gräser und Kräuter, dominante und nicht dominante Pflanzen, Schlingpflanzen und den Samenflug, bis mich Jescos belustigtes Gesicht zum Schweigen brachte.

»Die Spree ist ziemlich warm«, sagte er und erlöste mich aus dem peinlichen Moment.

Erleichtert, meinem Monolog über mitteleuropäische Vegetationsarten zu entkommen, folgte ich seiner indirekten Aufforderung, ans Flussufer zu gehen. Jesco kam hinterher.

Langsam watete ich durch das seichte Wasser nahe des Ufers und spürte Jesco dicht hinter. Irgendwann blieb ich stehen. Jesco umarmte mich von hinten. Ich schloss die Augen, als ich spürte, wie er unter mein Kleid tastete, und genoss das Wissen, dass ihn meine Nacktheit darunter erregte.

5

Von den folgenden drei Wochen werde ich noch sehnsuchtsvoll zehren, wenn ich mir mit neunzig Jahren in einem Seniorenheim meine Zeit mit Likörchen-Schlürfen vertreibe: Da meine Kinder mit Mark in die Ferien nach Italien gefahren waren, hatten Jesco und ich alle Zeit der Welt, um uns unserer Verliebtheit hinzugeben: Wir genossen die Wirkung von Sommercocktails in Beach Clubs am Spreeufer, machten Bootstouren auf der Mecklenburgischen Seenplatte, hingen stundenlang in Jescos Garten ab und liebten uns tage- und nächtelang. Ich fühlte mich wie in einem Dauer-Schampus-Rausch nach einer langen und zähen Zeit des Fastens.

Neben dem Sex mit Jesco, der mich aller Sinne beraubte, genoss ich es auch, mich mal wieder mit einem Mann über geistig anregende Themen weit abseits von Kinder- und Haushaltsfragen zu unterhalten. Da Jescos Bilderrahmenwerkstatt so gut lief, dass er sich nur noch am Rande darum kümmern musste, hatte er ausreichend Zeit, um seinen Interessen nachzugehen, allen voran der bildenden Kunst. So hatte er neben seiner Leidenschaft fürs Kunstsammeln, für die er auf die einschlägigen Messen reiste und Vernissagen und Ateliers besuchte, den Verein *Rahmengeber e.V.* gegründet, der mithilfe von Sponsorengeldern Nachwuchskünstlern Stipendien und Mentoren vermittelte.

Jescos Freigeist und seine Begeisterungsfähigkeit erinnerten mich an Mark, wie er war, als ich ihn kennenlernte. Doch im Gegensatz zu Jesco hatte Mark es nie geschafft, sich von den Erwartungen seiner Eltern zu emanzipieren. Die weichen und verletzlichen Anteile seiner Persönlichkeit kamen deshalb über die Jahre immer weniger und irgendwann gar nicht mehr zum Vorschein.

Mark stammte aus einer erzkonservativen und karrieristisch orientierten Akademikerfamilie, in der nur zwei Dinge zählten: Leistung und Erfolg. »Höher, schneller und der Beste von allen« – darauf wurde er zeit seiner Kindheit programmiert. Nicht zuletzt aus Sehnsucht nach der Liebe seiner Eltern fühlte er sich insbesondere dann, als er selbst Familienvater wurde, dazu auch verpflichtet.

Jesco hingegen war bei Eltern aufgewachsen, die die Handwerkerehre großschrieben. Nach seinem mittleren Schulabschluss absolvierte er eine Schreinerlehre, merkte aber schnell, dass ihn handwerkliches Arbeiten allein nicht ausfüllte. An der Abendschule holte er deshalb sein Abitur nach, danach studierte er BWL und Kunstgeschichte. Gleichzeitig machte er sich als Bilderrahmer selbstständig. Da seine Holzarbeiten hochwertig waren und er die Liebe seiner Klientel zur Kunst teilte, standen seine Auftraggeber bald Schlange. Und Jesco musste sich entscheiden, ob er mit seiner Firma expandieren sollte.

Er tat es nicht. Seine Werkstatt, der Garten am Spreeufer und seine kleine Wohnung in Berlin-Mitte genügten ihm. Anstatt noch mehr zu arbeiten, um noch erfolgreicher und noch wohlhabender zu werden, wollte er lieber mehr Zeit dafür haben, die Welt weiter zu entdecken. Das Lesen und Reisen sollten ebenso wenig zu kurz kommen wie interessante Begegnungen und inspirierende Gespräche.

»Vielleicht habe ich irgendwann im Leben doch noch Lust, ein Imperium aufzubauen«, erklärte mir Jesco. »Im Moment mag ich mein Leben aber genau so, wie es ist.

Einen eigenen Kinderwunsch hegte Jesco nicht, wie er mir zu meiner Erleichterung sagte.

»Früher gab's Momente, in denen ich mir Kinder vorstellen konnte«, gab er zwar zu, doch war sein Wunsch damals nur sporadisch aufgeflackert. Außerdem, fuhr er fort, hätte sich die Gründung einer Familie für ihn nicht ergeben: Eine seiner Exfreundinnen, mit der er zwei Jahre zusammen war, fühlte sich mit Mitte zwanzig zu jung zum Kinderkriegen; eine andere hatte zwar das richtige Alter, legte aber mehr Wert auf ihre Karriere als Künstlerin; mit seiner nächsten Freundin hatte Jesco zwar ernsthaft überlegt, ein Kind zu kriegen. Da sie jedoch eine Fernbeziehung zwischen Berlin und Stockholm führten, waren die Gelegenheiten zur Empfängnis rar gesät, und schließlich scheiterte die Beziehung an der Entfernung. Von seiner letzten Freundin hatte sich Jesco erst vor drei Monaten getrennt. Mit ihr hatte er eine so zermürbende On-and-off-Beziehung geführt, dass ein gemeinsames Kind für beide ein abwegiger Gedanke war.

»Inzwischen habe ich das Thema begraben, weil ich keine Lust habe, für den Opa meines Kindes gehalten zu werden, wenn es Abi macht.«

Ich hoffte, dass Jesco das auch wirklich so meinte, und dachte an Alex, eine Bekannte von mir, die zwei Kinder allein großzog und ihrem neuen Freund gegenüber gleich klarstellte, dass sie erstens keine weiteren Kinder kriegen und zweitens nicht wieder in altbackene Konventionen gepresst werden wollte, da sie ihre neu gewonnene Freiheit zu schätzen gelernt hatte. Alex suchte nach einer Partnerschaft, in der neben dem Alltag mit ihren Kindern auch die Zweisamkeit mehr Platz einnehmen würde. In einer noch weiter wachsenden Patchwork-Sippschaft hätte sie diesen Wunsch jedoch wieder hintanstellen müssen.

Ihr neuer Freund, der kinderlos war, bewunderte damals angeblich ihre direkte Art und akzeptierte ihre Vorstellungen. Einige Zeit später überrumpelte er Alex jedoch mit einem Gespräch über eine gemeinsame Zukunft. Mit Pathos in der Stimme schwärmte er von einem Neuanfang in einem Bullerbü-

Haus im Grünen mit ausreichend Platz – und zwar nicht nur für sie beide und Alex' Kinder, sondern auch für gemeinsamen Nachwuchs.

Alex war schockiert darüber, dass ihr Freund ihre klare Zielvorgabe nicht ernst genommen hatte. Als sie ihn zur Rede stellte, gab er schließlich zu, dass ihm seine Rolle als angedockter Mann von Anfang an als Notlösung erschienen war. Und dass er sich in Wahrheit immer schon eigene Kinder gewünscht und es nur nicht zugegeben hatte. Stattdessen hatte er darauf spekuliert, dass sich in Alex der Wunsch nach der Geborgenheit einer »richtigen« Großfamilie mit der Zeit entwickeln würde. Und dass sie dann auch Lust auf weitere Kinder kriegen würde.

Resigniert hatte sich Alex gefragt, warum Männer die Küchenpsychologie für bare Münze nehmen, Frauen würden Ja meinen, wenn sie Nein sagen. Was bei ihr nicht zutraf. Oder eben gerade doch, wenn sie es andersherum sagte?

Trotzdem beschloss ich, Jesco zu glauben. Wobei ich ihm damals selbst eine Geschichte über seinen Nahkampf auf Leben und Tod mit einem fliegenden Tiger am Strand von Goa abgenommen hätte, so sehr hatte ich mich in ihn verliebt.

Antje Kempers Account beim Internetportal www.zweite-runde-für-die-liebe.de löschte ich, weil ich davon ausging, ihn nicht länger zu benötigen. Zum Abschied erhielt ich folgende E-Mail:

Sehr verehrte Zweitrundlerin,

das Partnervermittlungsinstitut Ihres Vertrauens gratuliert Ihnen herzlich zu Ihrer neuen Liebe und dem Entschluss, zukünftig zu zweit Probleme lösen zu wollen, die Sie allein nicht gehabt hätten.

Für Ihre neue Partnerschaft wünschen wir Ihnen viel Erfolg. Da die Probleme – ausgehend von Ihren bereits bestehenden familiären Verflechtungen – jetzt aber erst anfangen, leitet Sie dieser Link zu einer Liste namhafter Paar- und Kindertherapeuten weiter. Das Verzeichnis ist nach Postleitzahlen geordnet.

Mit besten Wünschen für Ihre Zukunft grüßt Sie herzlich,
Ihr Experten-Team für die zweite Runde
TÜV-geprüft und Testsieger der Stiftung Warentest

Mitte August nahte die Rückkehr der Kinder. Da das die Freiheit und Spontaneität meiner Treffen mit Jesco drastisch einschränken würde, sprach ich ihn, als wir uns mal wieder auf einer Picknickdecke in seinem Garten aalten, auf unsere gemeinsame Perspektive an.

»Man weiß doch nie, wohin sich eine Beziehung entwickelt, die gerade erst angefangen hat«, antwortete Jesco.

»Aber man weiß, was man sich von ihr erhofft.«

Jesco öffnete mit seinem Feuerzeug zwei Flaschen Bionade und reichte mir eine.

»Also, ich brauche keine Definition für das, was zwischen uns ist.«

»Ich auch nicht. Aber ich möchte Missverständnisse vermeiden, die durch unterschiedliche Erwartungshaltungen entstehen.«

»Planwirtschaften scheitern«, fuhr Jesco fort, »außerdem würden wir die Spannung zwischen uns kaputt machen, wenn wir alles zerreden. Können wir die Dinge nicht auf uns zukommen lassen?«

Ich versuchte Jesco zu erklären, dass ich mir Spontaneitäten und Traumtänzereien nicht mehr leisten konnte, wenn die Kinder wieder da waren. Mein Alltag mit ihnen war gnadenlos durchgetaktet: Morgens Schule und Kita, nachmittags Kinderprogramm, dazwischen musste ich versuchen Geld zu verdienen, und außerdem …

Jesco unterbrach mich, in dem er seinen Finger auf meinen Mund legte und mit der anderen Hand über mein Bein strich.

»Aye, aye, Captain, ich hab verstanden«, flüsterte er mir ins Ohr. »Bald heißt es: sechs Uhr morgens: aufstehen; sechs Uhr dreißig: Morgenappell, sechs Uhr fünfundvierzig: Frühstück fassen …«

Ich ließ Jescos Kuss zu, mit dem er unser Gespräch endgültig beendete.

Einerseits enttäuschte mich seine ausweichende Haltung. Gleichzeitig fragte ich mich aber auch, was für eine Reaktion ich mir erhofft hatte. Jesco und ich kannten uns erst knapp einen Monat. Konnte ich da wirklich schon sein ernsthaftes Commitment mir und meinen Kindern gegenüber erwarten?

In einem ZDF-Sonntagabendfilm mochte es Männer geben, die der Liebe auf den ersten Blick verfallen und sagen:

»Dir als Mutter gebührt mein voller Respekt; deine Kinder werde ich ebenso sehr lieben wie dich, und wie es auch kommen mag, meistern wir das Leben gemeinsam.«

In der Realität war mir so ein Mann aber noch nie begegnet – und gäbe es ihn, fände ich sein devotes Verhalten garantiert unattraktiv. Vielleicht hatte Jesco auch recht, und ich sollte den Anfangszauber unserer Verliebtheit genießen, ohne zu viel nachzudenken. Zumal ich, wenn ich ehrlich zu mir war, selbst nicht wusste, was für eine Form von Beziehung ich mir mit ihm wünschte. Einen neuen Mann in *mein* Leben zu lassen, konnte ich mir zwar vorstellen. Doch tat ich mich schwer mit der Idee, dass ein Mann zwangsläufig auch im Leben meiner Kinder eine Rolle spielen würde und umgekehrt. Ich brauchte keinen Stiefvater. Marks und meine unlösbaren Differenzen hatten sich vor allem auf der Paarebene abgespielt. Auch wenn er von jeher vor allem ein Wochenendvater gewesen war, so war er dennoch ein verlässlicher Vater, und die Kinder vergötterten ihn. Ein sich einmischender Dritter würde nur stören. Konnte es mir deshalb nicht geradezu recht sein, dass Jesco nichts überstürzen wollte?

Da Jesco außerdem zeitgleich mit der Rückkehr meiner Kinder einen Stipendiaten seines Vereins nach Texas zu interessierten Galeristen begleiten und sich bei der Gelegenheit auch das Modern Art Museum in Dallas und die Chinati Foundation in Marfa ansehen würde, beschloss ich, die Frage zu vertagen, wie ich ihn und meinen Alltag in Zukunft unter einen Hut kriegen sollte.

Mit Beginn des neuen Schuljahrs wechselten Maya und Fanny von *Panama* in die Prenzelberger Kita *Gleimzwerge*. Die neuen Erzieherinnen wirkten weniger dogmatisch als in *Panama*, und zu meiner Erleichterung bestanden sie auch nicht auf meiner durchgehenden vier- bis sechswöchigen Anwesenheit. Das wäre auch überflüssig gewesen, da die Mädchen sich zu meiner Erleichterung sehr schnell in ihrer neuen Umgebung einlebten und es schon am zweiten Morgen kaum abwarten konnten, zu den *Gleimzwergen* zu gehen.

Am folgenden Samstag wurde Lorenz eingeschult. In Berlin starten die Erstklässler ihre Schullaufbahn immer am Samstag nach dem offiziellen Schulbeginn, damit die Familien Gelegenheit zum ausgiebigen Feiern haben.

Mark und ich waren uns seit unserer Auseinandersetzung über Franziska aus dem Weg gegangen. Dass wir Lorenz' Einschulung gemeinsam feiern würden, stand für ihn aber ebenso außer Frage wie die Tatsache, dass ich wie immer die gestalterische Planung des familiären Events übernehmen würde – was ich natürlich auch tat, da ich wusste, wie wichtig ein schöner erster Schultag für Lorenz sein würde.

Da meine Mutter in Marbella und Marks Eltern seit Kurzem in Singapur lebten, lud ich Lorenz' Patentante Cosima und seinen Patenonkel Jakob – einen Freund von Mark – ein. Außerdem reservierte ich einen Tisch in einem italienischen Restaurant in der Nähe des Kollwitzplatzes.

Den Tag vor der Einschulung verbrachte ich von morgens bis abends in Kaufhäusern. Bis sich Lorenz für den Schulranzen seiner Wahl mit Quadbike-Motiv plus Federmäppchen, Turnbeutel, Frühstücksbrotbox und Trinkflasche entschieden hatte, waren schon geschlagene drei Stunden vergangen. Noch komplizierter gestaltete sich die Schnitzeljagd nach den sechsunddreißig Kleinutensilien, um deren Erwerb die Schulleitung die Eltern bereits im Vorfeld gebeten hatte.

In der ersten Schreibwarenabteilung fand ich die richtigen Schnellhefter zwar in Rot, Grün und Blau, nicht aber in den zusätzlich gewünschten Farben Lila und Orange. Außerdem gab es den Wasserfarbkasten hier nicht von der Firma, den die Schule »sehr empfahl«. Die nächste Schreibwarenabteilung führte zwar lila- und orangefarbene Schnellhefter, doch auch hier war der gewünschte Malkasten nicht im Sortiment.

Erst in einem Spezialladen für Künstlerbedarf wurde ich endlich fündig und nahm mir jetzt schon vor, für den Einkauf der Schulerstausstattung der Zwillinge, wenn es so weit war, sicherheitshalber eine ganze Woche einzuplanen.

Am Morgen der Einschulung kam Cosima zum Frühstück zu uns und schenkte Lorenz wie vereinbart eine Formel-1-Schultüte mit grün blinkender Startampel. Der nahm sein Geschenk stolz entgegen und brachte es vor seinen Schwestern in Sicherheit. Zwar murrte er immer noch darüber, nicht zusammen mit seinen alten Zehlendorfer Freunden in die Schule zu kommen. Die Freude darüber, endlich ein Schulkind zu sein, ließ ihn seine Rebellion an diesem Tag jedoch vergessen.

Mit Mark und Jakob trafen wir uns vor der Mehrzweckhalle von Lorenz' Schule. Lorenz, der die beiden als Erster entdeckte, rannte aufgeregt los. In seiner Euphorie drängelte er sich rempelnd durch das Gewühl anderer Schüler und Eltern.

»Vorsicht!«, rief ich ihm hinterher, als ich sah, dass er beinahe seinen Schulranzen einer Mitschülerin ins Gesicht rammte. Doch Lorenz hatte Mark inzwischen erreicht, der ihn stolz mit einem *»Highfive«*-Handschlag begrüßte.

»Gut gemacht, Lorenz«, hörte ich Mark über die Köpfe der Menschen hinwegtönen, »immer mit voller Kraft voraus! Du bist der perfekte Anwaltsnachwuchs!«

Peinlich berührt sah ich in eine andere Richtung, damit mich niemand mit Mark in Verbindung brachte.

»Hoffentlich lästert er jetzt nicht wieder über den Prenzelberg«, flüsterte ich Cosima zu, während wir gemeinsam in die bestuhlte Mehrzweckhalle gingen. Üblicherweise ließ Mark nämlich keine Gelegenheit aus, über das neue Zuhause *seiner* Kinder – wie er sie provokativ vor mir nannte – herzuziehen.

Juristische Hindernisse – wir teilten uns das Aufenthaltbestimmungsrecht für die Kinder – hatte er mir vor meinem Umzug zwar nicht in den Weg gestellt. Doch machte er keinen Hehl daraus, dass er als lokalpatriotischer »Westberliner« »Ostberlin« ebenso unattraktiv fand wie ein Kölner Düsseldorf und umgekehrt, und dass ihn außerdem Albträume plagten, weil seine Kinder in Zukunft von Ossis und Schwaben sozialisiert würden.

Die Direktorin der Schule, Frau Gerlach-Rustemeier, die eine gefönte Kurzhaarfrisur und eine trapezförmige, rot umrandete Brille trug, begann ihre Ansprache pünktlich um zehn Uhr:

»Liebe ABC-Schützen, liebe Eltern, liebe Großeltern, liebe Paten und wer sonst noch aufgeregt hier ist«, sagte sie und bemühte sich dabei um einen kindgerechten Schmunzelton.

»Heute, liebe Erstklässler, beginnt für euch also der Ernst des Lebens.« Frau Gerlach-Rustemeier hielt inne, nachdem sie »Ernst« spielerisch als Drohung ausgesprochen hatte. Dann fuhr sie fort: »Ich hoffe, ihr habt euch auf den Ernst gut vorbereitet!«

Wieder legte Frau Gerlach-Rustemeier eine theatralische Pause ein und sah die Erstklässler, die in der ersten Reihe saßen, mit gespielter Strenge an.

»Aber keine Angst«, sprach sie plötzlich ganz munter weiter: »Bald werdet ihr den Ernst bestimmt genauso gern mögen wie den Hans und den Franz!«

Cosima stieß mich grinsend an. Nicht wegen des ungelenken Witzes, sondern weil »der Hans und der Franz« bekanntermaßen die Kosenamen sind, die Heidi Klum ihren Brüsten gegeben hat, was Frau Gerlach-Rustemeier anscheinend noch nicht mitbekommen hatte.

Nachdem Lorenz seiner Lehrerin ins Klassenzimmer gefolgt und später mit seinem Stundenplan wieder herausgekommen war, gingen wir bei dem Italiener essen.

Mark und ich bemühten uns, unverbindlich höflich zueinander zu sein. Seine Aggressionen gegen mich spürte ich trotzdem. Mir selbst ging es nicht besser. Schon die Tatsache, dass er nur über sich selbst redete und mit seinen neuesten Mandaten prahlte, fand ich unerträglich. Hinzu kam, dass er in alter Angewohnheit andauernd seine Zunge über dem Zahnfleisch hin und her bewegte, um die entlegenen Winkel seines Mundes von Essensresten zu befreien. Jahrelang hatte ich vergeblich versucht, ihm diesen unansehnlichen Tick abzugewöhnen. Als ich dies jetzt wieder beobachtete, steigerte ich mich so sehr in meine Aversionen gegen ihn hinein, dass es mir den Magen verdrehte.

Zum Glück taten Lorenz' Pateneltern ihr Bestes, um die Stimmung zu entkrampfen, und erzählten Lorenz eine amüsante Anekdote aus ihren eigenen Schulzeiten nach der anderen. So bekamen wenigstens Lorenz und die Zwillinge von den Spannungen zwischen Mark und mir nicht so viel mit.

Nachdem wir aufgegessen hatten, verlangte Mark die Rechnung.

»Ich muss leider schon los«, sagte er und aktivierte per Fernbedienung, obwohl es ein milder Spätsommertag war, die Sitzheizung seines Jaguars. Dann reichte er dem Kellner seine Kreditkarte mit den Worten: »Das geht alles auf mich«, unterschrieb den Beleg, verabschiedete sich und ging.

Erleichtert darüber, nicht länger Marks Mundsäuberungen zusehen zu müssen, zwang ich mich zum *positive thinking*:

Immerhin war Mark großzügig veranlagt. Dirk, der erwähnte Exmann von Esther hingegen, hatte beim letzten Familienfest die Gesamtrechnung in einem Restaurant zu Esthers Erstaunen zunächst allein gezahlt. Doch nachdem die Gäste gegangen waren, forderte er seine Exfrau auf, ihm die Hälfte des Betrages zurückzuzahlen. Und das, obwohl er freiberuflich tätig war und die Rechnung als Spesen von der Steuer absetzen konnte.

Nachdem die Kinder die ersten Tage ihres neuen Alltags gut gemeistert hatten, startete meine Fortbildung zum 3-D-Visualisierer.

Mit einer Mischung aus Nervosität, Neugierde und Vorfreude auf meine neue Herausforderung schloss ich am ersten

Unterrichtstag mein Fahrrad vor einem kleinen Institutshaus in Weißensee nahe der Kunsthochschule ab.

»Hi, gehörst du zu den 3-D-Kursteilnehmern?«, hörte ich eine Stimme mit amerikanischem Akzent neben mir. Als ich aufsah, stand mir ein sympathisch wirkender Mann mit aschblonden Haaren und blauen Augen gegenüber, der mit seinen Jeans, seinem Countryside-Hemd und den australischen Blundstone Boots weniger denaturiert wirkte als die meisten Berliner.

»Ich heiße Dexter und bin der Dozent«, stellte er sich mir vor.

»Hallo, ich bin Phyllis.«

Während Dexter mir den Weg zu unserem großräumigen, mit Computern ausgestatteten Unterrichtsraum zeigte, erwähnte ich, dass mich sein Name an meine Jugendliebe erinnerte: Dex Dexter, der Lover und spätere Ehemann von Alexis Colby aus dem *Denver Clan*, hatte mir viele Jahre lang von einem Poster über meinem Bett aus zugelächelt.

»Das waren die guten alten Zeiten …«, erwiderte Dexter. »Wenn ich heute in Amerika meinen Namen nenne, denkt jeder sofort an die Fernsehserie *Dexter*, in der die Hauptperson, ein Forensiker, ein Doppelleben führt und in seiner Freizeit als Serienmörder umgeht.«

Nach und nach trudelten auch die anderen Teilnehmer ein. Insgesamt zehn Leute nahmen an den Kursmodulen teil, von denen die meisten freiberuflich in der Werbebranche arbeiteten und sich schon lange untereinander kannten.

Während der Pausen, die Dexter und ich vom ersten Tag an oft zusammen verbrachten, da meine Mitschüler die Zeit zum Telefonieren, E-Mails-checken oder Internetsurfen nutzten, erfuhr ich, dass er noch nicht lange in Berlin war. Bis vor zwei Jahren lebte Dexter mit seiner deutschen Frau Sina und den gemeinsamen Kindern Noah, sechs Jahre alt, und Liv, fünf Jahre alt, in Grosse Pointe, dem *Place-to-be*-Bezirk der Motor City Detroit. Dexter hatte dort einen Job, den er sich schon als Kind gewünscht hatte: Als Exterior-Design-Chef arbeitete er in der Entwicklungsabteilung eines Automobilherstellers.

Sina, die Dexter während seines Studiums an einer Kunsthochschule in New York kennengelernt hatte, war neben ihrem Mutterjob auch voll berufstätig und arbeitete in einer kleinen Corporate-Identity- und Designagentur.

Da Dexter und Sina beide gut verdienten, konnten sie sich ausreichend Personal leisten, das sich um den Haushalt und die Kinder kümmerte.

Für Dexter hätte sein Leben so weitergehen können.

Sina hingegen fühlte sich in Detroit wie am Ende der Welt. Sie wollte am liebsten in der Werbewelt eine große Karriere starten, was in New York, San Francisco, L.A. oder Miami möglich gewesen wäre, nicht aber in Michigan, dem Land der Großen Seen.

Als Sina vor zwei Jahren ein attraktives Jobangebot einer renommierten Agentur in Berlin erhielt, zögerte sie nicht lange. Ihrer Ansicht nach hatte sie es Dexter zuliebe lange genug in Detroit ausgehalten. Jetzt sollte er derjenige sein, der ihrer Karriere zuliebe zurücksteckte.

Dexter fiel aus allen Wolken. Bis dahin war nie die Rede davon gewesen, dass Sina und er ihr Leben in Deutschland verbringen würden. Außerdem besaß Dexter damals keine europäische Arbeitserlaubnis und sprach nur ein paar Brocken Deutsch. Doch Sina war nicht mehr von ihrem Plan abzubringen, nach Berlin zu ziehen.

»Im Nachhinein glaube ich, dass sie sich in Konkurrenz zu mir gesehen hat«, erzählte Dexter weiter. »Sie wollte mindestens so viel Geld verdienen wie ich, weil sie glaubte, nur so eine gleichberechtigte Beziehung führen zu können. Und dieses Ziel konnte sie in Detroit nicht erreichen.«

Hinzu kam, dass Dexter und Sina in einem Areal wohnten, in dem die meisten Mütter zu Hause bei ihren Kindern blieben. Von ihrer Umgebung erntete Sina deshalb kein Verständnis für ihren karrieristischen Ehrgeiz und war als Rabenmutter verschrien. Ihrerseits begegnete sie den *Desperate-Housewives*-Hockey-Mums in ihrer Nachbarschaft mit ebenso wenig Toleranz und bezichtigte sie des Neides und der Schuldkomplexe.

Dexter und sie einigten sich schließlich darauf, dass Sina erst mal allein umziehen und testen sollte, ob die neue Arbeit wirklich ihren Träumen entsprach. Denn abgesehen davon, dass Dexter sein Leben in Detroit mochte, hielt er es auch für verrückt, eine gesicherte Existenz in Detroit für eine ungewisse Zukunft in Berlin aufzugeben.

Ein Jahr lang lebten Sina und Dexter knapp siebentausend Kilometer voneinander entfernt. Ihre Kinder, die damals noch nicht zur Schule gingen, pendelten zwischen ihren Eltern hin und her und verbrachten abwechselnd drei Monate in Detroit beziehungsweise in Berlin.

In dieser Zeit fand Sina ein Maß an beruflicher Anerkennung, das noch weit über ihr anfängliches Hoffen hinausging. Eine Rückkehr nach Detroit konnte sie sich deshalb noch weniger vorstellen. Und so kündigte Dexter seiner Familie zuliebe seinen Job, vermietete ihr Haus, zog nach Berlin – und fand wenige Wochen später heraus, dass Sina ihn seit Monaten mit einem Kollegen betrog.

»She wanted to have the cake and eat it«, erklärte mir Dexter, der seiner Frau nicht verzeihen konnte, dass sie ihre Affäre auch noch fortsetzte, nachdem er seine Zelte in Amerika für sie abgebrochen und ihr hinterhergezogen war. Er trennte sich von ihr, blieb seiner Kinder wegen aber trotzdem in Berlin.

Zwei Wochen später kehrte Jesco aus den USA zurück. Kaum war er gelandet, rief er mich an und wollte mich am liebsten sofort sehen. Ich sehnte mich zwar auch nach ihm, doch passte es mir zeitlich gerade überhaupt nicht, da Lorenz wenige Stunden zuvor mit seinem Fußball das Schaufenster eines Coffee Shops zerschossen hatte. Seitdem stritt ich mich in unzähligen Telefonaten mit Mark darüber, wer für den Schaden aufkommen musste. Mark war der Auffassung, ich müsste zahlen, da ich zur Tatzeit für Lorenz verantwortlich gewesen war. Ich hingegen fand, Mark müsste zahlen, weil er mir bislang verschwiegen hatte, dass er unsere gemeinsame Familienhaftpflichtversicherung gemäß seinem Credo »Versicherungen sind was für arme Leute« gekündigt hatte.

Hinzu kam, dass die Zwillinge sich in ihrer Kita Kopfläuse eingefangen hatten. Zu deren Beseitigung musste ich den Mädchen in einer langwierigen Prozedur die Haare erst mit einem Anti-Parasiten-Shampoo behandeln, um anschließend die Läuse und Nissen mit einem Lauskamm entfernen zu können. Außerdem musste ich ihre Mützen, Cappies, Schals, Kapuzenpullis, Bettwäsche und Handtücher drei Tage lang in luftdicht verschnürten Plastiktüten verstauen oder das ganze Zeug alternativ bei neunzig Grad waschen, während ich die Läuse auf ihren Stofftieren in den Tiefkühlfächern des Kühlschranks ihrem sicheren Tod durch Erfrieren auslieferte.

Das alles passierte neben meinem Alltag, der momentan wie nach einer Stechuhr folgendermaßen ablief:

06:30 Uhr: Aufstehen, Clooney füttern, Frühstück machen, Pausenbrote schmieren, Kinder wecken, Maya und Fanny anziehen und im Bad fertig machen, dafür sorgen, dass Lorenz sich anzieht und seine Zähne putzt, mit den Kindern

frühstücken, anhand des Wochenplans checken, ob jeder seine Siebensachen dabeihat.
07:30 Uhr: Aufbruch zu Fuß. Clooney zu einer Nachbarin bringen (die während meiner Fortbildung vormittags auf ihn aufpasste) und zum Dank dafür mit ihr ein Fünf-Minuten-Schwätzchen über ein hunderelevantes Thema halten.
07:45 Uhr: Lorenz an einer Straßenkreuzung verabschieden, von wo aus er allein zur Schule ging, während ich mit den Zwillingen eine andere Richtung zu ihrer Kita einschlug.
07:50 Uhr: Maya und Fanny bei den *Gleimzwergen* abgeben.
08:05 Uhr: Zurück zu Hause, mich selbst duschen und zurechtmachen, Frühstücksreste aufräumen, Betten machen, Balkonblumen gießen.
08:30 Uhr: Mit dem Fahrrad zur Fortbildung fahren.
09:00 Uhr: Kursbeginn. Während der letzten Pause Mittagessen besorgen.
14:00 Uhr: Ende der Fortbildung, mit dem Fahrrad zurück nach Hause fahren.
14:30 Uhr: Clooney bei der Nachbarin abholen und mit ihm spazieren gehen. Dann um den Haushalt kümmern (Wäsche waschen, bügeln und einsortieren; Wohnung aufräumen und putzen; Schildkröten füttern und ihr Terrarium säubern; administrative Aufgaben erledigen, sprich Post durchsehen, Rechnungen begleichen, etc.).
16:00 Uhr: Lorenz vom Hort abholen.
16:10 Uhr: Fanny und Maya in der Kita abholen.
Anschließend Kinderprogramm: montags und mittwochs Lorenz zum Fußballtraining beziehungsweise in die Musikschule bringen, dienstags mit Maya wegen ihrer Knick-Senk-Spreizfüße zur Physiotherapie gehen, donnerstags und freitags mit den Kindern auf den Spielplatz gehen und/oder die anfallenden Schul- und Kita-Aufgaben erledi-

gen wie herbstliche Blätter und Kastanien sammeln, den Sonnenuntergang eine Woche lang zeitlich dokumentieren oder neue Bücher zum Lesenüben in der Stadtbibliothek ausleihen.

17:15 Uhr: Auf dem Weg nach Hause einkaufen gehen.

17:45 Uhr: Dafür sorgen, dass Lorenz Hausaufgaben macht und ihn die Zwillinge nicht stören, zehn Minuten mit Lorenz Lesen üben. Parallel dazu Abendessen zubereiten.

18:30 Uhr: Abendessen. Danach je nach Bedarf beziehungsweise noch verfügbaren Nerven mindestens eines der Kinder baden und ihm gegebenenfalls die Haare waschen. Mit Clooney nochmals rausgehen beziehungsweise mit Lorenz so lange diskutieren, bis er mit Clooney Gassi geht.

19:15 Uhr: Die Kinder fürs Schlafengehen fertig machen und ihnen eine Gutenachtgeschichte vorlesen.

19:30 Uhr: Erster Versuch, bei den Kindern Ruhe einkehren zu lassen.

20:00 Uhr: Letzte Maßnahme, um die Kinder zur Ruhe zu bringen (wenn es gut lief).

20:15 Uhr: Abendessenreste an Clooney verfüttern, Küche aufräumen, den nächsten Tag planen und dafür sorgen, dass alle Taschen und weiteren Utensilien, die mitgenommen werden müssen, bereit stehen.

20:45 Uhr: Übungsaufgaben für den Fortbildungskurs erledigen.

21:45 Uhr: Zeit für mich.

22:30 Uhr: Schlafen gehen, weil der Wecker um 06:30 Uhr wieder klingelt.

Zeit für Jesco blieb kaum, zumal ich momentan die Nächte, in denen die Kinder bei mir wohnten, für Treffen mit ihm ausschloss. Nach reiflicher Überlegung war ich nämlich zu dem

Schluss gekommen, Jesco vorerst auf eine Parallelspur zu meinem Alltag auszusourcen und ihm die Kinder erst vorzustellen, wenn sich unsere Beziehung gefestigt hatte und wir uns sicher waren, längerfristig zusammenzubleiben.

Abgesehen davon hätte sich auch ein logistisches Problem ergeben, hätte Jesco in unserer leidenschaftlichen Anfangsphase bei mir übernachtet, wenn die Kinder nebenan schliefen. In einem Einfamilienhaus wäre das etwas anderes gewesen. Meine Wohnung jedoch war hellhörig und bestand neben der Wohnküche nur aus den Kinderzimmern und meinem Schlafzimmer, die dicht beieinanderlagen. Das Risiko, von den Kindern beim Sex gehört zu werden, war deshalb hoch. Zudem verging kaum eine Nacht, in der nicht mindestens eines der Kinder einen Albtraum hatte und getröstet werden wollte. Mit leidenschaftlichem Beziehungsanfangs-Sex war das unvereinbar; ich hätte ja schlecht zu Jesco sagen können: »Bleib genauso wie du bist, ich geh mich nur kurz um ein Kind kümmern und bin gleich wieder da.«

Da ich außerdem kein Geld für regelmäßige Babysitterausgaben hatte, traf ich mich mit Jesco fortan an Wochenenden, an denen die Kinder bei Mark waren, und an einigen Werktagen zwischen 14:30 Uhr und 16:00 Uhr, sprich, in den anderthalb Stunden, in denen ich sonst den Haushalt und Administratives erledigte. Die Dates unter der Woche, für die ich meine Wohnung in ein Stundenhotel verwandelte, waren jedoch mit viel Hetzerei verbunden, da ich nach der Fortbildung so schnell wie möglich nach Hause fahren musste, um dort noch schleunigst alle Erotikkiller wie herumliegende Spielsachen oder Zahnpastareste im Waschbecken zu beseitigen, Clooney vorsichtshalber auf dem Balkon festzubinden, sinnliche Musik aufzulegen und mich selbst sexy zurechtzumachen, bevor ich Jesco zehn Minuten später möglichst verführerisch in Empfang nahm.

Problematisch war auch, dass Jesco sich nicht immer an meinen minutiös eingetakteten Zeitplan hielt. Er genoss seine Spontaneität, was ihm beruflich möglich war. So kam es vor, dass er vor unseren Treffen noch eine Extrarunde mit seinem Rennrad drehte oder länger als geplant mit einem Freund in einem Café sitzen blieb, wenn ihm spontan danach zumute war. Wenn er dann viel zu spät bei mir erschien und ich kaum noch Zeit für ihn hatte, bedauerte er das zwar aufrichtig – zu mehr Zuverlässigkeit führte es trotzdem nicht.

Da ich befürchtete, die schönen Momente mit Jesco könnten bald in keinem Verhältnis mehr stehen zu den Anstrengungen, die die zeitlich und logistisch aufwendige Organisation unserer derzeitigen Beziehungsform mit sich brachte, holte ich mir Rat bei der Patchwork-Expertin Anouk ein.

»Gestern hat sich mein Date mit Jesco durch seine Unpünktlichkeit so sehr nach hinten verschoben, dass ich aus Angst, die Kinder nicht rechtzeitig abzuholen, beim Sex unentwegt auf die Uhr geschielt habe«, erzählte ich. »Meinst du, ich sollte doch versuchen, ihn in mein Leben mit den Kindern zu integrieren?«

Anouk, deren Babybauch inzwischen deutlich zu sehen war, riet mir von einer Zusammenführung der Kinder- und der Liebhaberwelt dringend ab.

»Lern aus meinen Fehlern«, sagte sie, »ich hätte mich mit Tim niemals auf eine enge Beziehung einlassen sollen. Das Zusammenleben mit ihm ist ein Albtraum, ich hätte nie gedacht, dass er so ein Spießer ist.«

Entnervt berichtete sie mir, wie penetrant Tim sich neuerdings in die Erziehung ihrer ersten beiden Kinder einmischte und dass er obendrein versuchte, ihr Leben zu ordnen. Feste Essens- und Bettgehzeiten hatte es in Anouks Kosmos bisher weder gegeben noch hatte sie sie vermisst. Und ihre Kinder hatten sich daran gewöhnt, mindestens alle zwei Jahre in eine neue Wohnung zu ziehen, in der es immer nur die allernotwendigsten Möbel gab, dafür aber viel Platz.

Tim hingegen suchte nach Erdung, und Anouks Freiheitsdrang machte ihn nervös. Außerdem war er der Ansicht, dass es ihm jetzt, wo er mit Anouk zusammenlebte, auch zustand, ihre Kinder mit zu erziehen; schließlich beanspruchten sie zwangsläufig auch Tims Zeit und seinen Lebensraum.

»Willst du im Ernst, dass Jesco sich in deinen Alltag einmischt und dir Ratschläge zur Kindererziehung gibt?«, fragte sie mich, nachdem sie genug Dampf abgelassen hatte.

Ratlos hob ich die Schultern.

»Also, ich an deiner Stelle würde es langsam angehen lassen und als erste Innovation dazu übergehen, Jesco abends zu treffen, wenn die Kinder schlafen«, fuhr Anouk fort. »Wenn du kein Geld für einen Babysitter hast, nimmst du dir halt ein Babyphone mit; wozu sonst haben die Dinger eine Reichweite von knapp vierhundert Metern ...«

Anouks Worte hallten in meinem Kopf nach, als ich abends im Dunkeln mein Haus verließ und durch den Nieselregen ging: »Dann könnt ihr euch in Parkhäusern oder in Tiefgaragen, Kirchen und Fahrstühlen treffen oder auf Friedhöfen, Baustellen und Kneipenklos ...«

Ich näherte mich dem Eingang einer Bar. *Zum schmutzigen Hobby* stand in großen Buchstaben über dem Eingang.

Innen war es stickig und brechend voll. Auf einer großen Leinwand wurde ein Fußballländerspiel übertragen, dessen Spielverlauf die 1,90 Meter große, prallbusige Transe Miss Bloody Sunday mit tiefer Stimme und im knappen Lederoutfit moderierte.

An einem Tisch nahe der Bar entdeckte ich Jesco. Während

ich mich durch das Gedränge zu ihm durchkämpfte, nahm ich das Babyphone aus meiner Jackentasche und versicherte mich anhand der Signallampe, dass ich mich im Radius seiner Reichweite befand.

Jesco zog mich auf seinen Schoß und küsste mich leidenschaftlich. Ich rückte noch dichter an ihn heran und spürte seine Erregung.

»Lass uns zu dir gehen«, flüsterte er mir ins Ohr.

»Das geht nicht, da sind die Kinder«, antwortete ich, »aber ich weiß was Besseres … Komm mit!«

Beherzt nahm ich mir Anouks Konfrontationstherapie zur Überwindung innerer Blockaden zum Vorbild und zog Jesco hinter mir her in eine verwaiste Putzkammer im hinteren Teil der Bar.

Jesco schloss die Tür hinter uns. Durch ein Oberlicht schimmerte mattes Licht in die Kammer. Miss Bloody Sundays Stimme und das Grölen der Gäste waren jetzt nur noch gedämpft zu hören.

Jesco drängte mich zu einem Tisch und drehte mich um, sodass er hinter mir stand, und verband mir mit seinem Schal die Augen. Ein Schauer überlief mich, als er meinen Rock hochschob und meinen String zur Seite zog. Dann nahm er meine Arme, verschränkte sie hinter meinem Rücken und hielt sie mit einer Hand fest. Ganz tief in mir fühlte ich eine Lust aufsteigen, die mich im Moment einfach nur sein ließ.

Ich lehnte mich nach vorn über den Tisch und spürte, wie Jesco in mich eindrang. Ich stöhnte auf und ließ mich fallen.

»Mami!«, rief plötzlich Lorenz' Stimme aus der Ferne.

Nicht jetzt!, dachte ich genervt, ich komm doch gleich.

Ich wollte nach dem Babyphone tasten, um es leiser zu stellen. Das ging aber nicht, weil Jesco immer noch meine Arme festhielt.

»Mami!«, hörte ich es jetzt wieder und noch lauter als davor.

In meinem Kopf drehte es sich. Lorenz' Stimme klang so nah; war er hier, in der Bar *Zum schmutzigen Hobby*? Wenn ja, woher wusste er dann, dass er mich dort in der Putzkammer finden konnte?

Ich riss meine Arme los, nahm den Schal von den Augen und drehte mich um. Vor Schreck schrie ich auf.

Hinter mir stand gar nicht Jesco, sondern Darth Vader. Mit dunkler Stimme raunte er: »Ich bin dein Vater.«

Dann legte er mir den Schal um den Hals, grinste mich grausam an und zischte: »Ein bisschen Sauerstoffmangel beim Sex hat noch niemandem geschadet ...«

»Mami, ich hab Angst, er will uns alle töten!«, hörte ich Lorenz' Stimme jetzt ganz nah an meinem Ohr und spürte, wie jemand an mir rüttelte.

Ich wachte auf und sah mich verwirrt in meinem Schlafzimmer um. Jesco war nicht da, Darth Vader auch nicht. Dafür stand Lorenz völlig verheult neben meinem Bett.

»Darth Vader will uns wirklich alle töten!«, schluchzte er immer wieder.

Ich stand auf, nahm Lorenz tröstend in den Arm und legte ihn in mein Bett. »Du hattest einen Albtraum, mein Schatz«, versuchte ich ihn zu beruhigen. Gleichzeitig verfluchte ich Marks Freundin Franziska dafür, dass sie Lorenz die Darth-Vader-Figur geschenkt hatte.

Ich pfiff Clooney zu uns und zeigte Lorenz seine Zähne.

»Clooney ist ein Cairn Terrier, und das sind die gefährlichsten Rattenjäger auf der ganzen Welt«, erklärte ich ihm. »Deshalb ist er viel stärker als Darth Vader.«

Lorenz brauchte noch eine Weile, bis er sich beruhigt hatte. Nachdem er eingeschlafen war, schlich ich in sein Zimmer, griff nach der Darth-Vader-Figur auf dem Nachttisch und stopfte sie zu den verlausten Stofftieren der Zwillinge ins Gefrierfach.

6

»Hast du Lust, für ein Wochenende nach Venedig zur Biennale fahren?«, fragte mich Jesco bei unserem nächsten Mittagstreffen. Ich freute mich über seinen Vorschlag und hatte größte Lust, mit ihm zusammen am Lido in der lauen Oktobersonne zu sitzen, frischen Fisch zu essen und durch Kunstpavillons zu schlendern. Meinen Kalender, den ich zur Planung aufschlug, nahm Jesco mir wieder aus der Hand – er hatte unseren Kurztrip schon organisiert, inklusive Flug und Hotel, und zwar für das übernächste Wochenende.

»Das geht aber nicht – da kann ich unmöglich weg«, sagte ich überrumpelt.

Meine Kinder würden übernächstes Wochenende zwar bei Mark sein, wie Jesco sich richtig ausgerechnet hatte. Lorenz' Lehrerin hatte jedoch für den Samstagnachmittag ein »Klassenpicknick mit viel Spiel und Spaß« in der Schulturnhalle angekündigt und die Eltern aufgefordert, vollzählig und in Doppelbesetzung samt Geschwisterkindern zu erscheinen.

»Wir legen jetzt wichtige Grundsteine für die nächsten sechs Schuljahre«, hatte sie uns in einer Rundmail ermahnt, in der sie außerdem ausführte, wie sehr die Klassengemeinschaft durch Freizeitangebote gestärkt würde, an denen auch der Rest der Familie teilnahm.

»Lass uns doch zwei Wochen später fahren«, schlug ich Jesco vor, doch das passte ihm nicht.

»Ich wollte dich auf die Party eines Freundes mitnehmen«, sagte er. »Er ist Sammler und vergibt an dem Abend einen Kunstpreis. Reicht es nicht, wenn nur dein Ex mit den Kindern zu dem Schul-Event geht?«

Ich war hin- und hergerissen. Eine romantische Zeit mit Jesco in Venedig war natürlich viel verlockender als ein Kinderspaß in einer Turnhalle. Doch würde ich wahrscheinlich als einzige Mutter dem Klassennachmittag fernbleiben, und Lorenz wäre schwer enttäuscht. Die Kinder schmiedeten schon seit Tagen in der Schule Pläne für das Fest. Und Lorenz hatte in seiner Vorfreude mehrfach erwähnt, wie toll er es fand, dass Mark *und* ich seine neuen Freunde und die Lehrerin dann besser kennenlernen würden.

Ich blieb bei meiner Absage für die Reise.

»Lorenz haben die Trennung und der Umzug ziemlich mitgenommen. Er ist gerade erst dabei sich zu berappeln, und ich will keinen Rückschlag riskieren.«

Hinzu kam, fuhr ich fort, dass ich mit einem schlechten Gewissen Lorenz gegenüber mein Dolce Vita ohnehin nicht hätte genießen können.

Jesco konnte das nicht nachvollziehen.

»Du tust so viel für deine Kinder. Wann kommst du denn mal an die Reihe?«

Ich fand seinen Argumentationsansatz abstrus. Die Kinder waren für mich das Wichtigste im Leben, und es machte keinen Sinn, meine Bedürfnisse isoliert von ihnen und der Gesamtsituation zu betrachten. Und natürlich gab es immer wieder Situationen, in denen es für mich selbstverständlich war, mich den Bedürfnissen der Kinder unterzuordnen. Ich würde mir doch nichts Gutes damit tun, wenn ich mich in Venedig vergnügte und dafür meinen Sohn im Stich ließ.

Für Jesco war das schwer nachvollziehbar, und meine Fürsorge fand er übertrieben.

»Außerdem tut es euren Kindern letztlich bestimmt nicht gut, wenn dein Ex und du zusammen auf solche Events geht«, fuhr er fort. »Damit schürt ihr doch Hoffnungen, dass ihr wieder zusammenkommt.«

Mich nervten Jescos Einwände, die ich klugscheißerisch

und übergriffig fand. Was verstand er schon von den Gefühlen meiner Kinder oder überhaupt von Kindern?

Ich erinnerte mich an Anouks Frage, ob ich wirklich wollte, dass Jesco sich in die Kindererziehung und in meinen Alltag einmischt. Jetzt kannte ich die Antwort: So jedenfalls nicht.

»Du redest wie ein Blinder über Farben«, warf ich ihm an den Kopf. »Außerdem bist du doch derjenige, der auf die Party von dem Sammler will. Wenn's nach mir ginge, könnten wir auch zwei Wochen später nach Venedig fahren.«

»*Easy*, Phyl. Außerdem geht's immer nur nach dir. Du hast deine Nischen im Alltag, in die ich mich nach deinem Maß reinquetschen soll.«

»Ich glaub's ja nicht. Weißt du eigentlich, wie sehr ich mich dafür verrenke, damit es diese Nischen überhaupt gibt?«

»Natürlich weiß ich das.«

Jescos ruhiger Ton machte mich noch wütender.

»Du würdigst es aber nicht. Jedes Mal, wenn wir uns treffen, kommst du zu spät, und wir können die Zeit, die ich mir mühsam für dich freigeschaufelt habe, nur zur Hälfte nutzen.«

»Hast du mal darüber nachgedacht, dass die Gesamtsituation mir dir und deinem Familiengepäck für mich auch nicht gerade ideal ist? Mit einer Freundin, die spontan und flexibel sein kann, wär's einfacher für mich.«

Das war zu viel. Gekränkt stand ich auf und warf ihm seine Jacke zu.

»Dann such dir doch eine, die bequemer ist«, sagte ich, woraufhin Jesco wortlos meine Wohnung verließ.

Der tut ja gerade so, als wäre er großmütig und aufopferungsvoll genug, um sich auf eine Frau mit Behindertenstatus einzulassen, dachte ich in selbstgerechter Wut und nahm mir fest vor, nicht ans Telefon zu gehen, wenn er das nächste Mal anrief – Jesco sollte ruhig mal ein bisschen zappeln.

Zum Zuge kam ich mit meinem Männererziehungsprogramm jedoch nicht, denn Jesco rief weder am nächsten Tag noch am übernächsten an. Als nach drei Tagen immer noch Funkstille zwischen uns herrschte, wurde ich langsam nervös; vor dem Streit hatte er sich nämlich täglich bei mir gemeldet.

Vielleicht habe ich mich im Ton vergriffen und Jesco mit meinen Vorwürfen verletzt?, dachte ich und bekam ein schlechtes Gewissen.

Als ich das Warten nicht länger aushielt, rief ich ihn an, erreichte aber nur seine Mailbox. Eine Nachricht hinterließ ich nicht. Stattdessen schrieb ich ihm eine SMS, in der ich mich dafür entschuldigte, überreagiert und ihn angegriffen zu haben. Doch Jesco antwortete immer noch nicht.

Nach einem weiteren Tag ohne ein Lebenszeichen schlug meine Verunsicherung in Angst um: Vielleicht war ihm etwas passiert?

Ich rief in seiner Werkstatt an. Ein Mitarbeiter nahm ab. Möglichst unverständlich nuschelte ich meinen Namen und fragte nach Jesco.

»Der ist vor 'ner Stunde circa weg, will aber später noch mal reinkommen«, antwortete der Mann. »Soll ich was ausrichten?«

»Nein, nicht nötig«, erwiderte ich, beendete das Telefonat und wurde wieder wütend: Selbst wenn Jesco genervt von mir war, konnte er mich doch nicht allein im Regen stehen lassen. Im Gegenteil müsste er sich dann doch gerade mit mir auseinandersetzen – gemeinsame Konfliktbewältigungsprozesse gehörten doch zur Basis jeder Beziehung. Oder war Jesco vielleicht einer der Männer, die sich an den ungeschriebenen Berliner Beziehungsknigge hielten, der es gestattet, Beziehungen durch ein »Einfachnichtmehrmelden« zu beenden?

Inzwischen war eine ganze Woche vergangen, in der ich nichts von Jesco gehört hatte, und meine Nerven lagen blank.

Ich sehnte mich so sehr nach ihm, dass ich kaum noch etwas essen und nachts nicht mehr schlafen konnte. Fiel ich in den frühen Morgenstunden vor Erschöpfung doch noch in einen Halbschlaf, erschien er mir in meinen Träumen, und ich schreckte aufgewühlt hoch.

Um mir Trost und Rat einer Freundin einzuholen, verabredete ich mich mit Cosima und all unseren Kindern auf dem Falkplatz. Während die Kleinen auf dem Spielplatz zusammen tobten, spekulierten wir, ob Jesco zu der weitverbreiteten Spezies Mann gehörte, die zwar bereit war, viel von sich zu geben, sich hierzu aber nicht verpflichtet fühlen wollte, da sie ihre Unverbindlichkeit mit Freiheit verwechselte. Oder ob ihm seine Toleranz anderen Lebenskonzepten gegenüber, für die er sich rühmte, als Schutzschild dafür diente, von anderen in Ruhe gelassen zu werden.

Da wir jedoch zu keinem Ergebnis kamen, zückte ich in einem Anfall von Ungeduld mein Handy, um Jesco nochmals anzurufen. Cosima hielt mich davon ab:

»Wenn Jesco die Beziehung mit dir feige beenden will, nimmt er auch deinen zwanzigsten oder einundzwanzigsten Anruf nicht entgegen. Und du fühlst dich nach jedem Versuch mehr gedemütigt.«

Ich steckte mein Handy wieder weg. Natürlich hatte ich in meinen knapp siebenunddreißig Lebensjahren oft die Erfahrung gemacht, dass Männer Himmel und Hölle in Bewegung setzen, wenn sie eine Frau erreichen wollen und dass es andersherum immer kontraproduktiv ist. Manchmal mangelte es mir aber an Selbstbeherrschung, um mich an die archaische Regel zu halten.

Den Rest des Tages versuchte ich mich abzulenken und nicht mehr an Jesco zu denken. Das gelang mir aber nicht: Zwanghaft checkte ich – wie schon an den Tagen zuvor – alle paar

Minuten meine Mailbox, SMS und E-Mails. Außerdem klickte ich stündlich auf Jescos Facebook-Account und starrte versonnen sein Profilbild an. Denn obwohl ich wusste, dass er diese Internet-Plattform nur passiv nutzte und selten darüber kommunizierte, täuschte mir seine Facebook-Seite das besänftigende Gefühl vor, ihm immer noch nah zu sein.

Gegen Abend klingelte es an meiner Haustür.

»Da ist 'ne Sendung für Sie«, verkündete mir der Postbote durch die Gegensprechanlage.

Vielleicht schickt Jesco mir Blumen, und alles ist wieder gut!, dachte ich und war einen Moment lang voller Hoffnung.

Get real, wies ich mich im nächsten Moment selbst zurecht: Für so etwas war er überhaupt nicht der Typ. Trotzdem wartete ich aufgeregt auf den Postboten, als er die Treppen zu uns in den dritten Stock hinaufstieg.

Anstatt Blumen erhielt ich einen Einschreibebrief. Ich bestätigte den Empfang der Sendung mit meiner Unterschrift, öffnete den Brief und überflog seinen Inhalt: Mark hatte die Scheidung eingereicht.

Ausgerechnet jetzt, dachte ich und brauchte einen Moment, um die Nachricht zu verdauen. Schon die Vorstellung, neben meinem übervollen Alltag plus Liebeskummer auch noch Scheidungsformalitäten erledigen zu müssen, überforderte mich.

Ich stellte den Kindern in ihrem Zimmer ein Hörspiel an, damit ich meine Ruhe hatte. Anschließend rief ich Sven an und erkundigte mich nach den Kontaktdaten seines Familienanwalts.

»Sei doch froh, dass dein Exmann den bürokratischen Kram vorantreibt«, kommentierte Sven die Neuigkeiten.

Ich riss mich zusammen – Sven hatte recht. Als Mark und ich unser Familienhaus auflösten, waren wir uns auch einig gewesen, die Scheidung möglichst bald hinter uns zu bringen.

Damals hielten wir es beide für wichtig, klare Verhältnisse zu schaffen und einen endgültigen Schlussstrich unter unsere Ehe zu ziehen. Nicht zuletzt wegen der Kosten für einen Anwalt hatte ich das Thema in letzter Zeit aber verdrängt.

»Mein Anwalt nimmt momentan keine neuen Mandanten an«, fuhr Sven fort. »Ich mail dir aber die Nummern von zwei, drei anderen Anwälten und den Namen eines Freundes von mir, der sie mir empfohlen hat. Auf den solltest du dich berufen, dann kriegst du schneller einen Termin.«

Ich dankte Sven für seine Hilfe, und wir beendeten unser Telefonat.

Die erste Anwältin, an die ich mich wandte, hieß Frau Dr. Annegret Berthold-Neuhaus. Ich hielt mich an Svens *Name-dropping*-Empfehlung, woraufhin mir ihre Sekretärin gleich am nächsten Mittag einen Termin anbot.

Das Büro der Anwältin befand sich in der achtzehnten Etage eines aseptischen, voll klimatisierten Hochhauses am Potsdamer Platz, dessen Türen sich nur durch Magnetkarten öffnen ließen und in dem es einen ganzen Stab an Sicherheitspersonal gab, das regelmäßig Patrouille lief.

Eine Empfangsdame brachte mich in ein Büro, durch dessen Fensterfront sich ein Panoramablick vom Tiergarten bis zum Fernsehturm auftat.

Annegret Berthold-Neuhaus war etwa Anfang sechzig und hatte weißgraue, zusammengesteckte Haare. Die Einrichtung ihres Büros war schlicht und unpersönlich; eine weiße Orchidee diente als einzige Zierde.

Der Blick, mit dem sie mich über den Rand ihrer Lesebrille musterte, hatte etwas Selbstgefälliges, und sie schien ihr Wissen zu genießen, dass ihr der Ruf einer Koryphäe vorauseilte.

»Lieben Sie Ihren Mann noch?«, war die erste Frage, die sie

mir stellte, nachdem ich ihr meine Ausgangslage geschildert hatte.

Als ich mit meiner Antwort zögerte – nicht, weil ich mir unsicher war, sondern weil ich nicht verstand, worauf sie abzielte –, stand sie auf.

»Eins muss Ihnen klar sein«, sagte sie streng, während sie an der langen Fensterfront auf- und abging, »bei mir geht es nie um Emotionen, sondern nur ums Geld.«

In den vielen Jahren, in denen sie schon als Anwältin tätig sei, führte sie weiter aus, habe sie eines gelernt: Nur starke Frauen, die selbstbewusst forderten und hoch pokerten, würden belohnt. Die gutmütigen dagegen, die um des lieben Friedens willen zu Verzicht bereit waren, gingen leer aus.

»Wenn Sie zum kämpferischen Typ gehören, sind Sie bei mir richtig«, fuhr die Anwältin fort und setzte sich wieder an ihren Schreibtisch. »Wenn nicht, empfehle ich sie gern an einen Kollegen weiter.«

Ich dankte Dr. Annegret Berthold-Neuhaus für ihre offenen Worte. Von ihr vertreten werden wollte ich aber auf keinen Fall. Ein Rosenkrieg mit Mark war nämlich nicht mein Ziel.

Die nächste Anwältin, die ich aufsuchte, hieß Frau Birgit Kühne, hatte mit Henna gefärbte Haare und war vom Typ her mollig. Ihre Kontaktdaten hatte ich nicht Svens Liste entnommen, sondern aus dem Internet recherchiert. Ihre Kanzlei, die sich am Prenzelberg nicht weit von meiner Wohnung befand, war ein Einfraubetrieb plus Sekretärin. Überall auf dem Boden türmten sich Akten neben Hydrokulturpalmen und anderen Topfpflanzen.

»Haben Sie Fotos von Ihren Kindern dabei?«, fragte mich Frau Kühne und gab sich mütterlich, nachdem sie sich die wichtigen Fakten notiert hatte.

Ich verneinte das, obwohl ich viele Bilder im Handy gespeichert hatte. Sie fremden Menschen zu zeigen, mochte ich aber ebenso wenig, wie mich deren persönliche Familienfotos interessierten.

»Die meisten Paare trennen sich aus ähnlichen Gründen wie Sie«, fuhr Frau Kühne im weiteren Verlauf des Gesprächs fort. »Entweder hält das Ideal der großen, romantischen Liebe der Realität nicht stand, oder die Partner entwickeln sich so lange in unterschiedliche Richtungen weiter, bis die jeweiligen Lebenskonzepte nicht mehr zusammenpassen.«

Außerdem empfahl mir Frau Kühne parallel zum Scheidungsverfahren auch eine Mediation.

»Bis die Kinder erwachsen sind, müssen Sie und Ihr Ehemann als Eltern miteinander auskommen«, sagte sie und betonte, dass vielen Mandanten schon mit einem strukturierten Verfahren zur konstruktiven Beilegung von Konflikten geholfen werden konnte.

Ich musste daran denken, wie rücksichtslos Mark die Kinder und mich mit seiner Freundin Franziska konfrontiert hatte und dass ich nicht ahnen konnte, was noch auf mich zukommen würde. Da mir Frau Kühnes Vorschlag deshalb sinnvoll erschien, bat ich sie um die Kontaktdaten eines Mediators.

»Bleiben Sie am besten bei mir«, antwortete Frau Kühne. »Ich habe eine Zusatzausbildung als Mediatorin, und bisher waren alle Mandanten sehr zufrieden mit mir.«

Warum nicht, dachte ich zuerst. Dann aber nannte mir die Anwältin den Stundensatz für ihren Zusatzdienst. Der war so unverschämt hoch, dass ich mein Vertrauen in sie umgehend verlor. Endlich verstand ich, warum Mark einige seiner Kollegen als Winkeladvokaten bezeichnete.

Der dritte und letzte Anwalt, den ich aufsuchte, hieß Dr. Gero Krause und kam wieder von Svens Liste. Seine Kanzlei lag am Savignyplatz in Charlottenburg und war auf angenehme Weise unprätentiös: Die Wände waren mit weißer Raufaser tapeziert, und auf dem Boden lag ein hellgrauer, in die Jahre gekommener Teppich. Auch das übrige Mobiliar ließ erkennen, dass es hier um Funktionalität ging.

Gero Krause wirkte ebenso sachlich wie das Design seiner Kanzlei. Nach der Erstanamnese meines Falls legte er mir einen genauen Fahrplan für die nächsten Schritte dar und überschlug die Kosten, die nach der Gebührenordnung auf mich zukommen würden. Anschließend erklärte er mir, dass mir nach der aktuellen Rechtsprechung nach der Scheidung eigentlich kein Ehegattenunterhalt mehr zustand, da die Zwillinge schon drei Jahre alt waren.

»Der Trend geht aber dahin«, fuhr er fort, »dass jede Scheidung individuell beurteilt wird. Und in Ihrem Fall wird kein Richter befürworten, dass Ihr Mann sein überdurchschnittlich hohes Gehalt für sich allein behält, während Ihre gemeinsamen Kinder und Sie in Armut leben.«

Ich fragte Herrn Krause, ob es auch eine gesetzliche Regelung gab, die Väter dazu verpflichtete, sich hälftig um ihre Kinder zu kümmern. Anstatt eines weiterhin hohen Unterhalts war mir nämlich daran gelegen, mehr Zeit für die Ausübung meines Berufs zur Verfügung zu haben.

Doch Gero Kruse musste mich in dieser Hinsicht enttäuschen. So eine Zwangsarbeit für Männer gab es nicht. Außerdem, fuhr er fort, könne ich froh sein, dass Mark sich überhaupt noch um die Kinder kümmerte. Mehr als die Hälfte aller Väter würden ihre Kinder nach der Trennungsphase nur noch selten oder gar nicht mehr sehen. Obendrein bezweifelte er, dass es dem Wohl der Kinder zuträglich wäre, wenn sie öfter als jedes zweite Wochenende bei einem Vater lebten, der rund um die Uhr arbeitete.

Ich schwieg dazu, da sich die Katze wieder einmal in den

Schwanz biss, und nahm mir vor, meine Töchter frühzeitig über die Konsequenzen aufzuklären, die eine Heirat mit einem von seiner Karriere besessenen Mann mit sich brachte.

Während ich Gero Krause die notwendigen Vollmachten für das Mandat über den Tisch reichte, vibrierte mein Handy. Um einen Kindernotfall auszuschließen, schielte ich auf das Display.

»*Wollen wir uns treffen?*«, stand dort. Ich zuckte zusammen, als ich in der Absenderzeile »Jesco« las. Auf die Vollmachten konnte ich mich überhaupt nicht mehr konzentrieren, und so unterschrieb ich sie nach kurzem Querlesen. Ich eilte nach draußen und simste zurück:

»*In einer halben stunde im brel am savignyplatz*«, woraufhin ich von Jesco ein »*Ok, bis gleich*« erhielt.

Nervös kaute ich auf ein paar Erdnüssen herum, die vor mir auf dem Tisch standen, und wettete neunzig zu zehn mit mir selbst, dass Jesco gleich offiziell mit mir Schluss machen würde. Wider Erwarten wirkte er jedoch völlig entspannt, als er ins Brel kam und mir zur Begrüßung einen Kuss geben wollte. Ich wich ihm aus.

Das kann nicht sein, dachte ich fassungslos. Erst streiten wir uns, dann meldet er sich eine Woche lang nicht, und jetzt tut er so, als wäre nichts passiert.

Wieder mal musste ich an meine Großtante Hella denken, die mir schon als kleines Kind geraten hatte, Männer ebenso konsequent zu erziehen wie Hunde: »Machen sie einen Fehler, musst du ihre Nase sofort in ihr Pipi stecken. Später erinnern sie sich sonst nicht mehr daran, was sie falsch gemacht haben.« Damit hatte sie recht. Außerdem legt man am Anfang einer Beziehung Verhaltensmuster fest, die sich später nur noch schwer oder gar nicht mehr korrigieren lassen.

»So funktioniert das nicht«, sagte ich deshalb möglichst resolut.

»Du hast vollkommen recht. Ich bin viel zu pünktlich. Kommt nicht wieder vor«, entgegnete Jesco und setzte sich neben mich.

Sein Versuch, meinen Ärger vom Tisch zu kehren, verunsicherte mich wieder.

»Hast du dein Handy verloren und meine Entschuldigung nicht gelesen?«

Ich biss mir auf die Zunge. Wie verpeilt war ich eigentlich? Gerade erst hatte ich mich doch per SMS mit ihm verabredet. Oder hatte er sich in der Zwischenzeit vielleicht ein neues Handy besorgt?

»Doch, hab ich, danke«, antwortete Jesco.

Ich schämte mich für meine unrealistische Spekulation. Natürlich hatte es keinen Handyverlust gegeben.

»Ich wollte mich auch eher bei dir melden, aber dann war so viel los in der Werkstatt, weil zwei Schreiner krank waren …«

»Es gibt doch diesen Spruch«, unterbrach ich Jesco: »›Belogen zu werden gehört zum Privileg der Ehefrau.‹ Außerdem finde ich es dreist, dass du dich ausgerechnet vor mir mit dem Stichwort Multitasking herausredest.«

»Okay, okay, du hast ja recht. Ich brauchte Abstand. Und dafür will ich mich nicht rechtfertigen müssen.«

»Das brauchst du auch nicht, aber du hättest Bescheid sagen können. Ich hab mir nämlich Sorgen gemacht.«

Jesco verstand das nicht. Wir waren doch erwachsene Menschen, und ich müsste mich nicht für ihn verantwortlich fühlen. Außerdem empfand er sein Nichtmelden als eine Form von Bescheidsagen.

In meinem Kopf rasten die Gedanken. War die Unverbindlichkeit der Preis für eine Beziehung, in der es nicht um Häuslebauen ging, und hatte ich mir nicht genau das gewünscht? Andererseits kannte ich mich gut genug, um zu wissen, dass ich Nähe-Distanz-Spielchen nicht lange aushalten würde. Ich war doch kein Jo-Jo, das Jesco nach Belieben fallen lassen und wieder hochmanövrieren konnte.

»Das ist übrigens für dich.«

Jesco legte ein verpacktes Geschenk vor mich auf den Tisch.

Mir war aber nicht danach, beschenkt zu werden. Ich schob das Geschenk weg, legte ein paar Euro für meinen Kaffee auf den Tisch, sagte: »Sorry, aber vielleicht bin ich nicht cool genug, jedenfalls kann ich das so nicht«, und ging.

Verdutzt – damit hatte er nicht gerechnet – rannte Jesco mir auf die Straße hinterher.

»Phyllis, warte!«

Ich blieb stehen. Jesco reichte mir wieder das Geschenk und sagte: »Pack's doch wenigstens aus.«

Wortlos öffnete ich das Papier: Er hatte einen kleinen Bilderrahmen für mich geschreinert, und in die Rückseite unsere Namen nebeneinander in chinesischen Schriftzeichen eingebrannt. In dem Rahmen steckte ein Foto von uns, das er während der sorglosen Sommerwochen gemacht hatte.

Mein Ärger über ihn ebbte schlagartig ab.

»Danke.«

Es erleichterte mich, dass Jesco in seiner Abtauchphase offenbar doch oft an mich gedacht hatte. Vielleicht gehörte er zu den Menschen, die sich für die Auseinandersetzung mit Problemen so lange ins sichere Terrain ihrer eigenen Gedankenwelt zurückzogen, bis sie im Alleingang zu einer Lösung gekommen waren? Unsinn, rief ich mich zur Vernunft, interpretier in sein Problemaussitzen bloß nichts hinein. Männer gaben schließlich sogar selbst zu, dass sie sich Konfrontationen am liebsten entziehen, um sie dann einfach zu vergessen. Frauen müssten das nur glauben, auch wenn sie es nicht nachvollziehen können. Letztendlich war es aber auch egal: Das Ergebnis war das, was zählte. Und das war ein Bilderrahmen, der einer Liebeserklärung gleichkam.

Ich sah auf die Uhr.

»Du musst gleich zu den Kindern, stimmt's?«

Ich nickte. Da ich mit der S-Bahn nach Charlottenburg gekommen war, bot Jesco mir an, mich nach Hause zu fahren.

»Mein Auto steht zwei Straßen weiter in einem Parkhaus.«

Weil er in den unteren Parkebenen keinen Platz gefunden hatte, mussten wir in die sechste Etage. Arm in Arm gingen wir eng umschlungen über die Rampen nach oben. Um vor dem Anwalt einen seriösen Eindruck zu machen, hatte ich mir ein Kostüm und Stiefel angezogen, deren Absätze laut auf dem Betonboden klackten und in einem Echo nachhallten.

Jesco strich mit seiner Hand über meinen Rücken und meinen Po. Dann zog er meinen Rock ein Stück höher, und meine Lust auf ihn, die ich tagelang mühsam unterdrückt hatte, überflutete mich. Ich blieb stehen und flüsterte ihm meine Sehnsucht ins Ohr.

Jesco zog mich in die hinterste Ecke von Parkdeck vier, schob meinen Rock ganz hoch und setzte mich auf die Motorhaube einer Renault-Kangoo-Familienkutsche, von der bestimmt keine Alarmanlage losgehen würde. Kurz vergewisserte ich mich noch, ob wir auch wirklich allein waren. Sekunden später war mir selbst das egal. Ich schloss die Augen. Das Gefühl, Jesco in mir zu spüren, genoss ich dabei ebenso wie die Erleichterung darüber, dass es doch nicht aus war zwischen uns.

Am Freitag derselben Woche erreichte mich früh am Abend eine SMS: »*Hast du lust auf ein bier? dex*«.

Ein unbekümmerter Abend mit Dexter kam wie gerufen: Die Kinder waren schon bei Mark, und Jesco war auf dem Weg zum Flughafen, von wo aus er allein nach Venedig fliegen würde, und ich hatte für den Abend nichts vor.

»*Gern, wo und wann?*«

Eine Stunde später betrat ich die Bar *Freddy's* nahe des Kottbusser Tor. In einem karminrot gestrichenen Raum mit hohen Stuckdecken standen Chippendale- oder mit Kord bezogene Sofas in grünen, goldenen oder beigen Farbtönen um wackelige, zerkratzte Holztische herum. Das Licht war gedimmt, und auf den Tischen brannten Kerzen. In der Mitte der Bar saß ein etwa zwanzigjähriger Bruno-Mars-Verschnitt auf einem Barhocker. Mit einem Hut auf dem Kopf und einer Gitarre auf dem Schoß sang er den Hit *It Will Rain*. An seinem Akzent hörte ich, dass er Amerikaner war, und auch viele andere Gäste in der Bar sprachen Englisch miteinander.

Darüber, dass insbesondere angelsächsische Ausländer den abgerockten Berliner Retro-Style cool fanden, hatte ich mich kürzlich erst mit Sven unterhalten, der sich das zunutze machte: Über eine Zwangsversteigerung hatte er eine kleine, heruntergekommene Wohnung in Kreuzberg mit dem Ziel gekauft, sie möbliert zu vermieten. Bewusst ließ er nur die marode Elektrik und das Bad erneuern. Die abgewetzten Holzdielen hingegen rührte er ebenso wenig an wie die Wände, an denen noch Tapeten aus den Sechzigerjahren klebten. Anschließend möblierte er die Wohnung mit Stücken vom Flohmarkt. Über das amerikanische Internetportal *craigslist* suchte er nach einem Mieter und wurde keine vierundzwanzig Stunden später fündig: Ein Fotograf aus N.Y. mietete die Wohnung an, und zwar für doppelt so viel Geld, wie ihn eine ähnlich große Wohnung in derselben Lage im top renovierten Zustand gekostet hätte.

Dexter saß in einem Nebenraum vor einem lodernden Kaminfeuer und freute sich, dass ich spontan gekommen war. Zum Look der Bar passend trug er ein in die Jahre gekommenes Jeanshemd mit hochgekrempelten Ärmeln, das Rodeo-, Pistolenduell- und Saloon-Assoziationen in mir weckte.

Die verrostete Federung des Sofas quietschte, als ich mich neben ihn setzte. Dexter schlug mir einen gemischten Vorspeisenteller für zwei Personen vor, dessen Zusammenstellung mich an eine Rundreise *»Europe in one week«* erinnerte: französischer Comté-Käse, spanische Chorizo-Salami, italienische Oliven und deutsches Vollkornbrot.

Ich war einverstanden und fragte: »Gibt's eigentlich einen besonderen Grund, weswegen du mich treffen wolltest?«,

Dexter lehnte sich entspannt zurück.

»Ich möchte dich auf etwas aufmerksam machen.«

Ich vermutete, dass er damit auf mein letztes Projekt anspielte, das ich für die Fortbildung angefertigt hatte. Weil ich mich wegen Jesco kaum darauf hatte konzentrieren können, gehörte es nicht zu meinen Glanzleistungen.

»Was ich vor ein paar Tagen abgegeben habe, ist nicht so toll, ich weiß …«, setzte ich zu einer Erklärung an, doch Dexter unterbrach mich:

»Darum geht's nicht.«

»Worauf möchtest du mich denn dann aufmerksam machen?«

»Auf mich.«

Dexter sah mir direkt in die Augen.

»Beat« hätte in einem amerikanischen Drehbuch an der Stelle gestanden. Ich war sprachlos und zugleich beeindruckt von Dexters direkter Art und seinem Selbstbewusstsein.

»Das ist dir gut gelungen«, stammelte ich verlegen.

Unbeirrt fuhr Dexter mit seiner Überrumpelungstaktik fort. »Hast du einen festen Freund?«

Das Auftauchen der Kellnerin, die das Essen brachte, verschaffte mir eine Verschnaufpause. Dann erzählte ich Dexter von Jesco, und warum er an diesem Wochenende ohne mich nach Venedig gefahren war.

Dexter nahm meine Abfuhr gelassen. Gleichzeitig spürte ich, dass er mich als potenzielles *love interest* nicht abschrieb, sondern in die Wiedervorlage einsortierte.

Dass ich Lorenz zuliebe nicht nach Venedig gefahren war, beeindruckte ihn.

»Sina hätte darauf nicht verzichtet«, sagte er. »Letzte Woche hat sie sogar ihre Kinderfrau zum Elternabend unserer Tochter geschickt und mich über den Termin nicht informiert.«

Aus früheren Pausengesprächen wusste ich, dass die Kommunikation zwischen Dexter und seiner Exfrau schwierig war. Ihre beiden Kinder Liv und Noah lebten abwechselnd je eine Woche bei ihrer Mutter beziehungsweise ihrem Vater. Dexters Erzählungen nach vergaß Sina jedoch regelmäßig, ihm bei der Übergabe der Kinder wichtige Informationen mitzuteilen. Und da die Kinder zu klein waren, um sich selbstständig um ihre Hausaufgaben, das Mitnehmen ihrer Sportsachen etc. zu kümmern, kam es immer wieder zu Konfusionen. Außerdem erfuhr Dexter von wichtigen Veranstaltungen, wie dem erwähnten Elternabend, oft erst dann, wenn es zu spät war. Dann ärgerte er sich zum einen über Sina, die ihm die Informationszettel der Kinder vorenthielt. Andererseits konnte er auch nicht nachvollziehen, warum es im digitalen Zeitalter immer noch Lehrer und Erzieher gab, die Kopien austeilten, anstatt die Eltern per E-Mail auf dem Laufenden zu halten.

»Ich kann verstehen, dass das nervt«, sagte ich.

Andererseits fanden an Berliner Schulen so viele Elternabende und andere Events statt, dass ich an Dexters Stelle froh gewesen wäre, wenn ich mein Fernbleiben damit rechtfertigen könnte, dass mir niemand Bescheid gesagt hatte.

Ich berichtete Dexter von einer Bekannten von mir, die die Events ihrer vier Kinder während eines Schuljahres addiert hatte. Da ihre Kinder altersmäßig weit auseinanderlagen – eins ging noch in die Kita, das nächste in die Grundschule, und die beiden älteren jeweils auf ein musisch beziehungsweise technisch orientiertes Gymnasium –, besuchte sie innerhalb von zwölf Monaten sechzehn Elternabende (pro Schule beziehungsweise Kita zwei pro Halbjahr), zwölf Weihnachtsfeiern (eine pro Schule beziehungsweise Kita plus eine pro Sportverein und eine pro zusätzlichem Hobby der Kinder), zwölf Sommerfeste, eine Halloween-Party, einen St.-Martins-Umzug, ein Nikolausfest, eine Karnevalsparty und eine Ostereiersuchsuchaktion (Kita), vier weitere Gemeinschaftsevents (mit Eltern, Kindern und Lehrern beziehungsweise Erziehern) zur Verbesserung der Gruppendynamik (je zwei pro Grundschule und Kita) sowie vierundzwanzig Abschlusspräsentationen am Ende einer Ferien-Tagescampwoche (weil meine Freundin freiberuflich tätig war, schickte sie ihre Kinder in sechs von den insgesamt vierzehn Schulferienwochen in Tagescamps).

Amüsiert zitierte Dexter eine ähnliche Rechnung eines Freundes, der mit seiner neuen Frau und insgesamt sieben Kindern in einer Patchwork-Konstellation zusammenlebte. Der war auf eine Arbeitswoche mit fünfzig Stunden abzüglich der zulässigen Kaffeepausen gekommen, als er den zeitlichen Aufwand für die Verwaltung aller Sondertermine der Kinder plus die von Schulen, Kindergärten und Vereinen an die Elternhäuser delegierten *To do's* zusammengezählt hatte.

»Es gibt noch was, worüber ich mir dir sprechen möchte«, wechselte Dexter schließlich das Thema. »Dazu muss ich dir aber erst etwas zeigen … Und keine Sorge, ich habe verstanden, dass du nicht mehr zu haben bist«, fügte er augenzwinkernd hinzu.

Weil Dexter ohne Auto unterwegs war, nahmen wir meinen Wagen und parkten am Helmholtzplatz. Er schloss die Haustür eines Altbaus auf und führte mich in eine renovierungsbedürftige Dachwohnung mit fünf Zimmern.

»Die gehört seit gestern mir. Sina und ich haben unser Haus in Detroit verkauft, und ich habe meinen Anteil hier reingesteckt.«

Ich beglückwünschte Dexter zu seiner Investition.

»Jetzt zeige ich dir das Beste.«

Dexter wies mir den Weg auf die Terrasse, wo ich ihm über eine Leiter auf das Dach des Hauses folgte. Dort tat sich eine Dächerlandschaft auf, wie man sie aus Downtown N.Y. kennt. Dexter berichtete mir, dass seine Nachbarn die Dächer wie Gärten nutzten und dass man hier oben einmal um den ganzen Block spazieren konnte. Beides war zwar nicht erlaubt, aber jeder tat es.

Da es zu regnen begann, kletterten wir zurück in die Wohnung. Ich sah mich in den heruntergekommenen Zimmern um.

»Was glaubst du, wie lange die Renovierung dauern wird?«

»Wenn du zu den Retro-Shabby-Chic-Anhängern gehörst, ist das in wenigen Tagen erledigt.«

Dexter erklärte mir, dass er sein neues Zuhause solide sanieren wollte.

»Deshalb wollte ich dich fragen, ob du die Planung übernehmen willst.« Erwartungsvoll sah er mich an.

»Gegen Bezahlung natürlich.«

Innerlich jubelte ich. Anouk hat völlig recht mit ihrer *Success-breeds-success*-Theorie, dachte ich und sagte Dexter verbindlich zu. Natürlich hatte ich Lust, wieder als Architektin zu arbeiten; seit Jahren wollte ich nichts lieber als das. Die schlaflosen Nächte und die noch knappere Zeit für Jesco, mit dem ich mich nach unserer Krise wieder wie gehabt mittags beziehungsweise an meinen kinderfreien Wochenenden traf, nahm ich sofort dafür in Kauf.

Wie geplant trafen sich Mark, die Kinder und ich tags darauf zum Spiel-und-Spaß-Nachmittag in Lorenz' Schule. Viele Eltern waren schon da, als wir ankamen. Bisher hatte ich die Miteltern und Lorenz' Lehrerin Frau Müller erst zweimal gesehen: bei der Einschulungsfeier und auf einem Elternabend, der gleich zu Beginn des Schuljahrs stattgefunden hatte. Die meisten anderen hatten sich dagegen schon besser kennengelernt, weil sie sich jeden Morgen, wenn sie ihre Kinder zur Schule brachten, untereinander austauschten. Lorenz hatte mir erzählt, dass er und zwei weitere Kinder die einzigen aus seiner Klasse waren, die nicht mehr von einem Erwachsenen bis zum Schultor beziehungsweise sogar bis zum Klassenzimmer begleitet wurden.

Ich hingegen ließ meinen Sohn die zweite Hälfte seines Schulwegs allein meistern. Den Trend, Kinder auf Schritt und Tritt zu kontrollieren, hielt ich für übertrieben, und dass der eigenverantwortliche Aktionsradius vieler Grundschulkinder inzwischen kleiner war als der eines Staubsaugers, erschien mir absurd. Außerdem war Lorenz stolz darauf, dass ich ihm inzwischen mehr Eigenständigkeit zutraute; und der im Polizei-Humor verfasste Ratgeber zur Bewältigung der Schulweg-Safari mit Drahteseln, Zebrastreifen und Autoschlangen war zu seiner liebsten Gutenachtlektüre geworden.

Unauffällig musterte ich die Prenzelberger Mütter und Väter, die in ihren Hauptsache-bequem-Kleidern ganz anders aussahen als die Cashmere-Fraktion aus Zehlendorf. Eine der unverkennbaren Latte-macchiato-Mütter war nicht dabei, was ich nicht anders erwartet hatte. Deren Kinder besuchten nämlich keine öffentlichen, sondern »staatlich anerkannte Ersatzschulen freier Schulträger«. Die wurden meistens in Eigeninitiative von Müttern gegründet, sprossen wie Pilze aus dem Boden und waren schulgeldpflichtig. Dennoch bezeichneten die Latte-macchiato-Mütter sie aus Schamgründen niemals als Privatschulen – denn *eigentlich* war dieser Muttertyp (solange es nicht um die eigenen Kinder ging) dagegen, dass die soziale Ungleichheit an Schulen weiter zunahm.

»Ein sympathisches Umfeld hast du für Lorenz ausgesucht«, raunte Mark mir spöttisch zu, der mit seinem maßgeschneiderten Jackett völlig fehl am Platz aussah. Ich ignorierte seine Provokation und erinnerte ihn daran, dass wir uns Lorenz zuliebe zusammenreißen wollten.

Dann trug ich meinen Picknickkorb zum Büfett, das am Rand der Turnhalle aufgebaut war. Weil ich zu Recht davon ausgegangen war, dass Mark über eine kulinarische Picknickbeisteuerung nicht nachdenken würde, hatte ich morgens mehrere Bleche Brownies und Chocolate Chip Cookies in den Ofen geschoben. Aus Erfahrung wusste ich nämlich, dass es immer schlecht ankommt, wenn man als Mutter Backwaren kauft, anstatt sie selbst zu produzieren.

Doch meine Bemühungen, bei den anderen Eltern einen guten Eindruck zu machen, waren umsonst: Neben den Dinkelkeksen, Hirsewaffeln und Bärlauchschnittchen wirkten meine Brownies und Chocolate Chip Cookies mindestens so deplatziert wie Mark und ich neben den Natureltern. Hinzu kam, dass ich mit meinen Pappgeschirr und Plastikbesteck allein auf weiter Flur stand: Alle anderen hatten ihre alltäglichen Utensilien von zu Hause dabei, um keinen unnötigen Müll zu produzieren.

Kurz überlegte ich, ob es besser wäre, wenn ich meine Mitbringsel wieder einpackte und mit nach Hause nahm. Zu spät: Ein Junge entdeckte das Schlaraffenland und schrie aufgeregt: »Es gibt Schokolade!« durch die Turnhalle. Innerhalb von wenigen Sekunden stürzten sich alle Kinder auf die Süßwaren. Die anderen Eltern beäugten das mit einer Mischung aus Besorgnis und Aversion, und manche rissen ihren Kindern das Süßzeug sogar wieder aus der Hand. Wobei ich beobachtete, wie der eine oder andere Elternteil dabei seine Selbstbeherrschung verlor und sich das süße Gebäck, das er seinem Kind weggenommen hatte, anschließend selbst klammheimlich in den Mund schob.

Schließlich ergriff Lorenz' Lehrerin Frau Müller das Wort und wies uns auf zwei Neuerungen im Schulleben hin: den Schaftag, an dem regelmäßig drei Schafe von der Jugendfarm Moritzhof in den ökologischen Garten der Schule gebracht und von Schülern betreut würden, und die einmal wöchentlich stattfindende Tanzpause, die den Schülern und Lehrern die Möglichkeit böte, sich gemeinsam der Musik hinzugeben.

Anschließend nahm der Nachmittag seinen Lauf. Ein Programm gab es nicht, da Frau Müller der Ungezwungenheit des Treffens und der Kreativität unserer Gruppe, die sie als lebenden Organismus bezeichnete, möglichst viel Raum geben wollte.

Mark – dem ins Gesicht geschrieben stand, wie unerträglich er alles und jeden fand – ging den anderen Eltern konsequent aus dem Weg, indem er mit Lorenz, Maya, Fanny und anderen Kindern in der hintersten Ecke der Halle Fußball spielte. Sein Jackett behielt er dabei demonstrativ an.

Währenddessen suchte ich den Kontakt zu meinen Elternkollegen; ich unterhielt mich mit einem Reiki-Praktizierenden, der sich als Kanal für die universelle Lebensenergie verstand, einem Entomologen, der eine Imkerei betrieb, einer Hebamme, die sich auf Hausgeburten spezialisiert hatte, einer Lehrerin für Qigong und Tai-Chi und mit einer Inhaberin eines Secondhandladens für Kindersachen.

Dabei erfuhr ich, dass mehr als die Hälfte der Mütter aus Lorenz' Klasse alleinerziehend war und einige von ihnen keinen Kontakt mehr zu dem Vater ihres beziehungsweise ihrer Kinder hatten. Die Qigong- und Tai-Chi-Lehrerin erzählte mir sogar frei heraus, dass sie lesbisch sei und den Erzeuger ihres Sohnes über eine Amsterdamer Samenbank gefunden hatte.

Im Verlauf der Gespräche wurde mir außerdem klar, dass die Projektionen meiner neuen Miteltern auf ihre Kinder ganz andere waren als die der Zehlendorfer: Waren Letztere davon überzeugt, kleine Einsteins in die Welt gesetzt zu haben, die nach *Tiger-Mother*-Manier gefördert werden mussten, glaubten die Eltern hier durch die Bank an ihre Indigo-Kinder. Als Anhänger dieses esoterischen Glaubens schrieben sie ihrem Nachwuchs herausragende psychische und spirituelle Fähigkeiten zu sowie das Wissen um ihre Erhabenheit. Und weil Indigo-Kinder prinzipiell auf Disziplinierungsversuche nicht reagieren, weil sie keine Autoritäten akzeptieren, versuchten die Eltern erst gar nicht, Grenzen zu setzen.

Vor einigen Wochen hatte ich auch bei anderer Gelegenheit erlebt, dass dem Willen der unantastbaren Kinder selbst dann nachgegeben wurde, wenn es auf Kosten anderer ging: An einem Sonntagmorgen um zehn Uhr hatte ich mich mit Anja und ihrer dreijährigen Tochter Lola, die mit Maya und Fanny in die Kita ging, auf einem Bauernhof verabredet, wo man selbst Erdbeeren pflücken konnte. Auf Anjas ausdrücklichen Wunsch sollte es unbedingt ein ganz spezieller Hof sein, zu dem man etwa eine Stunde fahren musste. Außerdem legte Anja Wert auf ein möglichst frühzeitiges Treffen, damit sie den Tag an der frischen Luft auskosten konnte.

Nachdem ich mir den Wecker früh gestellt, die Kinder eilig angezogen hatte und anschließend eine Stunde zu dem Bauernhof gefahren war, kamen wir pünktlich dort an. Zehn Minuten später klingelte mein Handy und Anja ließ mich bedauernd wissen, sie und Lola würden leider doch nicht kommen. Ich vermutete, dass eine von ihnen krank geworden war. Doch damit lag ich falsch.

»Ich habe Lola heute Morgen dreimal gefragt«, erklärte mir Anja, »aber sie möchte wirklich nicht auf den Bauernhof, sondern viel lieber auf den Spielplatz. Und ich möchte sie nicht zu etwas zwingen, wozu sie keine Lust hat.«

Ich war sauer, doch offenbar hatte Lola das Sagen. Auch später erlebte ich nur ein einziges Mal, dass Anja ihrer Tochter einen Wunsch ausschlug, und zwar als Lola unbedingt ein rosafarbenes Lillifee-T-Shirt haben wollte. Da konnte sie schreien, so viel sie wollte; Kleider in geschlechterspezifischen Farben und mit Prinzessinnenmotiv kamen für Anja definitiv nicht infrage.

Gegen Abend verließen Mark, die Kinder und ich die Turnhalle. Kaum hatte Mark Lorenz und die Zwillinge ins Auto gesetzt, zog er mich zur Seite und ließ seinem über den Nachmittag angestauten Unmut freien Lauf.

»Ich lasse nicht zu, dass meine Kinder unter Eso-Fuzzis aufwachsen, die durch karmische Reinkarnationstherapien herausfinden wollen, warum sie in den letzten vier Jahren dreimal ihre mies bezahlten Jobs verloren haben, und mit deren Kindern Lorenz höchstens Schafe streicheln lernt. Entweder du sorgst für eine vernünftige Ausbildung, oder ich sorge dafür, dass die Kinder bei Franziska und mir aufwachsen!«

Er knallte die Autotür hinter sich zu und brauste los. Wütend nahm ich mein Handy aus der Tasche, um ihn anzurufen und ihm die Meinung zu sagen. Immer wieder überließ er grundlegende Entscheidungen wie die Wahl einer Schule erst mir und regte sich dann auf, wenn das Ergebnis nicht seinem Geschmack entsprach. Abgesehen davon würde kein Gericht der Welt Mark die Kinder zusprechen, das war natürlich klar. Wie kam er dazu, mir zu drohen?

Auf dem Display sah ich eine Nachricht von Jesco, deren Eingang ich vorher nicht bemerkt hatte:

»*Ich wäre jetzt lieber in einer turnhalle mit klebriger limo und chips*«, schrieb er.

»☺ *Hier gibt's aber nur kräutertees und steinhartes dinkelzeug.*«

Ich sehnte mich nach Jesco, fragte mich, was er wohl gerade in Venedig tat, und beschloss, Mark doch nicht anzurufen. Wozu auch, gebracht hätte es eh nichts.

»*Gehen wir montagabend aus?*«, schrieb ich stattdessen in einer weiteren SMS. »*Dienstag habe ich geburtstag.*«

»*Wusste ich gar nicht. Zwischen acht und halb neun? Ich hole dich ab.*«

»*Perfekt*«, simste ich zurück.

7

Am Nachmittag vor meinem Geburtstag kam Cosima zu Besuch.

»Genieß die letzten drei Jahre, in denen du noch gut aussiehst«, sagte sie und überreichte mir eine flache Geschenkbox. Ich wusste, dass sich ein Geburtstagskuchen darin verbarg. Cosima und ich schenkten uns jedes Jahr gegenseitig zum Geburtstag einen selbst gebackenen Kuchen.

»Ab vierzig gibt's dann im wahrsten Sinnen des Wortes kein Halten mehr.«

Ich erinnerte Cosima daran, dass wir im selben Boot saßen, da sie nur vier Monate jünger war als ich. Außerdem konnte man es auch positiv sehen: Bergab läuft es sich bekanntlich leichter als bergauf.

»Gut, dass du so optimistisch bist. Ich hab nämlich zukunftsweisende Zahlen für dich dabei.«

Cosima legte Papiere mit Grafiken und Statistiken auf den Tisch.

»Frauen werden durchschnittlich zweiundachtzigeinhalb Jahre alt«, las sie vor. »Bis zur Menopause sind es allerdings nur noch zehn bis fünfzehn Jahre …«

Ich mochte keine Statistiken. Wann das Unvermeidliche voraussichtlich eintrat, wollte ich vorab gar nicht genau wissen. Außerdem traf einen das Schicksal sowieso hundertprozentig, ob wahrscheinlich oder nicht. Andererseits konnte auch ich den Countdown, der in der Mitte unseres Lebens abläuft, nicht verdrängen. Die biologische Kinderwunschuhr tickte bei mir zwar nicht mehr. Doch hatte ich noch berufliche Ziele, die ich dann nur erreichen konnte, wenn ich mich ins Zeug legte. Wenigstens hatte ich seit meiner Trennung von Mark wieder das Gefühl, auf dem richtigen Weg zu sein. So würde ich mir in ein paar Jahren rückblickend hoffentlich nicht vorwerfen müssen, die falschen Prioritäten gesetzt zu haben.

Als ich Cosimas Statistiken überflog, las ich, dass ich die durchschnittlich anderthalb Kinder pro Frau ebenso hoch übertraf wie die neunundachtzig Prozent der Familien, die nur zwei oder weniger Kinder hatten. Außerdem hatte ich gut daran getan, ins ehemalige Ostdeutschland gezogen zu sein. Ganze neunzig Prozent der Frauen, die mit drei oder mehr Kindern in den alten Bundesländern lebten, übten ihren Beruf nämlich gar nicht mehr aus.

»Hier – das ist doch eine gute Nachricht für dich«, sagte ich schließlich zu Cosima und deutete auf eine Wahrscheinlichkeitsrechnung, nach der ein Mensch im Leben durchschnittlich viertausend Orgasmen hat:

»Du hast doch kaum Sex – also liegen noch Tausende Orgasmen vor dir.«

»Hoffentlich!«, erwiderte Cosima und erzählte mir, dass sie neue Hoffnung für ihre eingeschlafene Ehe geschöpft hatte: Jedenfalls schien es ganz so, als hätte Matthias endlich kapiert, dass ihr brachliegendes Sexleben ein ernst zu nehmendes Problem darstellte, das sie gemeinsam offensiv angehen mussten. Cosima hoffte, dass sein Eingeständnis der erste Schritt zur Besserung war. Kurz darauf verabschiedete sie sich, weil ihre Kinder zu Hause auf sie warteten.

Natalia, die Babysitterin, kam gegen Abend. Wegen meiner angespannten Finanzen hatte ich sie seit dem Date mit Boris-aus-der-Mottenkiste nicht mehr gebucht. Lorenz und die Zwillinge hingegen verbrachten mehr Zeit mit Natalia denn je, da Mark sie an seinen Kinderwochenenden rund um die Uhr beauftragte.

Wie vereinbart holte Jesco mich mit seinem Auto ab. Als Kenner der Szene schlug er mir vor, ins *Berghain* zur *Yellow*

Lounge zu gehen. Das war ein monatlich stattfindender Event, bei dem DJs klassische Musik in angesagten Club Locations auflegten. Außerdem trat ein Liveact auf; an diesem Abend ein Streicherquartett.

Auf der Fahrt ins *Berghain* – ein bekannter Technoclub – schwärmte Jesco von seinem Wochenende in Venedig.

»Es hätte dir auch gefallen«, sagte er. »Mein Mitbringsel kriegst du später zum Geburtstag.«

Vor uns sprang die Ampel auf Rot. Jesco hielt an, lehnte sich zu mir und küsste mich.

Ich war gespannt, was Jesco mir schenken würde. Mark, der sich von jeher rein prophylaktisch als hilfloser Schenker bezeichnet hatte, war es selten gelungen, mir eine richtige Freude zu machen. So beglückte er mich am Anfang unserer Beziehung immer wieder mit Spitzendessous, die mir nie passten: Die Slips waren jedes Mal zu klein und die BHs viel zu groß. An wen er damals beim Kauf der Wäsche dachte, hatte ich nie herausgefunden; ich konnte es jedenfalls nicht gewesen sein. Wobei ich Mark zugutehielt, dass er wenigstens nicht so weit gegangen war wie der Freund einer ehemaligen Kommilitonin. Der schenkte ihr, nachdem sie ihr Kind abgestillt hatte und ihre Brüste geschrumpft waren, einen XXL-BH als Wink mit dem Zaunpfahl dafür, dass er nichts gegen Brustimplantate einzuwenden hatte.

Mit den Jahren wurden Marks Geschenke noch unbedachter, sofern das überhaupt möglich war: Zuletzt überreichte er mir einen Schuhputzkasten (dass er aus Kirschholz war, machte die Sache nicht besser), Kniestrümpfe (mit dem sachdienlichen Hinweis, die könnte man immer gebrauchen) und das Buch *Hilfe, das Wasser brennt* mit rettenden Küchentipps von A bis Z.

Jesco parkte sein Auto auf dem Gelände des alten Ostbahnhofs. Vor uns ragte der *Berghain*-Club in die Höhe – er befand sich auf mehreren Stockwerken in einem ehemaligen Heizkraftwerk. Als ich das letzte Mal im *Berghain* war, hatte ich noch keine Kinder. Mark und ich waren im Morgengrauen hier gestrandet, nachdem wir eine Nacht durchgefeiert hatten. Ich erinnerte mich daran, wie voll es in dem Club selbst dann noch gewesen war, als draußen längst die Sonne am Himmel stand.

Die Streicher hatten schon angefangen zu spielen, als wir an einer Wandgrafik aus Aluminiumplatten vorbei über eine Stahltreppe in den ersten Stock zum Dancefloor gingen. Nachdem wir uns Bier geholt hatten, zwängten wir uns durch die Menschenmengen zu einer anderen Treppe, von deren Stufen aus wir die drei Violinspieler und den Cellisten, die auf einer Empore spielten, besser sehen konnten.

Die Musik war ergreifend schön und füllte den zwanzig Meter hohen Raum aus. Ich sah mich um: Überall standen Leute dicht aneinandergedrängt. Trotzdem herrschte andächtige Stille. Jesco legte seinen Arm um mich, und ich spürte, wie ihn die Musik ebenso berührte wie mich.

Nach dem Konzert legte ein DJ weitere klassische Stücke auf, und die Stimmung lockerte sich.

»Manchmal habe ich Angst, dass ich zu wenige Momente wie jetzt gerade erlebe«, sagte ich und erzählte Jesco von Cosimas Statistiken, die im Nachklang doch noch eine Midlife-Panik in mir ausgelöst hatten.

»Das kenne ich«, antwortete Jesco. »Aber überleg mal: Die Erde ist über vier Milliarden Jahre alt, und das Universum sogar dreizehn Milliarden Jahre. Die hätten Grund, sich aufzuregen, wir nicht.«

Jesco sah auf die Uhr – es war kurz nach Mitternacht.

»*Happy birthday*, Phyl«, sagte er, nahm mich in den Arm und küsste mich. Dann gab er mir das angekündigte Geschenk, und ich packte eine geflochtene Lederkette aus, für die er drei silberne Anhänger hatte anfertigen lassen: ein Peace-Zeichen, ein Herz und einen Skorpion – mein Sternzeichen. Ich freute mich und zog die Kette gleich an; sie gefiel mir sehr.

Mein Handy summte, und das Display zeigte mir zwei SMS an: Die erste war von Natalia, die mir fünf Gratisstunden Kinderhüten zum Geburtstag schenkte, welche ich gleich heute Abend einlösen könnte.

Die zweite SMS kam erstaunlicherweise von meiner Mutter, die mir statt Gratulationswünschen den Spruch schickte: »Das Alter ist egal, außer du bist ein Käse.«

Auf dem Rückweg zum Prenzelberg bat ich Jesco, am Helmholtzplatz zu halten. Dexter hatte mir wegen der architektonischen Planungen einen Schlüssel zu seiner Wohnung gegeben, von der aus ich mit Jesco aufs Dach stieg. Trotz der Novemberkälte waren wir nicht die Einzigen, die es hierhergezogen hatte. Einige Dächer weiter saßen einige Twens in dicke Jacken gehüllt und tranken Bier, und auf dem gegenüberliegenden Haus hatte sich ein Liebespaar sogar ein Lagerfeuer angezündet.

Jesco und ich setzten uns auf einen Schornstein. Er drehte uns einen Joint, reichte ihn mir und nahm mich in den Arm. Schweigend genossen wir die irreal anmutende Stimmung, die uns umgab. Jetzt war ich wirklich am Prenzlauer Berg angekommen: Ich konnte mich wieder richtig jung fühlen, obwohl ich es nicht mehr war.

Da Mark und ich Wochenenden getauscht hatten, waren die Kinder am folgenden Samstag wieder bei ihm, und ich lud ein paar Freunde zu einer nachträglichen Geburtstagsfeier ein.

Neben Jesco, der schon am Nachmittag kam, erwartete ich noch Sven, Cosima und Anouk plus ihre Männer sowie Charity-Claire, die zum Glück ohne Klaus-Dieter kommen wollte, der geschäftlich unterwegs war.

Dexter, den ich auch eingeladen hatte, sagte leider ab, da er keinen Sitter für seine Kinder gefunden hatte.

Claire kam zuerst und gratulierte mir mit pinkfarbenen Edelpfingstrosen nachträglich zum Geburtstag. Dann zwinkerte sie Jesco zu und bat ihn, ihr als Gegenleistung für ihre erfolgreiche Kuppelei zwanzig Prozent Rabatt auf die nächsten fünf Bilderrahmen zu geben, was er gern für sie tat.

Kurz darauf klingelten Cosima und ihr Mann Matthias an der Tür.

»Alles Gute zum Geburtstag, Phyllis«, sagte Matthias, umarmte mich und überreichte mir eine Flasche Schampus. Matthias war nicht sehr groß, doch sein breites Kreuz und die dunkle Stimme verliehen ihm eine männliche Ausstrahlung. Vom Wesen her war er ruhig und ausgeglichen, und ich kannte kaum jemanden, der anderen Menschen mit so viel ungeheucheltem Interesse gegenübertrat wie er.

»Leider kann ich nicht lang bleiben«, fuhr er fort.

Die Selbsthilfegruppe, die er als Gastroenterologe für Patienten mit chronischen Darmerkrankungen ehrenamtlich leitete, traf sich in letzter Zeit nämlich regelmäßiger als sonst, und ausgerechnet an diesem Abend war es wieder so weit.

Anouk, die ein enges Wickelkleid über ihren Babybauch trug, kam zusammen mit einem Mann, den ich für ihren Freund Tim hielt, und schenkte mir ein Ylang-Ylang-Massageöl mit aphrodisierender Wirkung. Ihren großen, etwas schlaksigen Begleiter stellte sie mir allerdings nicht als Tim vor, sondern als Tom.

»Tim passt zu Hause auf die Kinder auf«, sagte Anouk. »Zu irgendwas muss das Zusammenleben mit einem Mann ja gut sein.«

Tom, der als Dokumentarfilmer arbeitete und mit der raumgreifenden Retro-Nerdbrille und dem Seebär-Wollpulli auch so aussah, entpuppte sich als der Vater von Anouks erstem Kind und war mir auf Anhieb sympathisch.

»Tim und Tom – das ist ja praktisch«, kommentierte ich die Namensähnlichkeit der Männer in Anouks Leben. »Wie heißt denn der dritte Vater im Bund?

»Eigentlich Jan«, sagte Anouk. »Aber meine Söhne haben ihn in ›Tam‹ umgetauft, damit es wie eine Trilogie klingt: Tim-Tam-Tom. Das stärkt das Zusammengehörigkeitsgefühl der Kinder.«

Gemeinsam gingen wir in die Wohnküche zu Jesco und Claire. Cosima und Anouk konnten es kaum erwarten, Jesco persönlich kennenzulernen, und ihre Neugierde stand ihnen ins Gesicht geschrieben.

Sven kam zuletzt. Neben seinem Geschenk, einer Kiste Rotwein, brachte er auch einen Überraschungsgast mit: Julia, Mitte zwanzig, studierte Kommunikationsdesign an der Universität der Künste und sah umwerfend gut aus. Ich stellte fest, dass auch Sven, dem ich in der Kita länger nicht über den Weg gelaufen war, viel attraktiver wirkte als noch vor wenigen Wochen, da er deutlich abgespeckt hatte.

»Trainierst du neuerdings?«, fragte ich ihn und fühlte spaßeshalber seinen Bizeps.

»Und wie: Powerplate-, Hantel- und EMS-Muskelstimulierungsprogramme und dazu Anti-Kohlenhydrat-, Trennkost- und Enzymdiäten – ich hab alles durch.«

Wie typisch, dachte ich und rekapitulierte die Phasen, die Sven seit seiner Trennung von Inka durchlaufen hatte:

In Phase eins paarte sich Svens Trennungsschmerz mit dem Frust über die Erkenntnis, dass sein Marktwert bei Frauen über die Jahre gesunken war; seine Wunden ließ er sich in

Phase zwei von der unscheinbaren Bekannten mit Helfersyndrom lecken, mit der ich ihn auf dem Spielplatz getroffen hatte; nachdem er sie, wie abzusehen war, wieder verlassen hatte, stählte er in Phase drei seinen Körper so lange, bis er wieder konkurrenzfähig war und es ihm in Phase vier gelang, eine junge A-Liga-Frau aufzureißen. Abzuwarten blieb, ob er in der letzten Phase stecken bleiben und sich bald seine ersten grauen Haare überfärben würde, oder ob sein Versuch, die Jugend nochmals zu erleben, an der Erschöpfung daran scheitern würde.

Im Lauf des Abends fiel mir auf, dass sich Cosima und Tom angeregt miteinander unterhielten und nicht einmal merkten, wie sich die anderen nach und nach bei mir verabschiedeten. Erst als Anouk im Mantel dastand und Tom an sein Filmmaterial erinnerte, das er bei ihr zu Hause abholen wollte, kehrten die beiden ins Hier und Jetzt zurück. Zum Abschied tauschten sie ihre Nummern aus, und ich war mir sicher, dass Tom meiner Freundin noch in derselben Nacht die erste SMS schicken würde.

Als ich am nächsten Tag gegen Mittag aufwachte, lag Jesco nicht mehr neben mir; dafür roch es nach Kaffee, und aus der Küche hörte ich das Klappern von Geschirr. Als ich sie betrat, sah ich, dass Jesco Frühstück gemacht und sämtliche Partyreste aufgeräumt hatte.

»Du hast ja ungeahnte häusliche Qualitäten.«

Jesco schenkte mir einen Kaffee ein.

»Du ahnst ja gar nicht, was du noch alles nicht von mir weißt«, entgegnete er spielerisch, doch es steckte viel Wahrheit darin.

Von seinem Alltag wusste ich wirklich kaum etwas: Ich hatte keine Ahnung, ob er lieber essen ging oder sich etwas kochte, ob er selbst putzte oder eine Putzhilfe kommen ließ, wie viel Wert er auf Ordnung legte, oder bei wie viel Grad er seine Wäsche wusch. Alltägliche Belanglosigkeiten waren bisher kein Thema zwischen uns gewesen, denn unsere Beziehung verlief so, wie ich es mir gewünscht hatte: In ihrer verbindlichen Unverbindlichkeit ähnelte sie einem fest-freien Arbeitsverhältnis – sie war das perfekte *wachs*weiche Frühstücksei.

Auf einmal wurde mir jedoch bewusst, dass die Beziehungsform, in die ich mich hineinmanövriert hatte, für ein längerfristiges Zusammensein nicht taugte. Der emotionale Sicherheitsabstand, den Jesco und ich hielten, war zwar erotisch. Zum Preis dafür gab es aber kein Miteinander, sondern nur ein Nebeneinanderher, und das reichte mir nicht mehr.

»Stimmt, ich weiß wirklich wenig von dir«, antwortete ich, »und ich fänd's schön, wenn unsere Beziehung im Alltag ankommen würde …«

Jesco stutzte. Mit einem ernsthaften Gespräch hatte er so früh am Tag nicht gerechnet.

»Ich meine – vielleicht könntest du meine Kinder mal kennenlernen …«

»Ach, die Phantomkinder gibt's wirklich?«

»Nein, die vielen Spielsachen sind nur Teil meiner Inszenierung«, konterte ich und wurde gleich wieder ernst.

»Du könntest dann öfters hier übernachten.«

Jesco sah mich schweigend an.

»Okay«, sagte er schließlich, »dann machen wir das doch so.«

Mein Geburtstag lag schon eine Weile zurück, als ich mich an einem Mittag nach der Fortbildung mit Dexter in seiner neuen Wohnung traf. Auf einer alten Küchenzeile breitete ich meine Pläne für den geplanten Umbau aus. Ich erklärte Dexter, welche Wände ich abreißen würde, damit ein großer Raum mit Wohnküche und offenem Kamin entstand, und vor welchen toten Ecken ich Rigipswände einziehen würde, um Stauraum zu schaffen. Außerdem stellte ich ihm meine Konzepte für die Gestaltung der Bäder, der Küchenzeile und weiterer Einbauten vor.

Weil Dexter die Stirn runzelte, als er die Pläne genauer betrachtete, befürchtete ich schon, seine Erwartungen enttäuscht zu haben. Doch zu meiner Erleichterung war das Gegenteil der Fall: Er bedankte sich für die gute Arbeit und betonte, wie gut ihm das alles gefalle.

»Nur über die Elektroplanung müssen wir noch reden. Ich brauche viel mehr Steckdosen.«

»Was? Ich hab doch in jeder Ecke vier eingeplant, reicht das nicht?«

»Nein«, antwortete Dexter entschieden, gestand mir aber, bereits seine Exfrau hätte ihn mit seinem Steckdosentick aufgezogen.

»Und sag mal, Phyllis«, fragte er mich, nachdem ich ihm versprochen hatte, die doppelte Anzahl an Steckdosen nachträglich einzuzeichnen, »hast du Lust, auch den Umbau zu organisieren?«

»Lust schon, aber leider keine Zeit«, sagte ich, gab Dexter dafür aber die Kontaktdaten eines ehemaligen Kollegen, der mittlerweile hauptsächlich als Bauleiter arbeitete. Außerdem versprach ich ihm zu helfen, falls Schwierigkeiten aufträten.

Das gemeinsame Mittagessen, das er mir vorschlug, musste ich ebenfalls ablehnen. Da die Kinder an diesem Nachmittag einen Impftermin hatten, musste ich sie noch zeitiger abholen als sonst. Ich vertröstete Dexter auf ein anderes Mal und verabschiedete mich.

Die Praxis unseres langjährigen Kinderarztes Dr. Groß lag in Zehlendorf, und im Berufsverkehr brauchte ich eine gute Stunde dorthin. Über kurz oder lang würde ich mir wohl einen neuen Arzt am Prenzelberg suchen müssen. Bislang war ich davor aber zurückgeschreckt, da Dr. Groß die Kinder seit ihrer Geburt kannte und sie ihm vertrauten. Außerdem mochte ich die pragmatische Art, mit der er im Ernstfall rund um die Uhr für einen da war; in der Rolle eines *Emergency-Room*-Captains gefiel er sich nämlich am besten. Mit harmlosen Popopickeln oder gängigen Winterrotznasen durfte man Dr. Groß allerdings nicht kommen. Seine Zeit und sein Können widmete er nur wirklichen Problemen, wobei er selbst definierte, was diese Bezeichnung verdiente.

Damit ich Dr. Groß neben den Impfungen auch wegen des geplanten Patchworks mit Jesco um Rat bitten konnte, hatte ich mir an diesem Tag einen Doppeltermin geben lassen. Dr. Groß hatte mir gegenüber nämlich schon mehrfach stolz erwähnt, dass er auch eine kinderpsychologische Zusatzausbildung besaß.

Natürlich hoffte ich, Lorenz und die Zwillinge würden Jesco genauso schnell akzeptieren wie Franziska, der ich selbst zwar noch nicht begegnet war. Das, was mir die Kinder über sie erzählten, beruhigte mich aber. Franziska schien weder dem Bild einer klassischen bösen Stiefmutter zu entsprechen noch drängte sie sich zu sehr als Ersatzmutter auf. Deshalb empfand ich ihr gegenüber auch keine Eifersucht oder Missgunst. Im Gegenteil beruhigte es mich eher, dass sie, neben der Sitterin Natalia, den schnell überforderten Mark an seinen Wochenenden mit den Kindern unterstützte.

Jescos Ausgangssituation war jedoch schwieriger als die von Franziska. Wenn Kinder neue Liebespartner boykottieren, liegt das oft an ihrer Angst, sie könnten in Zukunft weniger

Aufmerksamkeit von ihrer Mutter beziehungsweise ihrem Vater erhalten. In Marks Fall war es umgekehrt: Seit unserer Trennung – und seitdem gab es Franziska offiziell – verbrachte er *mehr* Zeit mit den Kindern und floh nicht auch noch an den Wochenenden ins Büro. Insofern war Franziska in den Augen der Kinder zeitgleich mit dem Phänomen »Papa hat mehr Zeit für uns« aufgetaucht, und sie assoziierten mit ihr nur Positives. Jesco hingegen würden die Kinder als jemanden wahrnehmen, dem sie etwas von ihrer Zeit mit mir abgeben mussten – was ja auch stimmte.

Vielleicht machte ich mir aber auch zu viele Gedanken. Schließlich gab es auch Fälle, bei denen alles glattlief. Anouk und Tim waren das beste Beispiel dafür: Beide Jungs hatten Tim willkommener aufgenommen, als es Anouk überhaupt lieb war, was wahrscheinlich daran lag, dass Tim mit seiner Vorliebe für Struktur und Ordnung ihre kindliche Sehnsucht nach Verlässlichkeit und Verantwortungsübernahme stillte. Außerdem war er ein begeisterter Tischtennisspieler, was bei den beiden sieben- und zehnjährigen Jungs gut ankam.

Eine Freundin von Anouk namens Sonja hatte hingegen weniger Glück gehabt. Ihre elfjährige Tochter Alma konnte Sonjas neuen Freund Peter nicht ausstehen und setzte sich jedes Mal, wenn er zu Besuch war, beim gemeinsamen Essen mitsamt ihrem Teller demonstrativ *unter* den Tisch. Oder sie rührte das Essen nicht an, sondern starrte muffig vor sich hin und sang dabei den Refrain des Lily-Allen-Songs: *»Fuck you, fuck you very, very much, cause we hate what you do, and we hate your whole crew, so please don't stay in touch …«*

Schickte Sonja ihre Tochter daraufhin ohne Essen in ihr Zimmer, schrie Alma hysterisch aus dem Fenster, ihre Mutter ließe sie verhungern und jemand müsse das Jugendamt verständigen. Außerdem beschriftete Alma unermüdlich Zettel mit dem Slogan *Peter? Nein danke* und tapezierte damit die ganze Wohnung.

Sonja konnte tun, was sie wollte: Alma gut zureden, sie bestrafen, ihr Verhalten ignorieren, mit ihr ein vernünftiges »Erwachsenengespräch« führen – eine Chance gab das Mädchen dem verhassten Peter trotzdem nicht.

Irgendwann platzte Sonja der Kragen, und sie zerrte Alma, die wieder einmal am Tisch das *Fuck-you*-Lied sang, in ihr Zimmer und schloss die Tür ab. Als sie etwas später nach dem Rechten sehen wollte, stand Almas Fenster offen und ihre Tochter und ein Reisekoffer waren verschwunden. Über zwei Stunden blieb Alma unauffindbar. Dann erhielt Sonja den Anruf eines Schaffners der Deutschen Bahn, der ihre Tochter ohne Fahrschein auf der Toilette in einem Zug nach Köln aufgegriffen hatte, wo der Vater des Mädchens wohnte.

Das Ende vom Lied war, dass der boykottierte Peter mit Sonja Schluss machte. Als Begründung gab er an, der Stress auf der Waage ihrer Beziehung wöge schwerer als die schönen Momente. Sonja, die vor ihrer kurzen Liaison mit Peter fünf Jahre lang keinen Freund gehabt hatte, war danach wieder ewig solo. Sie bemühte sich auch nicht mehr um einen neuen Mann in ihrem Leben, weil es keinen Sinn gehabt hätte – denn Peter hatte Alma bestätigt, dass sie die Macht hatte, Liebespartner ihrer Mutter erfolgreich zu vergraulen.

Als die Impfungen überstanden waren, schickte ich meine Kinder zum Spielen ins Wartezimmer und bat Dr. Groß um ein Gespräch unter vier Augen. Der teilte meine Bedenken nicht, die Kinder könnten sich durch Jesco aufs Abstellgleis geschoben fühlen.

»Machen Sie sich nicht so 'n Kopp«, sagte er. »Die beiden Kleinen brauchen noch so viel Zuwendung von Ihnen, dass Sie sich lieber sorgen sollten, ob Ihr Freund dabei nicht zu kurz kommt. Und Ihr Sohn ist doch bestimmt froh, dass sich endlich wieder jemand mit ihm vor die *Sportschau* setzt.«

Wie hilfreich, dachte ich und beschloss, Dr. Groß' Hinweise auf seine kinderpsychologische Zusatzausbildung in Zukunft zu ignorieren und ihn wie gehabt nur noch zurate zu ziehen, wenn seine Kernkompetenz als *Emergency-Room*-Captain gefragt war.

Stattdessen schlug ich Jesco vor, die Kinder bei den ersten Treffen erst mal unverbindlich kennenzulernen. Nach den vielen Veränderungen der letzten Monate schien mir ein langsames Einschleichen meines neuen Freundes der vernünftigste Weg. Mit unserer Liebesbeziehung könnten wir sie einige Zeit später immer noch konfrontieren.

Schließlich war es so weit. Ich fuhr mit den Kindern zu Jescos Werkstatt, wo das erste Zusammentreffen stattfinden sollte. Jesco hatte sich auf unseren Besuch vorbereitet: Auf einer leer geräumten Werkbank standen mehrere Töpfe Fingerfarbe und Papier bereit; außerdem hatte er Gläser, Apfelsaft, Butterkekse und Salzstangen zurechtgestellt.

Maya und Fanny machten sich sofort über die Fingerfarben her. Lorenz hingegen fand erwartungsgemäß die Schreinerei interessanter und ließ sich von Jesco sein Werkzeug, die Hölzer und sämtliche Farben, Lacke und Leime zeigen.

Ich hatte befürchtet, Jesco könnte sich – da er sonst kaum etwas mit Kindern zu tun hatte – im Umgang mit ihnen so ungeschickt anstellen, dass ich mich fremdschämen müsste, weil er seine Stimmlage um drei Oktaven erhöhte oder übertriebene Späße mit ihnen machte. Doch ganz im Gegenteil nahm Jesco die Kinder ernst und behandelte sie wie vollwertige Menschen. Es berührte mich, wie gut er sich mit den Kindern verstand, und meine Verliebtheit potenzierte sich schlagartig.

Als die Kinder und ich uns gegen Abend von ihm verabschiedeten, versprach er Lorenz und den Mädchen, bald wieder etwas mit uns zu unternehmen.

»Können wir dann in den Zoo gehen?«, fragte Lorenz sofort und quengelte, er wäre ewig nicht dort gewesen.

»Klar, warum nicht«, antwortete Jesco, nicht ahnend, was ihn dort erwarten würde. Ich hingegen war mir sicher, dass Jesco in einem überfüllten Raubtier- oder Affenhaus einen ebenso großen Kinderwelt-Kulturschock erleiden würde wie in der Indoor-Spielanlage Rabatz oder dem Schwimm- und Erlebnisparadies Schwipp-Schwapp.

Als nervenschonende Alternative organisierte ich deshalb fünf Karten für die Komische Oper, wo *Hänsel und Gretel* für die Allerkleinsten ab drei Jahren aufgeführt wurde.

Als wir wenige Tage später alle gemeinsam im Foyer der Oper auf den Einlass in den Saal warteten, klingelte auf einmal mein Handy. Auf dem Display stand »Anonym«. Da ich schon den ganzen Tag auf den Rückruf meines Scheidungsanwalts wartete und mir sonst niemand einfiel, der seine Kennung unterdrückte, nahm ich das Gespräch an. Statt der Stimme meines Anwalts drang jedoch die meiner Mutter an mein Ohr.

»Phyllis, bist du das?«, rief sie so laut, dass ich die Lautstärke meines Telefons drosseln musste.

»Ja, natürlich«, antwortete ich – wer sonst sollte an mein Handy gehen? – und hätte am liebsten sofort wieder aufgelegt. Für eine Aussprache mit meiner Mutter war der Moment denkbar ungünstig. Außerdem war ich hin- und hergerissen zwischen meinen ambivalenten Gefühlen ihr gegenüber und wusste nicht, wie ich mich verhalten sollte: Einerseits unterstützte meine Mutter mich finanziell mit ihrer Leihgabe; andererseits hatte sie mich seit meiner Trennung emotional hängen lassen und mir obendrein die Schuld daran gegeben. Nicht zuletzt der Kinder zuliebe, die oft nach ihrer Großmutter fragten, beschloss ich dennoch, mich versöhnlich zu zeigen.

Doch meine Mutter wollte sich gar nicht mit mir aussprechen. Stattdessen überrumpelte sie mich mit der Frage, was wir Weihnachten vorhatten.

»Ich weiß es noch nicht«, antwortete ich und ärgerte mich schon wieder über sie. Es war so typisch für sie, nur dann aufzutauchen, wenn sie Angst davor hatte, an familiären Feiertagen einsam zu sein.

»Wenn du nicht möchtest, dass ich mit euch feiere, sag es mir bitte direkt«, fuhr mich meine Mutter an.

Um mich nicht mitten im Opernfoyer in ein Streitgespräch zu verstricken, bat ich sie, unser Telefonat zu verschieben.

Das interpretierte meine Mutter wiederum als schale Ausrede und fragte, warum ich dann überhaupt abgenommen hatte.

»Weil ich dachte, es wäre mein Anwalt und sehr wichtig.«

»Ach so! Und ich bin nur wichtig, wenn ich dir zwölftausend Euro leihen darf?«

Die Türen zum Saal wurden geöffnet. Ich machte Jesco ein Zeichen, dass er mit den Kindern schon vorgehen sollte. Dann verdeckte ich das Handymikrofon mit meinem Schal und fingierte eine zusammengebrochene Leitung, indem ich ein paar Mal »Hallo … bist du noch dran … ich hör dich nicht mehr …« sagte, bevor ich auflegte.

Als ich mich kurz darauf neben Jesco in den Sessel sinken ließ, atmete ich erleichtert und dankbar auf, die nächste Stunde in Hänsel und Gretels Märchenwelt abtauchen zu können.

Nach der Vorstellung wurden die Kinder auf die Bühne gebeten, wo sie die Sänger mit Fragen löchern durften. Jesco und ich blieben sitzen. Ich berichtete ihm von dem Telefonat mit meiner Mutter und fragte ihn nach seinen Weihnachtsplänen.

»Ich hab's nicht so mit Weihnachten und würde am liebsten ans Meer fahren oder in die Wüste«, erklärte er mir und fragte, ob die Kinder und ich Lust hätten mitzukommen.

»Lust schon, aber für die Kinder kommt das nicht infrage«, antwortete ich. »Sie fiebern ihrem Tannenbaum jetzt schon entgegen.«

»Können wir den nicht in die Wüste verpflanzen?«

»Doch klar, und eine Schneekanone nehmen wir auch mit – allein die vier Flüge könnte ich mir schon gar nicht leisten.«

»Dann fahren wir halt mit dem Auto nach Süditalien und hängen den Christstern an einen Olivenbaum.«

»Das geht auch nicht. Die Kinder wollen ein klassisches Weihnachtsfest. Sie lieben altbekannte Rituale, die geben ihnen Halt.«

»Bist du dir sicher, dass deine Kinder das genauso sehen?«, entgegnete Jesco und erzählte mir, wie seine Eltern früher darauf bedacht waren, seiner Schwester und ihm Traditionen überzustülpen, die ihn kein Stück interessierten.

»Wenn ich mit glasigen Augen unterm Weihnachtsbaum gestanden habe, war's jedenfalls nicht wegen der besinnlichen Stimmung, sondern nur wegen der Geschenke.«

Ich ging in mich und fragte mich, ob Jesco vielleicht recht hatte. Der Zauber der Adventszeit stand zwar außer Frage. Auch steckte mich die Begeisterung der Kinder für Adventskalender, Plätzchen backen, Nikolausfeiern und gemütliche Adventsstunden derart an, dass ich mich jetzt schon darauf freute, das alles bald wieder für sie vorzubereiten. Wobei ich das Zelebrieren der Adventszeit bei Weitem nicht so übertrieb wie andere. Claire beispielsweise begann jedes Jahr schon nach den Sommerferien sich erstens über das Farbkonzept ihres Adventskranzes Gedanken zu machen, der so groß wie ein Lkw-Autoreifen von der Decke hing; zweitens die Geschenke, die sie schon in der ersten Jahreshälfte gekauft hatte, aufwendig und in den aktuellen Trendfarben zu verpacken; drittens sich für die zur Adventszeit geballt stattfindenden Charity-Veranstaltungen jeweils ein neues Abendkleid zu kaufen; und viertens ein Hochglanzfoto ihrer Kinder als Weihnachtsgrußkarten drucken zu lassen, dessen Auswahl sie wie ein Fulltimejob beschäftigte. Dabei entschied sie sich immer für ein Bild, auf dem ihre braun gebrannten Kinder an sonnigen, exklusiven Ferienorten strahlten, und kommunizierte damit zwei Dinge auf einen Schlag: Zum einen, unsere Familie ist glücklich, zum anderen, finanziell läuft's auch super.

Die Heiligabende meiner Vergangenheit hingegen waren, wenn ich ehrlich zu mir war, nur dann schön, wenn sie mindestens fünfzehn Jahre zurücklagen und ich mich mit nostalgischer Verklärung an sie erinnerte. Dachte ich an das letzte Weihnachtsfest, grauste es mich noch immer: Lorenz heulte herum, da statt seiner gewünschten *Lego Super Hero Collection* die *Lego Hero Factory Collection* unterm Baum lag. Mark, dessen familiärer Background es verlangte, den Tannenbaum mit echten Kerzen zu beleuchten, nahm am Essen kaum teil, da er immerzu damit beschäftigt war, die Flammen mit einem griffbereiten Wassereimer zu überwachen. Außerdem hatte eine Gans dafür sterben müssen, dass Maya und Fanny nölten, sie hätten lieber Spaghetti Bollo.

Und meine Mutter, der ich meine Trennungspläne von Mark anvertraute, teilte mir mit, mich nicht unterstützen zu können, und prophezeite mir, dass ich mein Leben gegen die Wand fahren würde.

»Okay, du hast gewonnen«, sagte ich schließlich. »Ich kann das aber nicht allein entscheiden und fürchte, dass Mark mir die Hölle heiß macht, wenn ich ihm von unseren Plänen berichte. Er weiß ja noch nicht mal, dass es dich gibt.«

Ein kurzes Zucken in Jescos Gesicht verriet mir, dass meine Antwort ihn nervte.

»Es war deine Idee, dass unsere Beziehung alltagstauglich werden soll«, sagte er kühl. »Dann musst du mir aber auch die Möglichkeit geben, unser Leben mitzugestalten, und dich von deinem Ex emanzipieren. Wohin du mit den Kindern reist, geht ihn doch gar nichts an.«

Eigentlich wollte ich Jesco widersprechen: Ich war sehr wohl von Mark emanzipiert, doch würde uns das gemeinsame Interesse am Wohlergehen unserer Kinder immer miteinander verbinden. Und die Vereinbarung, uns bezüglich der Gestaltung von Ferien- und Feiertagen der Kinder miteinander abzusprechen, wollte ich nicht ohne triftigen Grund brechen.

Da sich das Geschehen auf der Bühne jedoch seinem Ende zuneigte und alle Kinder zu ihren Eltern zurückliefen, versuchte ich den beginnenden Streit zu schlichten, und schlug Jesco einen Kompromiss vor: Ich würde mich darum bemühen, dass die Kinder Weihnachten bei Mark feierten. Falls das klappte, würde ich das Geld, das ich mit der Planung von Dexters Wohnung verdient hatte, gern in eine Reise in ein südländisches Paradies investieren, wo wir am Heiligabend mit einer Pina Colada am Strand liegen und an einer Percussion-Session gestählter *beach boys* mit Weihnachtsmützen auf dem Kopf teilnehmen könnten.

Als ich Mark am nächsten Tag im Büro erreichte, hatte er sich wie erwartet über die Gestaltung von Weihnachten noch überhaupt keine Gedanken gemacht. Um das Thema möglichst schnell abzuhaken, schlug er mir vor, Heiligabend den Kindern zuliebe zusammen zu feiern.

»Nicht den ganzen Abend natürlich. Aber wenn wir ab siebzehn bis sagen wir mal zwanzig Uhr das übliche Programm abspulen, reicht das den Kindern doch bestimmt.«

»Soll das heißen, ich darf mich an Heiligabend von siebzehn bis sagen wir mal zwanzig Uhr bei dir an den gedeckten Tisch setzen?«, entgegnete ich mit gespielter Freude in der Stimme.

Natürlich hatte Mark es sich umgekehrt vorgestellt und wollte sich bei mir einladen. Dafür, schlug er vor, würde er den Tannenbaum kaufen. So wie immer.

»Nein, danke«, lehnte ich sein Angebot ab, da ich bereits wusste, wie das enden würde: Mark würde die Maße unseres Weihnachtsbaumständers beim Kauf wieder einmal nicht beachten und dann keine Zeit dafür finden, den Stamm passgerecht zu sägen, was an mir hängen bleiben würde.

»Es gehört für mich zu den angenehmen Nebeneffekten unserer Trennung, nie wieder Weihnachten mit dir feiern zu müssen.«

Meine Abfuhr kam von Herzen: Ich wollte mich nicht mehr für Mark schämen, wenn er beim Krippenspiel einschlief, wollte beim Essen nicht seinen Mundsäuberungen ausgeliefert sein, und weitere Schuhputzkästen, Kniestrümpfe und Bücher über rettende Küchentipps wollte ich auch nicht geschenkt bekommen.

»Wie stellst du dir Weihnachten denn zukünftig vor?«

»Am liebsten wäre es mir, wenn wir uns abwechseln und die Kinder die Weihnachtsferien jeweils bei dir oder bei mir verbringen«, antwortete ich und bat ihn, in diesem Jahr den Anfang zu machen.

»Ich denk drüber nach«, sagte Mark, bevor wir auflegten.

8

Lorenz zog einen kleinen Rollkoffer durch den Flur hinter sich her, als es klingelte.

»Ist das endlich Papa?«

Doch nicht Mark, sondern Jesco stand vor der Tür, mit dem ich mich an meinem kinderfreien Freitagabend verabredet hatte.

»Hey, ihr seid ja noch alle da.«

»Papa ist zu spät«, sagte Lorenz. »Hast du eigentlich auch Kinder?«

Während Jesco erklärte, lediglich eine Nichte zu haben, die er nur selten sah, da sie in Paris lebte, stellte ich mit Blick auf die Uhr fest, dass Mark eine Dreiviertelstunde zu spät war.

»Ich ruf ihn mal an«, sagte ich und wählte seine Nummer.

»Hi, wo bleibst du denn? Die Kinder warten auf dich!«, hinterließ ich meine Nachricht mit aufkeimender Besorgnis auf seiner Mailbox. Mark war noch nie zu spät gekommen, ohne Bescheid zu sagen. Normalerweise war er die Zuverlässigkeit in Person.

»Vielleicht ist er mit den Wochenenden durcheinandergekommen und weiß gar nicht, dass er die Kinder abholen soll?«, überlegte Jesco.

»Unmöglich. Wir haben gestern noch telefoniert und eine Zeit vereinbart.«

»Oder er hängt in einem Termin fest, und sein Handy hat keinen Akku mehr?«

»Glaub ich nicht. Wenn jemand in jeder Lebenslage gut organisiert ist, dann Mark.«

Ich versuchte mein Glück in Marks Kanzlei, wo fast immer bis spätabends jemand arbeitete. Von einem seiner Kollegen erfuhr ich, dass Mark einen Mandantentermin in Hannover gehabt hatte und sich mit dem Auto auf dem Weg nach Berlin befinden müsste.

Ich legte auf und suchte im Internet nach den Verkehrsmeldungen, wo ich las: *A2, Hannover Richtung Berlin, zwischen AS Irxleben und AS Magdeburg-Rothensee 16 Kilometer Stau nach einem …*

»… Unfall!«, entfuhr es mir laut. »Auf der Strecke ist was passiert!«

»Was, Papa hatte einen Unfall?«, schnappte Maya meine Worte falsch auf.

»Nein, ich meinte nur, dass Papa wahrscheinlich im Stau steht!«, log ich, denn in Wahrheit steigerte ich mich mit jeder Sekunde mehr in meine Sorge um Mark hinein. Vor meinem geistigen Auge sah ich ihn schon blutend und in den letzten Atemzügen unter Autotrümmern begraben.

»Wollt ihr einen Film gucken?«, schlug ich den Kindern zur Ablenkung vor.

»Au ja!«, stimmten alle drei sofort zu.

»Setzen wir uns dazu?«, fragte Jesco, nachdem ich die DVD *Alvin und die Chipmunks* Teil eins eingelegt und gestartet hatte.

»Bloß nicht. Ein Film über hibbelige, singende Streifenhörnchen würde mich jetzt den letzten Nerv kosten.«

Jesco folgte mir in die Küche, wo ich wieder zum Telefon griff.

»Phyllis, ich verstehe ja, wenn du in Sorge bist. Aber es bringt nichts, wenn du dich verrückt machst und Mark alle drei Minuten anrufst.«

»Tu ich nicht. Ich versuche die zuständige Polizeibehörde zu erreichen.«

»Die melden sich schon bei dir, falls was Schlimmes passiert ist. Mark und du seid doch noch verheiratet.«

»Mitgefühl ist nicht gerade deine Stärke, was?«

»Doch. Aber nur wenn's auch einen Grund dafür gibt. Und den sehe ich nicht, wenn jemand aller Wahrscheinlichkeit nach nur im Stau steht.«

Während ich die Polizei anrief, die mir jedoch keine Auskunft erteilen konnte, nahm Jesco sich eine Interior-Design-Zeitschrift und blätterte sie Seite für Seite durch.

Seine demonstrative Ruhe trieb mich fast in den Wahnsinn. Ich musste an Anouk denken, die mir mal erzählt hatte, wie sie den Vater ihres zweiten Kindes am liebsten geohrfeigt hätte, als er im Kreißsaal während ihrer Presswehenphase seelenruhig im Buch *Schlaglichter der Weltgeschichte* stöberte.

»Vielleicht wär's dir ja sogar recht, wenn Mark was passiert!«, sagte ich bissig.

Jesco legte die Zeitung weg.

»Ich tu dir jetzt mal einen Gefallen und nehm nicht ernst, was du gerade gesagt hast. So einen Schwachsinn hab ich selten gehört.«

Trotzig hob ich die Schultern.

»Wieso Schwachsinn? Ich merk doch, dass du eifersüchtig auf ihn bist.«

»Ist klar, und in meiner Freizeit belege ich einen Kalaschnikowkurs zur Beseitigung von Exehemännern.«

Mein Handy klingelte. Auf dem Display stand: »Mark Home«.

»Mark, endlich! Wo bist du?«, schrie ich und ließ meiner abfallenden Anspannung freien Lauf.

»Tut mir leid, ich hing auf der Autobahn fest.«

»Hättest du nicht wenigstens anrufen können? Du ahnst gar nicht, was für Sorgen ich mir gemacht habe!«

»Wie gesagt, es tut mir leid. Ich hatte mein Aufladekabel fürs Handy nicht dabei. Ist es okay, wenn ich die Kinder erst morgen früh abhole? Jetzt ist es schon so spät.«

»Okay«, entgegnete ich. Mark konnte zwar offenbar wirklich nichts dafür, dass er uns versetzt hatte. Meinen Abend hatte er aber trotzdem versaut.

Ich legte auf und erklärte den Kindern, warum ihr Papa sie erst am nächsten Morgen abholen würde.

Als ich mich umdrehte, sah ich, dass Jesco seine Jacke angezogen hatte und an der Wohnungstür stand.

»Ich geh dann mal«, sagte er kühl.

Mich überkam ein schlechtes Gewissen. Das, was ich Jesco an den Kopf geworfen hatte, war nicht fair gewesen.

»Ich weiß, dass ich vorhin überreagiert habe. Die Vorstellung, dass dem Vater meiner Kinder etwas passiert, ist einfach ein Horror. Es tut mir leid.«

Jesco winkte ab, sagte: »Ich ruf dich morgen an« und verschwand.

Als Mark die Kinder am nächsten Morgen abholte, nutzte ich die Gelegenheit, um ihn nochmals auf Weihnachten anzusprechen. Mark erklärte mir, noch nicht sagen zu können, wie lange er die Kinder in den Ferien zu sich nehmen könnte.

»Du weißt doch, wie das mit dem Jahresendspurt ist«, sagte er, »jedes Jahr habe ich mit dem üblichen Wahnsinn zu kämpfen: Alle Mandanten wollen ihre Deals noch im laufenden Kalenderjahr über die Bühne bringen, die Notare haben keine freien Termine mehr, und Beurkundungen laufen bis tief in die Nächte hinein.«

»Ist klar«, sagte ich und verkniff mir die Bemerkung, dass es in Marks Berufsleben *immer* eine hyperwichtige Vertragsabschlussrallye gab.

Später, als Mark und die Kinder gegangen waren, rief ich Jesco an und entschuldigte mich nochmals bei ihm.

»Schon gut«, antwortete er wortkarg. »Ich komm um fünf bei dir vorbei, ja?«

»Einverstanden«, sagte ich und hoffte, dass er mir wirklich verziehen hatte.

Den Rest des Samstags verbrachte ich damit, die Wohnung weihnachtlich zu schmücken, denn am nächsten Tag war der Erste Advent. Wie immer hielt ich die Dekoration schlicht und stellte neben den Adventskalendern für die Kinder nur einen Adventskranz und rote Amaryllisgewächse auf, die mir besser gefielen als Christsterne.

Außerdem versuchte ich, meine Mutter zu erreichen. Obwohl ich nicht wusste, ob die Reise mit Jesco wirklich stattfinden würde, wollte ich ihr für Weihnachten absagen. Ich wünschte mir zwar wieder – nicht zuletzt der Kinder zuliebe – engeren Kontakt mit ihr. An den emotional aufgeladenen Feiertagen hielt ich ein erstes Wiedersehen aber für riskant.

Nachdem ich über den Tag hinweg mehrmals nur die Mailbox meiner Mutter erreicht hatte, hinterließ ich ihr als Nachricht, dass ich Heiligabend voraussichtlich nicht in Berlin sein und Mark sich um die Kinder kümmern würde.

Als Jesco wie geplant am späten Nachmittag zu Besuch kam, schien er unseren Streit tatsächlich ad acta gelegt zu haben. Gut gelaunt setzte er sich an meinen Küchentisch und schob dabei den Adventskranz achtlos beiseite. Sein Blick verriet mir, dass er wirklich ein Weihnachtshasser war und alles verabscheute, was damit zu tun hatte.

Der müsste mal das Haus der Königs in Zehlendorf im Advent sehen, dachte ich. Dort sah man schon von Weitem einen Schlitten im Vorgarten, vor den ein Elch mit blinkender roter Nase gespannt war, einen Weihnachtsmann, der auf den Balkon kletterte, sowie viele rote, grüne und blaue Lichterketten, die die Fensterrahmen säumten. Im Haus selbst sah es nicht anders aus: Überall hingen Leuchtsterne an den Wänden und Decken, und im Wohnzimmers stand neben dem Adventskranz eine Weihnachtskrippe mit den üblichen Figuren samt blinkendem Schutzengel und Spieluhr. Außerdem waren über sämtliche Stuhllehnen Hussen in Form großer Weihnachtsmützen gestülpt, und auf sämtlichen Ablageflächen standen neben vielen grünen und roten Kerzen unzählige Teelichter, die entweder aussahen wie Elche oder wie kleine Nikoläuse. Aus den Fenstern konnte man nicht mehr hinausgucken, da die Scheiben mit Schneespray zugekleistert waren, und klingelte man an der Haustür, ertönte *Jingle Bells.*

Weil Jesco am nächsten Morgen früh zum Flughafen musste, um zur Kunstmesse *Art Basel Miami Beach* nach Florida zu fliegen, wollten wir uns einen ruhigen Abend machen. Wir kauften Sushi, legten uns auf mein Sofa vor den Fernseher und entschieden uns für einen Film, der in Afrika spielte. Inspiriert von den Landschaftsaufnahmen schmiedeten wir Pläne für unsere hoffentlich stattfindenden Ferien und verfolgten den Film nur am Rand. Zum Glück stellte sich Jesco unsere Reise ähnlich vor wie ich: Auch er erkundete lieber fremde Länder, anstatt stundenlang am Strand in der Sonne zu braten, zog einheimische Kneipen Touristenrestaurants vor und bewegte sich nur in lokalen Bussen und Zügen durch das fremde Land, um möglichst viel davon mitzukriegen.

»Guck mal«, sagte ich und zeigte auf den Fernseher, wo gerade einsame Strände vor Sanddünen zu sehen waren, »da machen wir uns dann ein Lagerfeuer und grillen frisch gefangene Fische …«

»Und dazu Gin Tonic als Sundowner«, ergänzte Jesco.

Jetzt wurden Kumuluswolken gezeigt, die sich vor azurblauem Himmel pink färbten, während am Horizont eine strahlende Sonne langsam im Meer versank.

»Wahnsinn, ist das schön«, schwärmte ich. »Ich kann's kaum erwarten, über hohe Sanddünen zu laufen und dabei den warmen Wind auf meiner Haut zu spüren …«

»… und dann lassen wir uns zusammen im Meer von den

Wellen tragen«, stimmte Jesco mit ein und tastete mit seiner Hand unter meinen Pullover, »und niemand stört uns, wenn wir uns stundenlang lieben …«

Ich schloss meine Augen, als Jesco mir den Pullover auszog, und stellte mir die Sonne Afrikas vor, die meinen Körper wärmte.

Draußen war es dunkel, und ich lag noch im Halbschlaf im Bett, als Jesco mir am nächsten Morgen zum Abschied »Ich meld mich, wenn ich wieder da bin«, zuflüsterte. Als ich die Wohnungstür ins Schloss fallen hörte, ging ich auf den Balkon. Ich sah Jesco nach, wie er im Nebel eines grauen Dezembermorgens in ein Taxi stieg. Schon jetzt konnte ich kaum erwarten, ihn in einer Woche wiederzusehen.

Als ich Maya und Fanny das nächste Mal aus der Kita abholte, kamen mir die Mädchen aufgeregt entgegengelaufen.

»Mami, Nele ist weggezogen!«, riefen sie durcheinander und meinten damit Svens Tochter.

Ich sah an die Garderobenleiste. Unter dem Bärenbild stand wirklich nicht mehr »Nele«, sondern »Emma«, und eine Erzieherin bestätigte mir den plötzlichen Wegzug des Mädchens.

Zurück auf der Straße, rief ich Sven an. Er klang bedrückt und bat mich, ihn nach der Fortbildung im Café *St. Gaudy* zu treffen.

»Inka ist ausgerastet, als sie erfahren hat, dass ich mit Julia zusammen bin«, fiel er aufgewühlt mit der Tür ins Haus, kaum dass wir uns gesetzt hatten.

»Sie meint, es ist nicht im Sinne des Kindeswohls, wenn Nele mich mit meiner Freundin sieht. Deshalb ist sie völlig überstürzt mit Nele zu ihrer Schwester nach Hamburg gezogen und droht mir jetzt, meine Tochter nicht mehr sehen zu dürfen.«

»Ich glaube, Inka ist eine Rächer-Echse«, kommentierte ich die schlechten Neuigkeiten. »Sie gönnt dir aus überholtem Besitzanspruch nicht, mit jemand anderem glücklich zu werden, und schreckt nicht davor zurück, ihre Tochter als Waffe zu instrumentalisieren. Wahrscheinlich würde sie am liebsten alten Fisch in deinen Vorhangstangen verstecken.«

Sven gab mir recht und stand auf, um uns Speisekarten an der Bar zu holen.

Er tat mir leid. Wenn nach einer Trennung Kinder mit im Spiel waren, litt man unter Rächer-Echsen wahrscheinlich am meisten – abgesehen von den Zigaretten-Holer-Echsen, die einfach weg waren und sich tot stellten. Im Vergleich dazu konnte ich mich mit Mark, der zu den Abgrenzer-Echsen zählte, direkt glücklich schätzen, wobei er in meinen Augen übertrieb. Dass er sich für meine Probleme nicht mehr zuständig fühlte, konnte ich zwar nachvollziehen. Dass er sich, um jegliche Kommunikation mit mir zu vermeiden, aber auch nicht mehr über die Belange der Kinder austauschen wollte, fand ich befremdlich. Denn damit grenzte sich Mark unweigerlich von deren Alltag ab. Wenigstens konnten aber die Konflikte zwischen uns auf diese Weise nicht zu sehr hochkochen.

Außerdem verhielten sich Abgrenzer geradliniger als eine weitere verbreitete Echsenspezies – die Kontrollettis. Die konnten nicht loslassen und mischten sich auch nach der Trennung unentwegt ins Leben des Expartners ein. Angeblich, weil sie modern und souverän mit der Trennungssituation umgingen. In Wahrheit ging es ihnen aber nur darum, weiterhin im Spiel zu bleiben. Zum einen aus Angst vor einem Kontrollverlust und zum anderen auch aus Angst davor, dass sich Türen schließen und ihnen ein mögliches Revival der Beziehung verbauen könnten.

Als Sven zurückkam, hatte er zwei Speisekarten in der

Hand und einen Kellner im Schlepptau, der unsere Bestellung aufnahm.

Anschließend berichtete er, dass er gar kein Sorgerecht für Nele hatte. Da Sven und Inka nicht verheiratet gewesen waren, hätte er das nach Neles Geburt gesondert beantragen müssen. Naiverweise war er damals aber davon ausgegangen, das Sorgerecht ginge mit seiner Anerkennung der Vaterschaft einher.

Sein Anwalt hatte Sven jedoch erklärt, dass Nele zwar theoretisch ein Recht auf Umgang mit Vater *und* Mutter hatte. Doch in der Realität behandelten die Gerichte Väter ohne Sorgerecht oft nur als die Erzeuger ihrer Kinder. Sie ignorierten sogar den Europäischen Gerichtshof für Menschenrechte, der die Benachteiligung lediger Väter in Deutschland bei der Vergabe des Sorgerechts als Diskriminierung verurteilt hatte. Insofern war Sven auf die Zustimmung seiner Exfreundin angewiesen, wenn er seine Tochter weiterhin sehen wollte.

Da ich wusste, wie kompliziert es für Väter ohne Sorgerecht war, gegen den Willen der Mutter Kontakt zu ihrem Kind zu halten, fiel es mir schwer, aufbauende Worte für Sven zu finden. Kürzlich erst hatte mir mein alleinstehender Nachbar Christian erzählt, er hätte seine Tochter seit mehr als vier Jahren nicht mehr zu Gesicht bekommen. Als »entsorgter Vater« war er sogar vor Gericht gezogen, um Kontakt zu seiner Tochter halten zu dürfen, doch ohne Erfolg. Die Eskalation in Christians Streitfall ähnelte vielen anderen Fällen, in denen Vätern der Kontakt zu ihrem Kind oder ihren Kindern per Gerichtsbeschluss untersagt worden war und war wie folgt abgelaufen: Als Christians Tochter drei Jahre alt war, trennte er sich von seiner Freundin, die ihm daraufhin den Kontakt zur Tochter verwehrte. Christian versuchte erst friedlich, dann über einen Anwalt, sich mit seiner Exfreundin über ein Umgangsrecht mit dem Kind zu einigen. Weil seine Versuche scheiterten, zog er vors Amtsgericht, wo es wegen Überlastung erst ein Dreivierteljahr später zur Verhandlung kam. Da seine Exfreundin ihn vor Gericht der Pädophilie bezichtigte und es dafür zwar keine Beweise gab, Christian aber auch nichts in der Hand hatte, um den Verdacht auszuräumen, beschloss der Richter für Christian ein begleitetes Umgangsrecht mit seiner Tochter: Auf neutralem Boden im Beisein einer Sozialarbeiterin. Christian fand es zwar absurd, seine Tochter nur einmal im Monat für drei Stunden zusammen mit einer Sozialarbeiterin sehen zu dürfen, erhoffte sich darüber aber eine schrittweise Entspannung der Situation. Doch schon das erste geplante Treffen sagte seine Exfreundin kurz vorher ab und ging stattdessen gerichtlich in Berufung; wegen der Überlastung der Gerichte fand die neue Verhandlung wiederum erst zehn Monate später statt: Die neue Richterin bestätigte den Beschluss der ersten Verhandlung.

Als Christian seine mittlerweile fünfjährige Tochter erstmals nach knapp zwei Jahren unter Beisein einer Sozialarbeiterin wiedersah, trat die Kleine ihm gegenüber dementsprechend scheu auf. Christians Exfreundin beauftragte daraufhin eine Psychologin mit einem Gutachten, da sie der Meinung war, das Treffen mit dem Vater habe die Tochter verstört, und sein Umgang täte ihr nicht gut. Die Psychologin kam zu dem Schluss, dass die Tochter wegen der Auseinandersetzung der Eltern in einen Loyalitätskonflikt geraten war, der ihr in der Tat nicht guttäte. Und dass es insofern das Beste für das Kind war, wenn es den Vater nicht mehr treffen würde. Das Gericht, vor das Christians Expartnerin erneut zog, unterstützte jetzt die Empfehlung der Psychologin. Seine Hoffnung, an der Situation könnte sich noch etwas ändern, hatte Christian inzwischen aufgegeben.

Mich hatte Christians Geschichte schockiert. Frauen, die die Väter ihrer Kinder ausgrenzten, konnte ich nur verstehen, wenn die Gefahr bestand, die Männer könnten den Kindern etwas antun. Soweit ich wusste, war das in vielen Streitereien um das Umgangsrecht aber nicht der Fall. Stattdessen wurden die Männer-Entsorger-Mütter zum einen von ihren Rachegelüsten angetrieben und zum anderen von einer Hybris. Letztere verleitete sie zu dem Irrglauben, nur sie selbst seien in der Lage, ihr Kind beziehungsweise ihre Kinder angemessen zu erziehen.

Abschließend riet ich Sven, nicht zu vehement auf sein Recht zu pochen, um Inka nicht noch mehr gegen sich aufzubringen. Denn bestimmt hätte sie jedes Mal ein schlechtes Gewissen, wenn Nele nach ihm fragte. Und die notwendige Härte für ein dauerhaftes Kontaktverbot zwischen Vater und Tochter würde sie nur entwickeln können, wenn ihre Aggressionen gegen Sven stärker waren als die Liebe zu der Tochter.

Sven bedankte sich für mein Mitgefühl. Wir verabschiedeten uns, und er versprach, mich auf dem Laufenden zu halten.

Während der nächsten Tage fieberte ich meinem Wiedersehen mit Jesco entgegen.

»*St. Gaudy, gleiche zeit wie immer?*«, erreichte mich endlich – ich saß noch bei der Fortbildung – am Morgen seiner Rückkehr eine SMS von ihm.

»*Freu mich, bis später*«, schrieb ich zurück. Gleich nach Unterrichtsschluss machte ich mich auf den Weg ins *St. Gaudy*.

Schon als ich Jesco von Weitem auf einem Sofa im hinteren Raum entdeckte, ahnte ich, dass etwas nicht stimmte. Dass er mich mit einem flüchtigen Kuss auf die Wange und nicht mit einem innigen auf den Mund begrüßte, bestätigte meine miese Vorahnung.

»Ich hab in Amerika über uns nachgedacht«, begann er ohne Umschweife, und seine Stimme klang distanziert und tonlos, »und ich denke, es ist besser, wenn wir uns trennen.«

»Was?«

Schockiert sah ich Jesco an: Machte er vielleicht einen schlechten Witz? Doch er wirkte ernst und entschlossen.

»Es liegt nicht an deinen Kindern, falls du das jetzt glaubst, wirklich nicht, du hast tolle Kinder, und eigentlich liegt es auch nicht an dir.«

Ich konnte es kaum glauben. Vor wenigen Tagen hatten wir gemeinsame Ferien geplant und eine leidenschaftliche Nacht miteinander erlebt, und jetzt fuhr er die Beziehung von hundert auf null runter?

»Woran liegt's denn dann?«

Ich wollte energisch klingen, doch die Worte kamen nur zittrig über meine Lippen.

»Letztendlich hat deine Weihnachtsdekoration mir die Augen geöffnet.«

»Meine Weihnachtsdekoration?«

Ich glaubte, mich verhört zu haben. Männer hatten mir in meinem Leben schon vieles vorgeworfen, und einiges sicher zu Recht: Als zu eifersüchtig und besitzergreifend hatten mich einige empfunden, andere nannten mich eigensinnig, fühlten sich von mir provoziert oder unterstellten mir Gier nach stetiger Bewunderung.

Auch hatte ich über Freundinnen von vielen Gründen gehört, aus denen Männer Beziehungen beendeten: Die einen monierten zu wenig Sex, die nächsten verliebten sich neu oder waren von der Dauernörgelei ihrer Freundinnen frustriert; wieder andere empfanden das Maß an Geben und Nehmen als unausgeglichen.

Noch nie aber war mir zu Ohren gekommen, dass eine

Weihnachtsdekoration zum Aus einer Beziehung geführt hatte. Ich besann mich auf eine Erklärung, die näher lag, und fragte Jesco, ob er noch sauer war wegen meiner Überreaktion auf Marks vermeintlichen Unfall. Jesco verneinte das ebenso wie meine nächste Frage, ob er eine andere Frau kennengelernt hatte.

Meine Weihnachtsdekoration, erklärte er stattdessen, hätte ihm plakativ vor Augen geführt, wie verschieden unsere Lebenskonzepte waren. Dass unsere Beziehung in zwei Alltagsbereichen ankommen konnte, in denen es eine Schnittmenge gab, bezweifelte er. Theoretisch, fuhr er fort, hätte er kein Problem damit gehabt, mit einer Frau mit Kindern zusammen zu sein. Doch das war vor dem Praxistest gewesen.

»Und klar«, beendete er seine Erklärung, »könnten wir weiter versuchen, passend zu machen, was nicht zusammenpasst. Das wäre aber Energie und Zeitverschwendung. Früher oder später würden wir uns gegenseitig unglücklich machen, weil die Leben, die wir führen, zu verschieden sind.«

Mir schwirrte der Kopf, und ich konnte keinen klaren Gedanken mehr fassen. Mein ganzer Körper begann zu zittern, und am liebsten hätte ich laut geschrien oder mich übergeben. Mit aller Kraft zwang ich mich, mir die grüne Wiese im Sonnenschein meiner autogenen Entspannungs-CD vorzustellen, und hoffte, dieses innere Bild würde mir helfen, wenigstens nicht loszuheulen. Gleichzeitig wurde ich auch wütend.

»Ich habe viel zu viel in dich hineinprojiziert«, warf ich Jesco an den Kopf, »außerdem bildest du dir nur ein, intensiver zu leben als andere. In Wahrheit bist du hedonistisch und feige und haust ab, sobald es kompliziert wird! Es ist genau wie mit deinen Rahmen: Du bist das Drumherum von dem, was andere Leute schaffen.«

Ich stand auf und rannte raus auf die Straße, ohne mich

nochmals umzudrehen. Zwei Häuserblocks weiter blieb ich atemlos stehen und konnte mein Losheulen nicht länger verhindern. Die letzten zehn Minuten, länger hatte das Treffen mit Jesco nicht gedauert, kamen mir vor wie ein Albtraum, aus dem ich jeden Moment erwachen musste.

Plötzlich summte mein Handy.

Jesco!, dachte ich sofort und kramte hektisch in meinem Handtaschenchaos nach dem Telefon. Vielleicht bereut er schon, was er getan hat, klammerte ich mich an den letzten Funken Hoffnung, oder er wollte nur testen, wie ich reagiere.

Die SMS kam aber nicht von Jesco, sondern von Mark.

»Geht klar«, stand darin, *»ich übernehme die kinder an weihnachten.«*

Meine Gedanken und Gefühle wirbelten hysterisch durcheinander, als ich nach Hause ging. Mir war schwindelig, und es kam mir vor, als würde ich in ein tiefes, schwarzes Loch fallen oder wahnsinnig werden.

Als ich mich von Mark trennte, konnte ich mich vorab mit dem Ende der Beziehung auseinandersetzen, sodass sich das endgültige Aus anfühlte, als wäre ein schwer kranker Mensch gestorben, der einem nahe stand. Die Trennung von Jesco war dagegen wie ein Unfalltod, der mich kalt von hinten erwischte. Zum Glück hatte ich Jescos und meine Liebesbeziehung wenigstens vor den Kindern geheim gehalten und musste sie jetzt nicht schon wieder mit einer Trennungssituation konfrontieren.

Ich sah auf die Uhr. Da es mir unmöglich schien, die Kinder abzuholen und so zu tun, als wäre nichts geschehen, rief ich Natalia an. Die konnte zum Glück spontan einspringen und versprach mir, die Kinder aus dem Hort und der Kita mitzunehmen und sie bis in den Abend hinein zu betreuen.

Anschließend rief ich Cosima an. Dringend wie lange nicht mehr sehnte ich mich nach einer Freundin, die unterstützend für mich da sein und mich wieder aufbauen würde. Cosimas Mailbox sprang an, und ich bat sie um Rückruf, möglichst bald.

Ich versuchte Anouk zu erreichen, doch auch sie ging nicht ans Telefon. Typisch, dachte ich, in solchen Momenten ist nie jemand da.

Ich machte kehrt und ging zu Anouks Laden, wo ich zu meinem Erstaunen eine Aushilfe antraf.

»Anouk arbeitet im Moment nicht, ihre Schwangerschaft macht Probleme«, erklärte sie mir. Weitere Auskünfte konnte sie mir aber nicht geben.

Beunruhigt rief ich Anouk nochmals an. Dieses Mal ging sie dran.

»Phyllis?«, sagte sie leise.

Im Hintergrund hörte ich pochende kardiotokographische Geräusche. Anouk bestätigte mir, dass sie an ein CTG-Gerät angeschlossen war, das ihre Wehentätigkeit und die Herzschlagfrequenz des Babys maß.

»Ich bin im Virchow-Krankenhaus und darf eigentlich nicht telefonieren. Ist was passiert? Zwei Anrufe von dir in zehn Minuten klingen dringend.«

»Nicht so wichtig. Ist mit dem Baby alles okay?«

Anouk erzählte, sie hätte in der vergangenen Nacht Wehen gehabt und müsste im Krankenhaus bleiben, um möglichst viel zu liegen. Da der Geburtstermin schon in sechs Wochen war, konnte aber nicht mehr viel passieren.

»Mist, das tut mir leid. Kann ich was für dich tun?«

»Danke, aber Tim hat alles gut organisiert. Und jetzt schieß los, du klingst nicht gut.«

»Doch, alles bestens«, log ich, um Anouk in ihrer Situation nicht auch noch mit meinem Liebeskummer zu belasten. »Ich hab mir nur Sorgen gemacht, weil du nicht im Laden warst.«

Ich versprach Anouk, sie bald im Krankenhaus zu besuchen, und beendete das Gespräch.

Auf dem Nachhauseweg überlegte ich, welcher Freundin ich mich sonst anvertrauen könnte. Claire mit ihrer impulsiven Art schied aus. Es hätte mir zwar gutgetan, wenn sie sich stellvertretend für mich über Jesco aufgeregt und sein Verhalten bestimmt noch drastischer verurteilt hätte als ich selbst. Doch traute ich ihr glatt zu, dass sie ihn aus Frauensolidarität hinter meinem Rücken anrufen und beschimpfen und damit über das Ziel hinausschießen würde.

Das Risiko, mich einer weniger vertrauten Freundin zu öffnen, deren Reaktion ich nicht einschätzen konnte, wollte ich nicht eingehen. Vielleicht tat ich einigen von ihnen Unrecht, und sie hätten mich mit aufrichtiger Anteilnahme überrascht. Doch erinnerte ich mich noch gut an frühere Liebeskummerzeiten, in denen ich mich nach Gesprächen mit Frauen, die ich bis dahin für Freundinnen gehalten hatte, noch schlechter gefühlt hatte als davor. Es gab:

- die *Männerhasserin*, die sich mit der Kampfansage »Alle Männer sind Schweine« brüstet und auf den Song der *Ärzte* verweist: *Männer sind Ratten – linke Schweine, fiese Schweine. Begegne ihnen nur mit List – eklige Schweine, fiese Schweine. Sie wollen alles begatten – stinkende Schweine, linke Schweine …* Klagt man der Männerhasserin sein Liebesleid, antwortet sie: »Der hat dich nicht verdient« oder: »Sei doch froh, dass du das Arschloch endlich los bist«. Wobei sie manchmal kurzfristig ihre Meinung ändert und selbst was mit dem Typen anfängt;

- die *Männersolidarin,* die einem ein schlechtes Gewissen macht, indem sie die eigenen Fehltritte vor Augen hält. Die Männersolidarin neigt zu Sprüchen wie: »Kein Wunder, dass der Typ weg ist, so schlecht, wie du ihn behandelt hast« oder: »Es wird höchste Zeit, dass du aus deinen Fehlern lernst«;
- die *Schadenfreudige,* die insgeheim schon immer neidisch auf einen war und die Gunst der Stunde für sich gekommen sieht. Mit kaum verhohlener sadistischer Genugtuung haut sie direkt in die Kerbe und sagt: »Der Rückschlag tut dir mal ganz gut« oder: »Warum suchst du dir auch immer wieder den Falschen aus?« beziehungsweise: »Ich sag's ja immer: Augen auf bei der Partnerwahl«;
- die *Pseudopragmatische,* die das Lied von Siw Malmkvist trällert: »Liebeskummer lohnt sich nicht, *my darling,* schade um die Tränen in der Nacht …« und dazu lahme Plattitüden absondert wie: »Du musst jetzt nach vorn sehen«; »Was einen nicht umbringt, macht einen stärker«; »Es gibt noch andere Männer auf der Welt« oder »Mach dir nichts draus, *c'est la vie*«;
- die *Über-den-Dingen-Stehende,* die in ihrem Leben gerade intensiv mit etwas anderem beschäftigt ist als Männern. Dabei muss es nicht zwingend um Kinderbelange, etwas Berufliches oder den Tod eines nahen Verwandten gehen. Oft lässt schon die diffizile Suche nach einem neuen Outfit die Über-den-Dingen-Stehende gelangweilt die Augen verdrehen und fragen: »Warum beschäftigst du dich mal nicht mit was Sinnvollerem als mit Männern?«;
- die *Bhuddisma,* die einen mit Belehrungen darüber quält, dass man seine Bedürftigkeit nicht von anderen stillen lassen darf. Auch darf man laut der Bhuddisma sein Glück nicht von einem Mann abhängig machen. Im Ge-

genteil soll man sich über die Zeiten des Alleinseins freuen, da diese einem Gelegenheit geben, sich wieder mal selbst zu spüren. »Nur wenn du in dir selbst ruhst und dich so annimmst und liebst, wie du bist, kannst du eine erfüllte Beziehung leben«, propagiert die Bhuddisma selbst dann, wenn ihr das in ihrem eigenen Leben nicht gelingt. Alternativ rät sie einem, das Alleinsein zu nutzen, um etwas für sich selbst zu tun, und propagiert: »Erlerne eine neue Sprache, eine neue Sportart oder meditiere und öffne dem göttlichen Bewusstsein die Türen!«;

- die *Yin-Yanglerin*, die einen dazu anhält, das Glas als halb voll zu betrachten. Sehnsuchtsvoll parliert sie darüber, wie gern sie die Rollen tauschen und einem den Liebeskummer abnehmen würde. Das meint sie ganz ernst. Die Yin-Yanglerin würde nämlich alles dafür geben, um wieder starke Gefühle zu empfinden, selbst wenn sie schmerzhaft sind. Denn sie beneidet jeden, der sich noch lebendig fühlt. Dieser Prototyp tritt am häufigsten unter verheirateten Frauen auf.

Als ich nach Hause kam – und mich nicht lebendig fühlte, sondern schwer krank –, gab es doch jemanden, der mich sehnsüchtig erwartete: Clooney. Er schien zu spüren, wie schlecht es mir ging, denn er schmiegte sich an meine Beine. Ich legte mich aufs Sofa, stellte den Fernseher an und hoffte auf einen Film, der mich aus der Realität fliehen ließ. Doch vergebens. Entnervt schaltete ich den Fernseher wieder aus und versuchte zu schlafen. Doch sobald ich die Augen schloss, schossen mir Bilder von Jesco und mir in den Kopf. Wie am dramaturgischen Tiefpunkt eines Hollywoodschinkens liefen melancholische und sehnsuchtsvolle Slow-Motion-Bilder unserer vergangenen Liebe vor meinem geistigen Auge ab und mischten sich mit wirren Gefühlen der Leere und Enttäuschung.

Ich riss mich zusammen, zog mir Laufklamotten an, nahm Clooney an die Leine, versteckte für Natalia den Wohnungsschlüssel am vereinbarten Ort und fuhr zum Joggen in den Volkspark Friedrichshain. Doch auch dieser Ablenkungsplan scheiterte, da sich Clooney nicht einmal durch Leckerlis davon überzeugen ließ, als einziger Stadthund im matschigen Dezemberschneeregen durch einen Park zu laufen.

Zurück im Auto fuhr ich ziellos um die Häuserblocks vom Prenzlauer Berg. Die Geräusche des stärker werdenden Eisregens beruhigten mich etwas. Ich zwang mich, aus meinem Gedankenkarussell auszubrechen und die Perspektive meiner resoluten Großtante Hella einzunehmen.

»Du bist selbst schuld!«, hätte sie mich dafür gerügt, dass ich nicht viel früher auf Abstand zu Jesco gegangen war.

»Spätestens, als du herausgefunden hast, dass er zu den Zwei-Jahres-Beziehungs-Männern gehört, hättest du dich nicht tiefer auf ihn einlassen dürfen«, hätte sie mich außerdem gescholten und recht gehabt: Meine frische Verknalltheit hätte ich mir noch ausreden können. Doch anstatt vorsichtig zu sein, hatte ich mich blind in meinen Liebesrausch gestürzt. Obendrein hatte ich mir Jescos früheres Beziehungsverhalten damit schöngeredet, dass seine Exfreundinnen wenigstens unterschiedlichen Alters gewesen waren. Der klassische Zwei-Jahres-Beziehungs-Mann hingegen reißt zeit seines Lebens immer wieder sechsundzwanzigjährige Frauen auf, die er zwei Jahre später in ihr eigenes Leben zurückentlässt.

Bestimmt hätte es Hella auch nicht verstanden, wie ich a) mir einbilden konnte, die Gefühle zwischen Jesco und mir seien so einzigartig gewesen, dass unsere Beziehung anders ablaufen würde als seine bisherigen, und warum ich

b) die Polung meines inneren Kompasses nicht mal hinterfragt hatte.

In Punkt a) hätte ich Hella jedoch widersprochen. Jescos und meine Beziehung war wirklich anders verlaufen als seine vorherigen. Er hatte mich nicht nach zwei Jahren verlassen, sondern nach viereinhalb Monaten.

Das Klingeln meines Handys riss mich aus meinen Gedanken.

»Cosima«, rief ich erleichtert und skizzierte ihr, was geschehen war.

Eine halbe Stunde später trafen wir uns in ihrer Wohnung.

»Du siehst besser aus, als ich dachte.«

Cosima nahm mich in den Arm.

»Danke, aber mir geht's echt beschissen, ich hatte vergessen, wie weh das tut.«

»Ist doch klar. Deine letzte Trennung liegt ja schon über ein halbes Jahr zurück.«

Meine Stimmung hellte sich kurz auf. Wenn es etwas gab, das mir in jeder Lebenssituation half, war es Cosimas Humor.

»Erinnerst du dich noch an den Uni-Dozenten, der mich vor fünfzehn Jahren abgesägt hat?«, fuhr sie fort.

»Meinst du den, der gesagt hat, du hättest jemand Besseren verdient als ihn?

Cosima nickte. »Damals hast du mir geraten, nicht zurückzublicken, sondern konsequent die bewährten Exlover-Verdrängungsmechanismen zu befolgen, die da waren: Erstens: Frage dich nie, warum ein Mann dich nicht will, denn Spekulationen führen zu nichts. Kennst du den Grund, nimm ihn hin und versuche bloß nicht, um einen Ex zu kämpfen, oder anders ausgedrückt, um ihn zu betteln; zweitens: Verbiete dir die bildliche Vorstellung deines Exlovers mit einer anderen

Frau im Bett. Rede dir stattdessen ein, er sei gleich nach der Beziehung mit dir impotent geworden und hätte nie wieder eine Freundin gefunden; drittens: Meide die Orte, an denen du deinem Ex begegnen und hinsichtlich Punkt zwei eines Besseren belehrt werden könntest. Halte dich so lang daran, bis du dem nächsten Mann verfallen bist.«

Mir fiel der Zettel ein, auf den ich nach der endgültigen Trennung von Mark »radikale Akzeptanz« geschrieben hatte. Cosima hatte recht: Es war an der Zeit, ihn wieder aus der Schublade zu kramen.

»Außerdem«, sagte meine Freundin und zog einen Umschlag aus der Tasche, »hast du mir damals einen Brief geschrieben.«

Sie reichte mir einen Briefbogen, und ich begann zu lesen:

Liebe Cosima,
die Liebeskrankheit – morbus ex amore *– ist eine mephistophelische Zivilisations-, Autoimmun- und Suchterkrankung. Sie verändert den Charakter der Patienten und kann im Extremfall zu psychosomatischen, multiplen Dysfunktionen ihrer inneren Organe führen oder suizidal tödlich enden. Nach einem Überleben der Krankheit liegt die Rezidivquote bei neunundneunzig Prozent.*
Morbus ex amore *beginnt mit einer hormonellen Fehlleitung, die zu einem gegenseitigen Abhängigkeitsverhältnis von zwei Patienten führt. Der Volksmund romantisiert das Anfangsstadium mit dem Begriff »glücklich verliebt«. Zu den diagnostischen Merkmalen des Zustands zählen: stark durchblutete Wangen, Schlaflosigkeit, Wahrnehmungsstörungen, hoher Harndrang, nervöse Zuckungen.*
Schreitet die Krankheit fort, zerstört das körpereigene Immunsystem die fehlgeleiteten Hormone. In wenigen Ausnahmefällen

kann es jetzt zu einer Spontanheilung kommen, die gemeinhin mit »erfüllter Partnerschaft« umschrieben wird.
In den meisten Fällen verläuft die Krankheit jedoch tückisch und nimmt in einer der folgenden Varianten ihren Lauf:

a) Zwei Patienten im gegenseitigen Abhängigkeitsverhältnis machen sich gegenseitig das Leben zur Hölle, was sich symptomatisch in Wutanfällen, Aggressionsschüben und sogenannten Notlügen äußert. Gelingt es den Patienten trotzdem nicht, ihr Abhängigkeitsverhältnis zu beenden, spricht man vom morbus-ex-amore-masochisticus.
b) Ein Patient beendet sein bestehendes Abhängigkeitsverhältnis, weil er sich gegen seinen unbezwingbaren Drang nach Autonomie und Freiheit nicht länger zu wehren vermag. Da in den meisten dieser Fälle die Begegnung mit einem anderen Infektionsherd zu einer neuen hormonellen Fehlleitung führt, spricht man hier vom morbus-ex-amore-chronicus.
c) Das Abhängigkeitsverhältnis eines Patienten löst sich gegen seinen Willen auf, was dazu führt, dass sich der Patient nach seinem einstigen Gegenpart zurücksehnt. Diagnostiziert wird dieser Verlauf daran, dass sich der Patient nur an die schönen Momente mit seinem früheren Gegenpart erinnert. Eine Arznei zur Abhilfe seiner Qualen existiert nicht. Zur Linderung seiner Schmerzen können lediglich Alkohol, Schokolade oder aurasomatische Heilquellen aus der Esoterikschublade eingesetzt werden – man spricht vom morbus-ex-amore-tragicus.

»Und so was hebst du auf?«, fragte ich, nachdem ich die Zeilen überflogen hatte.

»Klar. Dein Brief hat mir damals mehr geholfen als alles andere, und offenbar hilft er jetzt auch dir. Du siehst schon viel fröhlicher aus als vor zehn Minuten.«

Der Spruch »Männer kommen und gehen, wahre Freundinnen bleiben«, kam mir in den Sinn, und ich war dankbar, das selbst zu erleben.

Ich wechselte das Thema.

»Hast du Tom eigentlich wiedergesehen?«

»Ja, aber da gibt's nichts zu berichten. Wir haben uns mal auf 'nen Kaffee getroffen. Es war ganz nett.«

Ich glaubte Cosima kein Wort. Bestimmt wollte sie mir die Wahrheit nur nicht erzählen, weil *morbus-ex-amore-tragicus*-Patienten Berichte über *morbus-ex-amore*-Anfangsstadien als qualvoll empfinden.

»Du brauchst mich nicht zu schonen«, sagte ich deshalb. »Und jetzt die ganze Wahrheit.«

»Okay.«

Cosima konnte ihr Strahlen nicht länger verbergen und erzählte mir, dass sie Tom vor ein paar Tagen in einer Bar getroffen hatte. Dort war sie gar nicht erst dazu gekommen, ihn mit den Themen zu beeindrucken, die sie sich vorher zurechtgelegt hatte, da er sie noch vor dem »Hallo« leidenschaftlich küsste. Zehn Minuten später saßen sie in einem Taxi und fuhren in seine Wohnung. Das Gefühl, mit Tom zu schlafen, beschrieb Cosima als so intergalaktisch, dass es zu einer epochalen Wende in ihrem Gefühlsleben geführt hatte.

Ich gratulierte Cosima und wollte wissen, welche Ausrede sie Matthias aufgetischt hatte.

»Offiziell war ich in der Philharmonie. Matthias mag keine Klassik, da will er nie mit hin.«

»Ist ja praktisch.«

Alternativ bot ich ihr für die Zukunft auch angebliche Treffen mit mir als Alibi an. Ähnliche Alibi-Aufträge kamen bestimmt noch öfter auf mich zu. Eine Singlefreundin hatte mir kürzlich erst erzählt, dass sie aus den vielen Alibis, die sie

Freundinnen gab, ein Geschäft machen könnte. Um Anschlussfehler zu vermeiden, hatte sie sich sogar einen separaten Kalender angelegt, in dem sie vermerkte, wann sie offiziell mit welcher liierten Freundin angeblich wohin gegangen war beziehungsweise gehen würde.

Cosima freute sich über das Angebot und buchte mich gleich für den nächsten Abend. Als wir hörten, wie die Wohnungstür aufging und Matthias mit den Kindern nach Hause kam, verabschiedete ich mich und dankte ihr für ihre Unterstützung, durch die mein emotionaler Pegelstand um mindestens zwei Skalanoten in die Höhe geklettert war.

Da ich noch keine Lust hatte, nach Hause zu gehen, und Natalia mir gesimst hatte, dass mit den Kindern alles gut war, fuhr ich bei Anouk im Virchow-Krankenhaus vorbei. Ich vermutete, dass sie am Telefon fröhlicher getan hatte, als ihr zumute war, und die verordnete Bettruhe in Wahrheit kaum aushielt. Doch Anouk, die allein im Zimmer lag, seit ihre Bettnachbarin entlassen worden war, war tatsächlich bester Dinge und genoss es geradezu, ein paar Tage Zeit für sich zu haben und alle Bücher lesen zu können, die sich jahrelang auf ihrem Nachttisch angesammelt hatten.

»Spätestens nächste Woche geh ich wieder nach Hause«, sagte sie.

Laut Aussage des Oberarztes war das Baby dann so weit entwickelt, dass es ohne Risiko auch früher auf die Welt kommen könnte.

»Und sonst? Gibt's was Neues?«

Ich berichtete ihr knapp, wie Jesco mit mir Schluss gemacht hatte.

»Ich will aber nicht mehr drüber reden«, fügte ich hinzu, um ein erneutes Hochkochen meiner Gefühle zu verhindern.

»Verstehe«, sagte Anouk und respektierte meine Bitte.

Pragmatisch fragte sie mich stattdessen, was ich angesichts der neuen Situation an Weihnachten vorhatte.

»Noch ein schlechtes Thema«, antwortete ich, denn meine Aussichten für die Feiertage hätten deprimierender nicht sein können: Dass die Kinder mit Mark wegfahren würden, war nicht mehr zu ändern. Marks Eltern würden aus Singapur kommen und gemeinsam mit ihnen Weihnachten auf einer bayerischen Berghütte feiern. Cosima fiel als weihnachtlicher Zufluchtsort auch aus, da sie wie jedes Jahr zu Matthias' Familie in die Nähe von Kiel aufs Land fahren würde. Und die Last-Minute-Flucht in den Süden kam am wenigsten infrage. Dort hätte mich erst recht alles an Jesco erinnert, weil ich eigentlich mit ihm gemeinsam hatte verreisen wollen.

»Du kannst zu uns kommen«, sagte Anouk, »bei uns ist Heiligabend immer Open House. Jeder kann kommen und gehen, wie er will.«

Ich dankte ihr für die Einladung und bot an, bei den Vorbereitungen zu helfen.

Eine Krankenschwester steckte ihren Kopf zur Tür herein und wies uns auf das Ende der Besuchszeit hin.

»Ach, und Phyllis«, fuhr Anouk fort, »du weißt, dass man einen Mann am schnellsten durch einen anderen Mann vergisst, oder?«

Typisch Anouk, dachte ich, als ich meine Freundin zum Abschied umarmte und ihr klarmachte, dass ich momentan eher ins Kloster gehen würde, als mich nach einem anderen Mann umzusehen.

9

In den nächsten Tagen schleppte ich mich gequält durch den Alltag und verfluchte die dichter werdende Schneedecke, den Duft von Kaminfeuern und die sinnlichen Lichter, die meine romantischen Sehnsüchte schürten.

Wider alle Vernunft kam ich nicht gegen die Hoffnung an, Jesco könnte es sich doch noch mal anders überlegen. Bei jedem Handyklingeln zuckte ich zusammen und kramte unter Herzklopfen nach dem Telefon, um dann enttäuscht festzustellen, dass jemand anders dran war. Gleichzeitig ärgerte ich mich über mich selbst, weil es mir nicht gelang, mich der Realität zu stellen. Ein paar Mal bildete ich mir sogar ein, Jesco auf der Straße zu sehen. Doch natürlich war es immer ein Fremder.

Hinzu kam, dass ich mich dabei ertappte, wie unfair ich mich den Kindern gegenüber verhielt. Kaum hatten sie ein Wehwehchen, quengelten oder kippten aus Versehen ihren Kakao um, fuhr ich aus der Haut. Meine Nerven lagen derart blank, dass mir keine Kraft mehr blieb für die Kleinen. Von daher graute mir auch vor dem nächsten Wochenende, an dem ich mich nicht achtundvierzig Stunden ins Bett legen und mich meinem Kummer hingeben konnte, sondern stattdessen gemeinsam mit den Kindern ein Lebkuchenhaus backen und »Klingglöckchen, klingelingeling« hören musste.

Vielleicht, überlegte ich eines Nachts, als ich wieder mal wach lag, sollte ich Anouks Ratschlag »Einen Mann vergisst man am schnellsten durch einen anderen Mann« doch beherzigen. Als geeigneter Kandidat fiel mir Sven ein, da er mir vertraut war und sich in einer ähnlichen Lebenssituation befand wie ich. Mit ihm hätte ich nicht die Probleme, die ich mit Jesco hatte, da es für Sven ebenso selbstverständlich sein würde, dass Lorenz und die Zwillinge bei mir an erster Stelle kamen, wie mir klar sein würde, dass Nele seine Nummer eins war.

Sven würde es mir auch nicht übel nehmen, wenn ich wegen eines wichtigen Klassentreffens meines Sohnes nicht verreisen konnte. Und garantiert würde er nicht von mir fordern, den Tannenbaum in die Wüste zu verpflanzen. Als starke Patchworkfront könnten wir Angriffe von außen abschmettern und uns gegenseitig unterstützen, wenn unsere Expartner uns wieder einmal quälten.

Meine Überlegung hatte jedoch zwei Haken. Erstens war Sven bei unserer letzten Begegnung mit dem *Hot-Shot* Julia liiert. Zweitens hatte ich mich zuletzt vor rund fünfzehn Jahren, als wir ein Liebespaar waren, körperlich zu ihm hingezogen gefühlt, und auch Sven machte nicht den Eindruck, als würde er mich noch begehren. Doch vielleicht könnte ich mich gedanklich manipulieren und umpolen? Die Leggins, die ich vor fünfzehn Jahren schön gefunden hatte und dann lange nicht mehr, gefielen mir ja inzwischen auch wieder. Und warum sollte Sven mich nicht auch wieder attraktiv finden, wenn ich ihm erst die richtigen Signale sendete?

Ich erinnerte mich an ein Buch über aktive Autosuggestion. Darin wurde behauptet, dass man sich durch das ständige Aufsagen des Mantras: »Mir geht es mit jedem Tag immer besser und besser« von vielen Leiden befreien konnte. Falls das stimmte, müsste das bei dem Satz »Ich finde Sven mit jedem Tag immer attraktiver und attraktiver« auch funktionieren. Ich beschloss, dass es einen Versuch wert war, und rief Sven gleich am nächsten Morgen an.

»Ich hab gerade an dich gedacht«, sagte er erfreut und berichtete mir, dass Nele ihn zum ersten Mal seit Langem besuchte. Die Situation mit seiner Ex hatte sich glücklicherweise wieder etwas entspannt.

»Nele fragt oft nach Maya und Fanny und würde sie gern treffen. Habt ihr nachmittags Zeit?«

»Das passt gut«, entgegnete ich und schlug den Weihnachtsmarkt in der Kulturbrauerei als Treffpunkt vor.

In den sechs Höfen des unter Denkmalschutz stehenden Bauensembles herrschte reges Treiben, als Sven, die vier Kinder und ich sie betraten, und der unter skandinavischem Motto stehende Markt war in vollem Gang.

Während wir durch die Gassen zwischen den Holzständen schlenderten und uns die nostalgischen Waren ansahen, schielte ich immer wieder zu Sven und vergegenwärtigte mir mein Mantra: »Ich finde Sven mit jedem Tag immer attraktiver und attraktiver«. Dazu bemühte ich mich nach Kräften, meine vor vielen Jahren erloschenen Verliebtheitsgefühle für ihn zu reaktivieren. Das gelang mir zwar nicht, doch tröstete ich mich damit, dass ich erst am Anfang meines Vorhabens stand.

Unter einem Heizstrahler ergatterten wir Plätze auf einer Bierbank und bestellten heiße Waffeln, Kinderpunsch und Glühwein.

»Wie läuft's denn mit Julia?«, fragte ich unverblümt.

»Gar nicht mehr, es ist aus.«

»Das tut mir leid«, sagte ich und mimte Betroffenheit, während ich innerlich jubelte: Das Timing war perfekt. Im Gegensatz zu mir schien Sven auch nicht so sehr an der Tatsache zu leiden *dass*, sondern vor allem *warum* Julia weg war: Sie hatte ihm auf den Kopf zugesagt, dass sie sich das Leben mit ihm aufregender vorgestellt hätte. Sein gesetteltes Dasein langweilte, und seine familiären Probleme nervten sie. Kurzum fand Julia Sven zu alt und sein Leben zu kompliziert. Für Sven war das wie ein Schlag ins Gesicht gewesen. Wie viele mittelalte Menschen fühlte er sich seinen Zeiten als Zwanzig- bis Dreißigjähriger nämlich noch ganz nah. Worüber die aktuellen Mittzwanziger nur milde lächeln konnten.

In den nächsten zwei Stunden hüpften wir mit den Kindern

auf Bungee-Trampolins, fuhren Kettenkarussell, ließen uns von Weihnachtsmännern Schokoladenherzen schenken, wärmten uns an einem Schwedenfeuer auf und aßen Zuckerwatte und Bratäpfel.

Gegen Abend verabschiedete sich Sven und hatte es plötzlich eilig, nach Hause zu kommen. Ich war enttäuscht. Dass ich insgeheim gehofft hatte, wir könnten uns gemeinsam in den Abend hineintreiben lassen und irgendwo eine Pizza essen gehen, behielt ich aber für mich.

»Wie lange bleibt Nele in Berlin, wollen wir uns morgen wiedersehen?«, fragte ich stattdessen möglichst beiläufig.

»Das wird schwierig. Um neun gehe ich zum Sunrise-Yoga. Die haben eine Kinderbetreuung, in die ich Nele gebe. Danach brechen wir gleich nach Hamburg auf.«

»Yoga? Das will ich schon seit Ewigkeiten wieder mal machen. Können wir mitkommen?«, rief ich mit so viel übertriebener Begeisterung, dass ich mich am liebsten selbst geohrfeigt hätte. Aufdringlicher ging's ja kaum.

»Warum nicht«, sagte Sven. »Es ist wirklich schön für die Kinder, wenn sie sich noch mal sehen. Warte, ich glaub, ich hab einen Flyer mit der Adresse dabei.«

Sven zog ein zerknittertes Stück farbige Pappe aus seiner Jackentasche und reichte es mir. *»HIP AND HOT«*, las ich darauf in großen Lettern.

Als ich am nächsten Morgen mit den Kindern in dem Yogacenter ankam, war Sven bereits im Sportoutfit. Er zeigte mir die Umkleide für Frauen und den Kinderbetreuungsraum, wo Nele sich schon auf meine Kinder freute.

Ich zog mich um, nahm mir eine Matte und folgte Sven in den Yogaraum. Urplötzlich fühlte ich mich einem Kreislaufkollaps nahe: Hier war es locker vierzig Grad heiß. Da draußen klirrende Kälte herrschte, musste mein Körper einen Temperaturunterschied von rund siebenundvierzig Grad verkraften. Jetzt erst begriff ich, dass das *»hot«* im Slogan nicht, wie ich angenommen hatte, »sexy« bedeutete, sondern wörtlich zu nehmen war.

»Die Hitze hier ist der Clou an der Sache«, raunte Sven mir zu. »Sie macht die Muskeln geschmeidiger, und außerdem entgiftet man dadurch besser.«

»Aha«, erwiderte ich skeptisch und setzte mich auf meine Matte.

Mandy, eine attraktive, junge Yogalehrerin mit New Yorker Akzent, läutete die Stunde mit einem lang gezogenen »Om« ein.

Unauffällig sah ich zu Sven und erkannte schlagartig, dass ich nicht hätte herkommen dürfen, denn die Schweißperlen auf seiner Stirn, die einzeln heruntertropften, ließen die Wörter meines Mantras Buchstabe für Buchstabe davonschwimmen.

Während ich mich bemühte, Mandys Anweisungen zur Durchführung der Sonnengrüße, Kriegerpositionen und anderen Haltungen zu befolgen, drehte ich mich noch mehrmals zu Sven um und versuchte ein letztes Mal, mir störrisch einzureden: »Ich finde Sven mit jedem Tag immer attraktiver und attraktiver.« Von der Realität hätte das jedoch nicht weiter entfernt sein können: Mit jedem Tropfen Schweiß fand ich Sven immer unattraktiver und unattraktiver.

Als Mandy schließlich zur Übung »Der Löwe« aufrief, warf ich das Sven-Wiedereinrede-Programm endgültig über Bord. Wie ein Irrer verdrehte er seine Augen, schielte auf den Punkt zwischen seinen Augenbrauen und streckte seine Zunge so weit aus dem Mund, dass er mit der Spitze sein Kinn hätte erreichen können. Dabei schüttelte er seinen Kopf, was die Haut seiner Wangenpartie schlabbern und seine Körperflüssigkeiten bis zu mir herüberspritzen ließ. Außerdem brüllte und schnaubte er bei jedem seiner Atemzüge so laut er konnte – wie ein Löwe eben.

Spätestens jetzt war klar, dass mich selbst die beste Hypnose der Welt nicht mehr dazu bringen könnte, jemals wieder mit Sven zu schlafen.

Es gibt einfach Bilder, die einem im Kopf bleiben und den Sex mit einem Menschen für immer unmöglich machen. So verbrachte ich vor meiner Ehe mal eine Nacht mit einem Mann, in den ich mich sehr verknallt fühlte. Als ich morgens aufwachte, lag er noch schlafend neben mir und nuckelte dabei am Daumen. Dazu machte er saugende Kleinkindgeräusche. Die Anziehung, die ich für ihn empfunden hatte, war von einer Sekunde auf die nächste wie weggeblasen, und unsere beginnende Liebesbeziehung blieb ein One-Night-Stand.

Nach der Yogastunde nahm ich mir eine Tasse indischen Tee und eine Scheibe Orange und stellte mich zu Sven. Der unterhielt sich gerade mit Mandy, die ihm gestand, lediglich zwei Jahre in New York gelebt zu haben – daher ihr Akzent –, eigentlich aber in Leipzig aufgewachsen zu sein. Anschließend drückte Mandy jedem Yogaschüler eine Werbebröschüre für ihren zehntägigen Yoga-Workshop »*Feel the power of God intense* für sinnliche spirituelle Abenteuer« auf den Malediven in die Hand. Sven schien sich für eine Teilnahme ernsthaft zu interessieren. Wobei ich mir nicht sicher war, was die sinnliche spirituelle Abenteuerlust in ihm hervorkitzelte: das Yoga oder Mandys beachtliche Brüste.

Als ich mich umzog, sah ich, wie meine Wimperntusche, die ich mir extra aufgetragen hatte, um Sven zu gefallen, in schwarzen dicken Balken unter meinen Augen verlaufen war. Ich holte die Kinder ab und wünschte Sven, der immer noch mit Mandy redete, schöne Feiertage. Hoffentlich, dachte ich, hatte ich mir durch mein entgiftendes Yogaerlebnis nicht nur Sven, sondern auch Jesco aus meinem System geschwitzt.

Kurz vor Weihnachten war der letzte Fortbildungstag vor den Ferien. Da Dexter, die anderen Teilnehmer und ich im Advent keinen passenden Termin für eine Weihnachtsfeier gefunden hatten, beschlossen wir, am sechsundzwanzigsten Dezember das Ende der Feiertage zu feiern.

Nach Unterrichtsschluss begleitete ich Dexter zu einem Stehimbiss um die Ecke. In den letzten Wochen hatten wir lediglich zwischen Tür und Angel miteinander geredet. Da Dexter neben seiner Dozententätigkeit einen projektbezogenen Auftrag für das Volkswagen Design Center in Potsdam angenommen hatte, war er zeitlich so stark beansprucht, dass er selbst Pausen am Fortbildungsinstitut zum Arbeiten nutzte.

Nachdem wir uns jeder eine Suppe und etwas zu trinken bestellt hatten, erkundigte ich mich nach Dexters Plänen für die Feiertage.

»Wir feiern alle zusammen«, sagte er und meinte damit sich, seine Kinder und Exfrau, deren Eltern, Geschwister, Nichten und Neffen.

»Freiwillig würde ich das nicht machen«, fuhr er fort.

Doch da seine Kinder es sich gewünscht hatten, ihn an Weihnachten mit dabeizuhaben, hatte er dem Plan schließlich zugestimmt.

»Und wie geht der Umbau voran?«, fragte ich weiter.

»Frag besser nicht«, sagte Dexter und schilderte mir die Situation: Da der von mir empfohlene Bauleiter ausgebucht war, akquirierte Dexter jemanden übers Internet. Dass dieser Mann – der von seinen Kumpels wegen drei fehlender Finger an der linken Hand Zwei-Finger-Jo genannt wurde – zuvor tatsächlich schon mal als Organisator einer Baustelle tätig gewesen war, bezweifelte Dexter jedoch inzwischen. Nach meinen Plänen und Dexters Wünschen richteten sich die Handwerker nämlich nur Pi mal des nicht vorhandenen Daumens.

Angefangen hatte der Ärger gleich am ersten Abend, an dem Dexter auf der Baustelle nach dem Rechten sah: Der Badinstallateur hatte nicht die von Dexter gewünschte Toilette bestellt, sondern ein Modell, das im angelsächsischen Ausland als *stage toilet* verlacht wird. »Bühnentoilette« deshalb, weil die Fäkalien nicht direkt im Wasser verschwinden, sondern erst auf einem Absatz landen und dort wie auf einer Bühne präsentiert werden.

Der Umtausch der *stage toilet* zog das nächste Problem nach sich. Da Zwei-Finger-Jo es nicht für nötig befunden hatte, auf die Maße der Toilette zu achten, ließ sich die Badezimmertür nach deren Einbau nicht mehr öffnen.

Ein ähnliches Problem gab es mit der Terrassentür: Auch die ging nicht mehr auf, weil niemand bemerkt hatte, dass der Parkettleger den Boden zu hoch eingebaut hatte.

Mit Dexters Steckenpferd, den Steckdosen, nahm das Chaos seinen weiteren Lauf: Die brachte der Elektriker in der Küche intelligenterweise direkt über der Spüle sowie dem Herd an. Außerdem prangten sie im Rest der Wohnung in unterschiedlichen Höhen gut sichtbar an den Wänden.

Der Elektriker und Zwei-Finger-Jo bagatellisierten Dexters Beschwerde.

»Die haben behauptet, ich wäre pingelig, weil man die Steckdosen eh nicht sieht, wenn erst die Möbel in der Wohnung stehen«, berichtete Dexter, der beide Handwerker daraufhin feuerte.

»Warum hast du mich nicht eher informiert? Ich hab doch gesagt, dass ich dir helfen kann!«

»Weil ich so stark, souverän und ein richtiger Mann bin, der seine Pleiten niemals zugeben würde«, sagte Dexter und deutete ein Brusttrommeln an.

»Und wer kümmert sich jetzt um die Baustelle?«

»Ich hab's selbst versucht …«

Doch da Dexter neben seinen beiden Jobs und den Kindern kaum Zeit fürs Managen der Baustelle hatte, schlenderten die Handwerker seither nur ab und zu mal vorbei. Ging es jedoch um ihren Lohn, behaupteten sie, den ganzen Tag geschuftet zu haben.

Manchmal erschienen sie auch gar nicht zur Arbeit oder mit mehrstündiger Verspätung. Als Begründung für ihre Unzuverlässigkeit tischten sie Dexter eine abstruse Erklärung nach der anderen auf: In kürzester Zeit starben so viele Angehörige des Installateurs, dass man glauben musste, ein Killer rottete seine Familie aus; dem Maler lief in einer Woche gleich dreimal im Berliner Umland ein Reh ins Auto; und der Küchenbauer blieb selbst dann noch bei seinen Ausreden, sein Tank wäre mehrfach eingefroren, als Dexter herausfand, dass er einen für sibirische Temperaturen gerüsteten Diesel fuhr.

Außerdem schmiss der neue – endlich fähig wirkende – Elektriker nach nur einem Tag Arbeit wieder das Handtuch.

»Tut mir leid, Herr Dexter«, sagte er mit starkem polnischem Akzent, »aber Ihre Baustelle ist Mexiko. Das Chaos ist mir zu groß.«

»Falls deine Mannesehre Hilfe zulässt, kann ich dir den Handwerkertrupp neu zusammenstellen und mich auch vor Ort darum kümmern, dass alles glattläuft«, schlug ich Dexter vor. »Der Mann einer Freundin von mir besitzt eine Baufirma und hat immer gute Leute an der Hand.«

Dexter sah mich erstaunt an.

»Ich dachte, du schaffst das zeitlich nicht?«

»Im Moment hab ich etwas Luft«, antwortete ich knapp und verschwieg, dass ich wegen meines Liebeskummers dankbar für jede Ablenkung war.

»Na dann, sehr gern«, antwortete Dexter, und wir besiegelten den Deal per Handschlag.

Am 23. Dezember holte Mark die Kinder wie geplant ab und machte sich mit ihnen auf den Weg nach Bayern. Clooney, die Schildkröten und ich blieben zurück.

Um die Einsamkeit möglichst wenig zu spüren und nicht in Selbstmitleid zu verfallen, stellte ich mir laute Musik an und bereitete Salat und Nachtisch als Beitrag zu Anouks Weihnachts-Happening vor. Dazu trank ich einige Gläser Rotwein und ging früh ins Bett, um meine depressive Verstimmung, die trotz aller Gegenmaßnahmen in mir keimte, zu verschlafen.

Mitten in der Nacht weckte mich ein Piepen. Verschlafen tastete ich nach meinem Handy.

»Welcome STELLA«, las ich in der SMS, *»unser weihnachtsstern ist vor einer stunde gesund auf die welt gekommen!«*

»Meine innigsten glückwünsche zur geburt!«, schrieb ich im Halbschlaf zurück.

Gleich am nächsten Morgen fuhr ich ins Krankenhaus, wo mir Anouk stolz und glücklich ihre Tochter präsentierte, die letztendlich nur vier Wochen zu früh auf die Welt gekommen war und nicht in den Brutkasten musste.

Anouks Freund Tim, den ich bisher noch nicht kennengelernt hatte, war auch da und versuchte auf rührend unbeholfene Weise, Stella zu wickeln. Seine jungenhafte Ausstrahlung und sein offener Blick gefielen mir. Wegen seines Jobs in der IT-Branche und seines Faibles für Strukturen, das Anouk so nervte, hatte ich ihn mir viel verkrampfter vorgestellt.

»Und jetzt die schlechte Nachricht, Phyllis«, sagte Anouk, nachdem sie sich für mein Geburtsgeschenk, ein kleines Kissen mit Herz drauf, und meine Glückwünsche bedankt hatte. »Tim besteht darauf, dass Stella und ich noch zwei Tage im Krankenhaus bleiben, also fällt die Party bei mir zu Hause aus.«

Ginge es nach ihr, fuhr Anouk fort, würden sie zwar alle nach Hause gehen und Heiligabend wie geplant feiern. Tim aber war nicht davon abzubringen, dass es für sie und das Baby das Beste wäre, wenn sie sich noch einen Tag im Krankenhaus erholten.

Ich teilte Tims Meinung. »Dass du kurz nach einer Geburt überhaupt an Gäste bei dir zu Hause denken kannst!«

»Aber es ist doch Weihnachten!«, rief Anouk und lud mich alternativ ein, mit ihr und dem Rest der Familie im Krankenhaus zu feiern, falls mich die sterile Krankenzimmer-Atmosphäre nicht deprimierte.

»Danke«, entgegnete ich, lehnte Anouks Angebot aber ab. Die Umgebung war nicht der Grund, doch war ich mir sicher, dass ich mich im Kreis von Anouks engster Familie in der intimen, postnatalen Situation fehl am Platz fühlte.

Ich fuhr nach Hause, holte Clooney ab, spazierte mit ihm durch die Stadt und beobachtete das wuselige Treiben der Menschen, die ihre letzten Weihnachtsbesorgungen tätigten. Dann kaufte ich Clooney eine extra lange Leberwurst, den Schildkröten einen Bio-Bataviasalat und mir eine Flasche Schampus, sechs Austern und Zitronen und überlegte, was ich mit dem Rest des Tages anfangen sollte.

»Sieh es positiv«, versuchte ich mir mein Weihnachten schönzureden. Monatelang war so viel zu tun gewesen, dass ich mich nicht nur beim Nichtstun schuldig fühlte, sondern auch dann, wenn ich nur eine einzige Sache und nicht mehrere Dinge auf einmal erledigte. Wie oft hatte ich mir nichts sehnlicher gewünscht als Zeit, Muße und Langeweile. Und jetzt, passend zu Weihnachten, ging mein Wunsch endlich in Erfüllung.

Am Stand eines Weihnachtsbaumverkäufers entdeckte ich ein letztes, übrig gebliebenes Tännchen und brachte es nicht übers Herz, es stehen zu lassen. Ich kaufte den zerrupften Baum und schämte mich gleichzeitig für die sentimentale Anwandlung. Auf dem Weg nach Hause gingen nach und nach die Lichter in den Wohnungen an, die Straßen wurden immer leerer, und eine andächtige Atmosphäre lag über der Stadt.

Zurück in meiner Wohnung schmückte ich meinen Baum mit Wachskerzen und legte weihnachtliche Jazzmusik auf. Ich öffnete den Schampus, die Austern und die selbst gebastelten Geschenke meiner Kinder. Da es mir trotzdem noch zu still erschien, schaltete ich den Fernseher ein, wo ausgerechnet der Weihnachtsklassiker *Tatsächlich Liebe* lief.

Ich musste an Jesco denken und stellte mir vor, wie er vielleicht gerade über eine Sanddüne lief oder im Meer schwamm. Je länger ich über seine Entscheidung, sich von mir zu trennen, nachdachte, desto besser konnte ich sie nachvollziehen: Jesco genoss es, sich in den Tag hinein treiben zu lassen und wollte dieses Lebensgefühl auch mit der Frau an seiner Seite teilen. An meiner Seite musste er sich jedoch teilweise wie mein Hobby gefühlt haben, für das ich kaum Zeit hatte – gemeinsame Erlebnisse mit einem Mann kamen in meiner Rangfolge nun mal nach den Bedürfnissen der Kinder. Außerdem hatte wahrscheinlich auch Marks Rolle in meinem Leben Jescos Entscheidung beeinflusst. Nicht etwa, weil er befürchtete, Mark und ich könnten wieder zusammenkommen, sondern weil durch unsere gemeinsame Elternschaft eine spezielle Verbundenheit zwischen uns herrschte, die es so nicht mehr geben würde. Nicht zuletzt war Jescos Vorwurf, ich hätte versucht, ihn in meine bestehenden Strukturen hineinzupressen, nicht von ungefähr gekommen. Es wäre wirklich an mir gewesen, alte Gewohnheiten zu überdenken, mich gegebenenfalls von ihnen zu lösen und mich auf einen *gemeinsamen* Neubeginn einzulassen.

Bei allem Verständnis nagte trotzdem noch die Enttäuschung an mir, dass ich mich in der Stärke von Jescos Gefühlen für mich offenbar getäuscht hatte. Denn hätte er mich wirklich geliebt, hätte er seine Gefühle doch niemals einem Lebenskonzept unterwerfen und den Kopf so schnell in den Sand stecken können.

Später am Abend meldeten sich die Kinder aus Bayern und wollten mit mir skypen. Über die Webcam sah und hörte ich Lorenz, die Zwillinge, Mark und seine Eltern in einer urigen Bauernstube vor einem prachtvoll geschmückten Baum. Marks Freundin Franziska schien nicht dabei zu sein, was mich erstaunte, da die Kinder mir erzählt hatten, dass sie auch mitkommen wollte.

Ich goss mir Schampus nach, pfiff Clooney mit vor die Webcam, prostete meiner Verwandtschaft »Fröhliche Weihnachten« zu und hoffte, dass niemand merkte, wie geheuchelt meine gute Laune war.

Als ich am Abend des zweiten Feiertags zur Weihnachts-Finissage meiner Fortbildungstruppe in der Pizzeria Due Forni erschien, waren Dexter und die anderen schon da. Dexter thronte an einem Kopfende des langen Tischs, und der einzige Platz, der noch frei war, befand sich vis-à-vis am anderen Kopfende.

Zu meiner Rechten und Linken saßen die beiden Twens unserer Klasse. Sie unterhielten sich über den Tisch an mir vorbei und versuchten sich mit ihrem Wissen über die Clubszene der Stadt zu übertrumpfen. Da ich ihrem Kräftemessen nichts hinzufügen konnte, bestellte ich mir etwas zu trinken und nahm mir schweigend ein Stück von der Gemeinschaftspizza. Ich sah zu Dexter am anderen Kopfende, der zu weit weg saß, als dass wir uns hätten unterhalten können, und beobachtete, wie er eine SMS in sein Handy tippte.

Wenige Sekunden später piepte mein Handy. Verwundert stellte ich fest, dass Dexter seine SMS an mich adressiert hatte, und las:

»Unwiderstehlich, gut aussehend und sinnlich …«

Ich sah Dexter an und formte mit meinen Lippen: »Danke für das Kompliment«, als mein Handy schon wieder summte.

»Tough, interessant und sexy …«, las ich dieses Mal.

Dexter lächelte mich an, ich lächelte zurück, und noch einmal flüsterte ich »danke«.

Jetzt ist es aber genug, dachte ich, als ein weiteres Piepen den Eingang einer SMS ankündigte, und spielte mit dem Gedanken, die neue Nachricht zu ignorieren. Wegen Dexters bohrendem Blick sah ich aber doch auf mein Handy.

»Selbstbewusst, humorvoll und einzigartig auf dieser welt …«, stand dort.

Ich schämte mich etwas für die Aufdringlichkeit von Dexters Anmache und deutete ihm per Handzeichen, dass es reichte. Dexter schien das jedoch nicht zu beeindrucken, da es schon wieder piepte.

»Genug von mir, wie geht es dir? Du wirkst in letzter zeit so traurig.«

Mir rutschte ein Kloß in den Hals, weil ich gleichzeitig hätte weinen und lachen können.

Später, als einige meiner Mitschüler schon gegangen waren und andere sich mit Schnäpsen ein Wetttrinken lieferten, nahm ich mir einen Stuhl und setzte mich wortlos neben Dexter.

»Hast du eigentlich Silvester schon was vor?«, fragte er.

Ich schüttelte den Kopf.

»Mein Freund hat mich verlassen, und ich hab Liebeskummer. Ein Date ist deshalb das Letzte, wonach mir zumute ist.«

»Verstehe.« Dexter lehnte sich entspannt zurück.

»Allerdings finde ich, man kann durchaus auch Silvester zusammen feiern, ohne miteinander ins Bett zu gehen.«

»Du gibst nicht gern auf, was?«, fragte ich und gestand mir ein, dass ich Dexters Überrumpelungstaktik ganz attraktiv fand. Sie war so erfrischend anders als das, was mir der zum Rückzug neigende Jesco geboten hatte.

»Stimmt. Soll ich dich um zwanzig Uhr abholen?«

»Okay«, stimmte ich zu.

Es gab drei Alkoholerlebnisse, die ich nie vergessen werde. Beim ersten war ich erst zwölf Jahre alt. Meine Mutter schickte mich in den Osterferien zu Großtante Hella aufs Land nach Schleswig-Holstein. Wie jedes Jahr fand dort am Osterwochenende ein Reitturnier statt, an dem Hella trotz ihrer achtundsiebzig Jahre teilnahm.

Als am Abend im Reiterstübchen gefeiert wurde, entdeckte ich süffigen Federweißen als mein neues Lieblingsgetränk. Der Wirt weigerte sich zwar, mir den Alkohol auszuschenken. Weil aber überall halb volle Gläser herumstanden, kam ich trotzdem literweise in den Genuss des Süßweins, dessen Alkoholgehalt man nicht schmeckt.

Das Nächste, woran ich mich erinnerte, war Hellas aufgeregte Stimme, die wie durch eine Nebelwand zu mir drang, während sie mir mit einer grellen Taschenlampe direkt ins Gesicht leuchtete. Ich öffnete die Augen und fand mich auf einem Misthaufen wieder. Um mich herum schien sich alles zu drehen. Ich sah Hella an und erwartete einen riesigen Anschiss. Doch das Gegenteil trat ein: Meine Großtante nahm mich in den Arm und drückte mich fest an sich. Aus den Augenwinkeln sah ich, wie ihr Tränen vor Erleichterung übers Gesicht rannten, weil ich wieder bei Bewusstsein war.

Beim nächsten einschneidenden Alkoholerlebnis war ich fünfzehn Jahre alt und fühlte mich unsterblich verliebt in Mick. Der war das Alphatier unter den Jungs, der Schwarm aller Mädchen und ein rotes Tuch für die Lehrer, die seinen hedonistischen Charakter bezwingen wollten.

Eines Tages schmiss Mick eine Party im Haus seiner Eltern. Beim Tanzen raunte er mir zu, dass er mir später in seinem Zimmer noch etwas zeigen wollte. Zu zweit. Mein Ziel, mit Mick ein Paar zu werden, war in greifbare Nähe gerückt. Aus Nervosität kippte ich einen Martini nach dem anderen – und die Geschichte endete wie folgt: Mick nahm mich mit auf sein Zimmer und küsste mich. Dabei wurde mir kotzübel. Da ich es nicht mehr bis zum Bad schaffte, landeten die halb verdauten Chips in einer Martinilache auf Micks Heiligtum, seinem Flokatiteppich. Noch am selben Abend kam Mick mit Lena zusammen, die ich bis dahin für meine beste Freundin gehalten hatte.

Nie wieder, schwor ich mir, würde ich mich nochmals in eine so peinliche Situation manövrieren. Und das war mir auch lange gelungen.

Ausgerechnet am Silvesterabend mit Dexter widerfuhr mir jedoch ein weiteres denkwürdiges Alkoholerlebnis.

Dexter hatte mir mitgeteilt, dass die Party, auf die wir gehen würden, unter dem Motto *»bad taste«* stand. Ich liebte Mottopartys. Schon als Kind fand ich nichts toller, als mich stundenlang zu verkleiden. Inzwischen freute ich mich auch darauf, an Silvester unter Leute zu kommen und nicht allein mit Clooney *Dinner for One* schauen zu müssen.

Den ganzen Nachmittag probierte ich Verkleidungen aus meinem Kostümfundus an, der sich über die Jahre in meinem Kleiderschrank angesammelt und sämtliche Ausmistaktionen überlebt hatte. Ich kombinierte sackförmige Röcke und Rüschenblüschen mit weißen Tennissocken und wog ab, was hässlicher aussah: Lockenwickler in den Haaren oder eine Angela-Merkel-Perücke. Am Ende entschied ich mich für ein Pimp-Daddy-Proll-Outfit: Ich gelte mir meine Haare schmierig zurück, zog einen *muscle suit* an, der mir die Figur eines

Boxers verlieh, und darüber einen dunkelblauen Trainingsanzug aus den Achtzigern und eine fette Goldkette.

Abends holte Dexter mich wie vereinbart ab.

»Oh, Phyl, entschuldige, aber du siehst echt beschissen aus.« Er umarmte mich zur Begrüßung. »Wie soll ich denn jetzt vor den anderen Jungs mit dir angeben?«

»Du siehst auch nicht aus wie mein bestes Pferd im Stall«, erwiderte ich, da Dexter grell geschminkt, mit blonder Perücke, einem Glitzerkleid und Netzstrumpfhosen vor mir stand.

Kurz darauf hielt unser Taxi vor einem Restaurant, das sich auf einem fest verankerten Schiff am Kreuzberger Spreeufer befand. Bunte Lichterketten säumten das Deck, und auf einem Schild über dem Eingang stand *Aktans Fischbude*.

Trotz der frühen Abendstunde war die Party schon in vollem Gang: Überall hingen Lampions und Lametta, und die Frauenband »Cello Litas« bot einen schrägen Party-Sound-Mix dar. Einige Gäste tanzten bereits. Wegen der vielen Menschen an Bord schaukelte das Schiff so stark, als wären wir bei starkem Wellengang auf hoher See.

Ich sah mich um. Außer Dexter und mir hatte kaum jemand Mut zur Hässlichkeit bewiesen. Ganz im Gegenteil nutzten besonders Frauen das Motto, um halb nackt ihre intimen Fetischklamotten aus Lack und Leder zur Schau zu stellen. Die waren zwar gewagt, aber alles andere als geschmacklos.

Gastgeber Robin, der aus Kapstadt stammte und *Aktans Fischbude* für seine Silvesterparty gemietet hatte, begrüßte uns gut gelaunt. Zumindest er stand zum Thema des Abends und trug zu seinem Hawaiihemd und einer Liebestöter-Badehose Zöpfe in den Haaren und Wandersandalen an den Füßen.

»Du bist Phyllis, oder?«, wandte er sich an mich, nachdem er und Dexter mit dem für südafrikanische Surfer-Dudes typischen *Howzit-ma-bru-shake-hands* fertig waren. »Wenigstens ihr haltet euch an das Motto der Party – darauf müssen wir anstoßen!«

Robin nahm einem Kellner zwei Schnapsgläser vom Tablett und reichte sie uns. »Das ist Raki mit Wasser …«

Was nun folgte, war ein Denkfehler, den ich mir im Nachhinein selbst nicht erklären konnte. Begünstigt wurde er dadurch, dass der verdünnte Raki mehr nach Anissaft schmeckte als nach Alkohol. Jedenfalls ging ich davon aus, dass Raki nur fünfzehn Prozent Alkohol enthält. So wie Sake, der japanische Reiswein, dessen Name aus vier Buchstaben auch ein »ak« in der Mitte hat und den man literweise trinken kann.

Das aber war ein fataler Irrtum: Anders als im Sake lauern im Raki siebzig Prozent Alkohol. Hinzu kam, dass ich die ersten Anzeichen meines Betrunkenseins auf das Schaukeln des Schiffs schob. Die wahre Wirkung des Schnapses wurde mir deshalb erst bewusst, als es zu spät war. Kurz darauf hatte ich einen Filmriss.

Am Neujahrstag wachte ich um die Mittagszeit in einer Wohnung auf, die ich noch nie gesehen hatte. In zerknautschter Verkleidungsmontur lag ich unter einer Wolldecke auf einem Sofa. Mein Kopf fühlte sich an, als würde er jeden Moment platzen. Ich setzte mich auf und sah mich um. Zu meiner Erleichterung entdeckte ich auf einem Beistelltisch ein Foto, das Dexter mit einer Frau und zwei Kindern zeigte. Wenigstens war ich nicht bei einem Fremden gelandet.

»Dexter?«, rief ich und stand mit wackligen Beinen auf. Doch niemand antwortete.

Ich suchte das Bad und erschrak, als ich mich bleich wie ein Gespenst im Spiegel musterte. Zurück im Wohnzimmer legte ich mich wieder aufs Sofa und sah mir Dexters Foto genauer an: Mit seiner Familie stand er auf der Veranda eines weißen Holzhauses. Die Tochter sah mit ihrem schmalen Körper und den hellblonden Haaren ihrer schlanken und sehr attraktiven Mutter ähnlich. Dagegen schlug der Sohn mehr nach Dexter.

Ich hörte, wie die Wohnungstür aufging.

»Du bist ja schon wach. *Happy New Year*«, sagte Dexter, als er mit einer Bäckereitüte unterm Arm ins Wohnzimmer kam.

»Danke, dir auch.«

Peinlich berührt wich ich Dexters belustigtem Blick aus. Meine unfreiwillige Trunkenheit war mir mehr als unangenehm.

»Ich kann mich an nichts mehr erinnern; habe ich mich sehr schlimm aufgeführt?«

»Ach was, überhaupt nicht«, entgegnete Dexter. »Als du auf der Tanzfläche gestrippt und dann nackt Limbo getanzt hast, haben die hundertzwanzig anderen Gäste natürlich hingeschaut. Sonst ist aber nichts Besonderes passiert.«

Ich wollte lachen. Da ein stechender Schmerz durch meinen Kopf jagte, kam aber nur ein Stöhnen aus meiner Kehle.

Dexter reichte mir ein Glas Wasser mit einer Aspirin und eines der Croissants, die er in einer Sonntagsbäckerei ergattert hatte.

»Mehr kann ich dir leider nicht anbieten. Auf nächtlichen Frauenbesuch war ich nicht vorbereitet.«

»*Du* musst dich sicher nicht entschuldigen.«

Plötzlich fiel mir siedend heiß Clooney ein.

»Mist, ich habe meinen Hund vergessen!«, rief ich mit Blick auf die Uhr und sprang auf. »Der muss dringend raus!«

Ich stolperte zum Sessel, über dem mein Mantel hing.

»Warte, Phyllis, ich hab auch Lust auf frische Luft. Wir können ja ein Stück aus der Stadt rausfahren und spazieren gehen.«

Eine gute Stunde später liefen wir mit Clooney um den Neuruppiner See. Das Grau des Himmels riss nur ab und zu auf, und die Luft war eiskalt. Dennoch beobachteten wir einige Saunawütige, die nach ihrem Besuch in der Neuruppiner Therme in eines der in den See geschlagenen Eislöcher eintauchten.

»Lassen Sina und du euch eigentlich scheiden?«, fragte ich unvermittelt.

»Fragst du, weil ich immer noch ein Familienfoto bei mir stehen habe?«

»Kann sein. Ein Foto meines Exmannes wäre das Letzte, was ich mir aufstellen würde.«

Dexter zuckte die Achseln.

»Wahrscheinlich betrachten Frauen die Dinge symbolischer als Männer. Mir gefällt das Bild einfach.«

Scheiden lassen wollte sich Dexter erst mal nicht, was angeblich nichts mit emotionalen Gründen zu tun hatte, sondern mit dem Stress, den eine Scheidung mit sich brachte.

»Die Probleme würden schon damit anfangen, dass Sina und ich uns nicht einigen könnten, nach welchem Rechtssystem wir uns scheiden lassen sollten. Sina wäre eine deutsche Scheidung lieber, mir hingegen eine amerikanische.«

Bei einem anderen deutsch-amerikanischen Exehepaar aus Dexters Bekanntenkreis, das sich wegen des Scheidungslandes auch nicht hatte einigen können, war das Scheidungsverfahren fünf Jahre lang und für viel Geld immer wieder von Amerika nach Deutschland und zurück gewandert. Schließlich bezichtigte die amerikanische Richterin, die mit der Frau sympathisierte, deren Noch-Ehemann des unverbindlichen *window shoppings*, um sich für das günstigere Urteil entscheiden zu können.

»Ich habe Sina deshalb vorgeschlagen, erst mal abzuwarten und Kraft und Geld lieber in Kinder und Jobs zu investieren«, fügte Dexter hinzu.

Sina war einverstanden gewesen; zumindest in dem Punkt waren sie sich einig.

»Und, lässt du dich scheiden?«, fragte Dexter mich zurück.

Ich nickte.

»Das Verfahren läuft, aber die Verhandlung findet wegen des gesetzlichen Trennungsjahrs frühestens im April statt.«

Die Faktenlage, berichtete ich weiter, war bei Mark und mir allerdings unkompliziert: Der Mietvertrag für unser Haus war gekündigt. Der Haushalt aufgeteilt. Einkünfte und Ausgaben unmissverständlich nachweisbar. Und ein gemeinsam aufgebautes Vermögen, das hätte geteilt werden müssen, gab es auch nicht.

»Mir ist eine Scheidung auch als Verabschiedungsritual wichtig«, fügte ich hinzu. »Sie versinnbildlicht mir nicht nur das Loslassen von der Beziehung mit meinem Exmann, sondern auch vom konservativen Kleinmädchentraum einer Familie als Heile-Welt-Enklave.«

»Womit wir wieder beim Thema wären.«

Dexter legte seinen Arm freundschaftlich um mich.

»Frauen betrachten die Dinge symbolischer als Männer.«

10

Am zweiten Januar kehrten die Kinder zurück, und der Alltag nahm wieder seinen Lauf. Um meinen Liebeskummer zu verdrängen, über den ich noch immer nicht hinweg war, stürzte ich mich in Arbeit und pfropfte meine Tage noch voller, als sie ohnehin schon waren.

Morgens weckte ich die Kinder eine Stunde früher als sonst und nahm sie noch vor der Schule beziehungsweise der Kita mit zu Dexters Baustelle. Dort stellte ich sicher, dass die Handwerker, die Claire mir über Klaus-Dieters Baufirma vermittelt hatte, pünktlich um sieben Uhr in der Früh mit ihrer Arbeit begannen. Zudem sah ich auch mittags nach der Fortbildung und nachmittags kurz vor Feierabend vor Ort nach dem Rechten.

Mitte Januar wurde Lorenz sieben Jahre alt. Da Mark auf Geschäftsreise war, konnte er nicht vorbeikommen. Als Entschädigung hatte er Lorenz versprochen, am nächsten Wochenende seine alten Zehlendorfer Freunde einzuladen. Weil ich auch eine Geburtstagsparty für Lorenz vorbereitet hatte – in einem MACHmit!-Museum zusammen mit seinen Prenzelberger Freunden – genoss Lorenz einen der Vorteile von Trennungskindern: Sie bekommen vieles doppelt – Ferienreisen, Kinderzimmer, Spielzeug und manchmal auch Kleider, Taschengeld und Geburtstagspartys.

Lorenz hatte seine Patentante Cosima und ihre Töchter auch ins Kindermuseum eingeladen. Als sich die Kinder an dem mit Luftschlangen und Tröten dekorierten Tisch über den Geburtstagskuchen hermachten, auf dem ein mit Spielern bestücktes Fußballfeld aus Marzipan nachgebildet war, nutzte ich die Gelegenheit und fragte Cosima nach ihrer Affäre mit Tom. Da sie mich im Januar erst ein einziges Mal als Alibi gebucht hatte, dachte ich mir schon, dass es nicht mehr so gut lief wie am Anfang. Meine Annahme bestätigte sich.

»In den Weihnachtsferien ist mir klar geworden, dass ich Matthias nicht länger betrügen und ihn auch nicht einfach so verlassen kann«, sagte sie.

»Dann war die Affäre mit Tom immerhin zu was gut«, entgegnete ich. »Bist du dir denn sicher, dass es nicht nur die Angst vor Neuem oder die Sehnsucht nach Vertrautem ist?«

»Ehrlich gesagt weiß ich das nicht so genau«, antwortete Cosima, die sich dieselbe Frage auch schon gestellt hatte.

»Ich bin aber noch nicht so weit, mich von Matthias zu trennen. Deshalb gebe ich meiner Ehe noch eine Chance«, fügte sie mit so viel Nachdruck hinzu, als müsste sie sich selbst davon überzeugen.

Weil ich wusste, dass Cosima gewisse Dinge ungern zerredete und lieber mit sich allein ausmachte, sagte ich nichts mehr dazu.

Anderthalb Wochen später waren die Bauarbeiten in Dexters Wohnung so gut wie abgeschlossen. Nur die Wände mussten noch gestrichen werden. Das überließ ich aber Dexter, da er spezielle Farbwünsche hatte, in die ich mich nicht einmischen wollte.

Als Dank für den unter meiner Aufsicht reibungslosen Ablauf der Renovierung entlohnte Dexter mich nicht nur großzügig, sondern überraschte mich auch eines Morgens im Fortbildungsinstitut mit einer Idee: Während der Pause – die anderen Teilnehmer waren zum Coffee Shop gegangen – breitete er einen Plan aus, auf dem der Grundriss eines Hauses zu sehen war.

»Kaufst du jetzt ganz Berlin auf?«, fragte ich.

»Würde ich gern. Das Haus hier liegt aber in Pertisau am Achensee, das ist in Österreich. Außerdem hab ich es mir nur geliehen.«

Dexter zeigte auf ein Zimmer im Erdgeschoss.

»Hier ist dein Schlafzimmer. Und da …«, fuhr er fort und deutete auf ein anderes Zimmer im ersten Stock, »ist meins. Dazwischen liegt ein Sicherheitsabstand. Und eine steile Treppe. Und dort oben …«, Dexter zeigte auf den Dachstuhl, »stehen drei Stockbetten für die Kinder und ein Hundekorb für Clooney. Was sagst du – kommt ihr in den Winterferien mit in die Berge?«

»Im Überrumpeln bist du wirklich gut …«, sagte ich und schlängelte mich um eine klare Antwort herum. Ich war mir nämlich sicher, dass Dexter trotz des erwähnten Sicherheitsabstands versuchen würde, mich in den Ferien zu verführen. Andererseits war ich mir sicher, dass unsere Freundschaft nicht darunter leiden würde, wenn ich ihm erneut einen Korb gab. Dazu war Dexter zu souverän. Und die Vorstellungen, im Pulverschnee Ski zu laufen, abends vor einem Kaminfeuer zu sitzen und eine Auszeit in den Bergen vom düsteren städtischen Winter zu genießen, waren mehr als verlockend.

Außerdem hatte ich noch keine Pläne für die nahende Winterferienwoche. Die findet in Berlin immer Ende Januar statt – ein Zeitpunkt, der vielen Eltern unverständlich ist. Erstens haben sich die Kinder so kurz nach den Weihnachtsferien gerade erst wieder an den Alltag gewöhnt. Zweitens erscheint es vielen nicht rentabel, mit der ganzen Familie für nur eine Woche in den Süden oder in die Alpen zu fliegen – weder vom Kosten- noch vom Stressfaktor her. Bleibt man deshalb zu Hause, weiß man nicht, wie man seine Kinder bei klirrender Kälte mitten in der Stadt eine Woche lang sinnvoll beschäftigen soll.

Einzig die Tourismusbranche rund um die nahe Berlin gelegenen Skihügelchen in Thüringen, Sachsen, Sachsen-Anhalt und dem Harz profitieren von der bizarren Terminierung der besagten Ferien. Insofern kann einen glatt der Verdacht beschleichen, dass eine Tourismus-Mafia der besagten Gebiete hinter der seltsamen Planung steckt.

»Komm schon, Phyllis, was gibt's da zu überlegen?«, fuhr Dexter fort, als er mein Zögern bemerkte. »Als Gegenleistung erwarte ich auch nicht, dass du wieder strippst. Es reicht völlig, wenn du jeden Tag kochst, putzt und meinen Kindern was vorliest, wenn ich Mittagsschlaf halte.«

»Ach so, na dann!«, sagte ich und entschied mich, Dexters Einladung anzunehmen. »Und ich dachte schon, ich müsste den Kamin kehren, Schnee schippen und morgens Brötchen holen, damit du ausschlafen kannst. Fahren wir eigentlich mit dem Auto?«

Dexter nickte.

»Sozusagen. Der Begriff Multivan trifft es besser.«

Ende der Woche war es bereits so weit. Während die Kinder vormittags noch in der Schule und der Kita waren, machte ich mich an eine Tätigkeit, die ich zutiefst verabscheute: das Packen. Was Reisevorbereitungen betraf, ging es mir wie der *Tante Jolesch* von Friedrich Torberg, die feststellt: »Abreisen sind *immer* überstürzt.«

Wenigstens waren die Kinder wegen ihrer Zeit in Bayern perfekt für einen Winterurlaub ausgestattet. So stellte ich nicht – wie sonst – auf den allerletzten Drücker fest, was noch alles Wichtiges für die Reise fehlte. Den ganzen Kram zu sortieren und einzupacken, kostete mich dennoch meinen letzten Nerv. Allein die Kinder brauchten Skianzüge, Mützen, Schals, Handschuhe, Schnee- und Sonnenbrillen, dicke und dünne Kleidung für draußen und drinnen, Schlafanzüge, Strumpfhosen, Strümpfe, Winterstiefel, Hausschuhe, (Ski-)Unterwäsche, Kuscheltiere zum Schlafen, Gutenachtgeschichten, Spielzeug,

Brett- und Kartenspiele – und das alles multipliziert mal drei. Hinzu kamen unsere Skischuhe, Skier, Skistöcke sowie die Skihelme für die Kinder. Dann noch meine eigenen Kleider, unsere Krankenversicherungskarten, Ausweise, Impfpässe, Notfallmedikamente, Kosmetika plus der Sonnen- und Kältecreme und die Hundedecke. Nicht zu vergessen der Fahrtproviant für sieben Personen und einen Hund: Fünf Tüten Chips, zehn Packungen Kekse, acht Tafeln Schokolade, zwei Stiegen Mandarinen, drei Stauden Bananen, eine Packung Hundeleckerlis sowie jeweils eine Kiste Wasser und Apfelsaft hatte ich gekauft und dazu noch einundzwanzig Sandwiches geschmiert (für jede Person drei). Als das Gepäck gesammelt vor meiner Wohnungstür stand, hätte man meinen können, wir wollten auswandern.

Ich musste an eine Freundin von Claire denken, die mir vor längerer Zeit bei einem Abendessen erzählt hatte, sie und ihr Mann würden für ihre Urlaubsreisen grundsätzlich nur noch ihre eigenen Kleider einpacken und ihren Kindern vor Ort alles neu kaufen. Am Ende der Ferien spendeten sie das Zeug dann an ein Kinderheim des jeweiligen Gastlandes. Proviant packten sie erst recht nicht ein: Dass Speisen und Getränke in Flughafen- und Autobahnrestaurants fünfmal so viel kosteten wie in einem Supermarkt, nahmen sie in Kauf. Ich fand das Reiseverhalten von Claires Freundin zwar dekadent, andererseits musste ich ihr recht geben, als sie später am Abend großspurig tönte: »Geld ist dazu da, Probleme zu erschlagen, Strapazen zu umgehen, Stress zu vermeiden und sich das Leben zu erleichtern.«

Am frühen Nachmittag war es geschafft. Meine Kinder, Clooney und ich brachen zusammen mit Dexter und seinen Kindern Liv und Noah im randvoll bepackten Multivan auf der Autobahn gen Süden auf. Auf Dexters Angebot, einen Großteil der Strecke selbst zu fahren, ging ich gern ein. Wie viele Amerikaner hatte er ein entspanntes Verhältnis zu langen Strecken, und außerdem machte ihm Autofahren Spaß.

Vom Beifahrersitz aus drehte ich mich nach einigen Kilometern zu den fünf Kindern und Clooney um, der zu ihren Füßen lag. Vor Reiseantritt hatten sich Dexters und meine Kinder noch nie getroffen. Da Lorenz und Noah aber etwa gleich alt waren, verbrüderten sie sich spontan und saßen nun nebeneinander auf den hintersten Plätzen, während die drei Mädchen die Sitzreihe vor ihnen belegten.

»Die scheinen sich da hinten alle gut zu verstehen«, raunte ich Dexter zu, als ich aus den Augenwinkeln beobachtete, wie die beiden Jungs Yu-Gi-Oh-Karten sortierten, während Liv, die ein knappes Jahr älter war als die Zwillinge, ihnen das Mario-Kart-Nintendo-Spiel erklärte.

Hätte ich doch nur nichts gesagt – kaum hatte ich das Lob ausgesprochen, hörten die Kinder nämlich auch schon auf, sich vorbildlich zu verhalten, und es ertönte lautes Gezanke: Maya und Fanny wollten unbedingt mit Livs Nintendo spielen, doch die hatte Angst, die »Kleinen« könnten ihn kaputt machen. Als sich die Zwillinge lautstark über diese Unterstellung beschwerten, wurde es den Jungs zu bunt. Sie mischten sich in den Streit ein und streuten den drei Mädchen zur Strafe für ihr nerviges Gekeife Chips über die Haare.

Von den noch verbleibenden zehn Stunden Fahrt, die wir wegen mehrerer Staus und starkem Schneefall bis zu unserem Skiort benötigten, ging es gute neun Stunden so weiter.

Angefangen mit der Machtjustierung »Wer war der/die Beste?«: Wer war am größten? Am stärksten? Am coolsten? Wer hatte die meisten Geschenke zu Weihnachten gekriegt? Wer gewann am häufigsten beim Knobelspiel »Schere, Stein,

Papier«, beim »Ich-sehe-was-was-du-nicht-siehst«-Raten und in den »Wer durfte bestimmen«-Rangeleien (Wer durfte wie lange mit dem Nintendo spielen? Wer entschied, welcher Film im tragbaren DVD-Player angestellt wurde? Wer durfte Chips, Kekse und Schokolade verteilen?) oder den »Hallo?«-, »Geht's noch?«- beziehungsweise »Spinnst du?«-Beschimpfungen (»Spinnst du, mir dein Knie von hinten in den Rücken zu rammen!«, »Spinnst du, so nah an mich ranzurücken – geh weg!«, »Hallo? Du betrügst!« – Daueranschuldigung beim *Mensch-ärgere-dich-nicht-* oder *Memory*-Spielen –, »Geht's noch, wisch deine Finger nicht an meiner Hose ab!«, »Iiih – du hast gefurzt!« – und damit den Geruch der Mandarinen- und Bananenschalen übertüncht) bis hin zum obligatorischen Gepetze unter lautem Geheule: »Mami, Lorenz hat mich gehauen!« – »Stimmt doch gar nicht, aber Maya hat mein Buch kaputt gemacht!« – »Daddy, Noah gibt mir keine Gummibärchen!« – »Du bist ne Petze, und nur Babys petzen: Baby, Baby, Baby!«

Wenn die Mädchen nicht gerade die Jungs provozierten, fochten sie untereinander ihre Hackordnung aus. Dann wieder ärgerten die Jungs die Mädchen oder kloppten sich um so etwas Wichtiges wie ein Stück Schokolade. Dabei verging kaum eine Minute, in der nicht mindestens ein Kind schrie oder heulte.

»Warum hat eigentlich noch niemand eine schallsichere Glaswand erfunden, die man bei Bedarf zwischen den vorderen Plätzen und den Rückbänken hochfahren kann?«, fragte Dexter, als es hinten mal wieder so laut war, dass wir unser eigenes Wort kaum verstehen konnten.

»Das fragst du mich? Du bist doch der Autodesigner. Damit kann man bestimmt viel Geld verdienen.«

Um ein Uhr morgens parkten wir endlich vor einem kleinen Holzhaus, das etwas außerhalb des Orts Pertisau lag. Gegen Ende der Fahrt waren die Kinder endlich eingeschlafen. Seitdem hatte sich das Genörgel auf den Rückbänken auf schlaftrunkenes Gemeckere wie »Aua, das war mein Fuß« oder »Pass doch auf« beziehungsweise »Mach dich nicht so dick« beschränkt.

Dexter und ich trugen die Kinder nacheinander ins Haus, legten sie in die Stockbetten in der obersten Etage und drehten die Heizung hoch. Da das Haus schon länger nicht bewohnt worden war, waren die Zimmer nämlich eiskalt. Nachdem wir auch unsere Gepäckmassen in den Eingang gehievt und Clooney seine Hundedecke in die Küche gelegt hatten, verzog ich mich in mein Bett und fiel in einen komatösen Tiefschlaf ….

… aus dem ich viel zu früh am nächsten Morgen durch eine Kakophonie unzähliger Handyklingeltöne, durchmischt mit lautem Gekeife, wieder geweckt wurde: Während die Jungs sich Dexters und meines Handys bemächtigt hatten und sich gegenseitig mit dem breiteren Klingelangebot übertrumpfen wollten, gifteten sich die Mädchen wieder mal gegenseitig an: »Mein Bett ist oben!« – »Ich will aber auch nicht unten schlafen!« – »Du bist zu klein dafür!« – »Bin ich gar nicht!« – »Das ist mein Bär, gib den wieder her!« – »Dann fang mich doch, du Eierloch!« – »Mami, Liv gibt mir meinen Bär nicht zurück!«

Ich stand auf, ignorierte das Gezanke und ging in die Küche, wo Dexter bereits mit einer Tasse löslichem Kaffee am Tisch saß und mir auch einen anbot.

»Wie hatten wir das besprochen?«, fragte ich und setzte mich neben ihn. »Ich koche, putze, kaufe ein und schippe den Schnee, während du dich um die Kinder kümmerst?«

»Hör bloß auf, allein der Gedanke daran löst Fluchtgedanken in mir aus«, entgegnete Dexter und schlug mir vor, unsere

Sprösslinge später in der Skischule anzumelden. Die boten momentan ein Sonderpaket für Kinder an, inklusive der Liftkarten. So hätten wir wenigstens jeden Tag zwischen neun und fünfzehn Uhr unsere Ruhe.

Ich trommelte die Kinder zusammen, um allen fünfen beim Kofferauspacken und Skizeuganziehen zu helfen, und ging anschließend mit Clooney Gassi, während Dexter aus den Proviantresten ein Frühstück zusammenstückelte.

Wenig später parkten wir die Kids wie geplant im Verantwortungsbereich der Skischule und fuhren anschließend mit der Gondel zu den höher gelegenen Pisten. Da ich als Kind regelmäßig an Skifreizeiten teilgenommen hatte, lief ich gut Ski. Dexter, der lange im bergigen US-Bundesstaat Maine gelebt hatte, schlug mich mit seinem Können jedoch haushoch und beeindruckte mich auch mit seinen Naturkenntnissen. Da er sich als Student als Bergführer hatte ausbilden lassen, um als solcher nebenher Geld zu verdienen, konnte er sich ohne Probleme auch abseits der Pisten orientieren, Tierspuren lesen und die Wetterlage einschätzen.

»Ich freu mich jetzt schon aufs Skilaufen morgen!«, sagte ich, als wir später erschöpft von unserem sportlichen Einsatz unter blauem Himmel ins Tal zurückfuhren, um die Kinder abzuholen. Dexter ging es genauso.

»Und die Kinder haben sich in der Skischule bestimmt so sehr ausgetobt, dass sie heute Abend früh in ihre Betten fallen.«

Mit dieser Prognose lag Dexter jedoch falsch. Die Einzigen, denen nach dem Abendessen die Augen zufielen, waren wir. Unsere Kinder hingegen, frisch gestärkt durchs herzhafte Essen, zankten sich zwar nicht mehr, spielten dafür aber in einer Lautstärke mit Clooney Fangen durchs ganze Haus, dass an einen gemütlichen Abend, den Dexter und ich uns schon ausgemalt hatten, nicht zu denken war.

Aus meinem Traum des weiterhin eifrigen Skilaufens wurde auch nichts: So waren wir nächsten Tag kaum an der Mittelstation angekommen, als mich die Skilehrerin der Zwillinge übers Handy erreichte: Maya hatte sich beim Hinfallen die Hand leicht verrenkt. Das war zwar medizinisch betrachtet nicht weiter schlimm, doch wollte sie auf keinen Fall weiter skilaufen.

Wohl oder übel fuhr ich zurück ins Tal und nahm Maya mit nach Hause, wo wir uns an den Esstisch setzten und uns zum Zeitvertreib an einem Puzzle mit glitzerndem Meerjungfraumotiv versuchten. Das entpuppte sich als ein äußerst kompliziertes Unterfangen. Zu spät kam ich nämlich erst dahinter, dass die Puzzleteile mit denen anderer Puzzles durchmischt waren, da Lorenz seinen Schwestern einen Streich gespielt hatte.

Die folgenden Tage verliefen ähnlich. Andauernd musste eines der Kinder frühzeitig abgeholt werden, weil es nach dem Mittagessen einen Ski nicht mehr fand (Lorenz); dem Skilehrer so wenig gehorchte, dass der eine Beaufsichtigung nicht länger verantworten wollte (Noah); eiskalte Füße beklagte und deshalb nach Hause wollte (Fanny); einen Handschuh im Sessellift verloren hatte (Liv).

»Wie haben das die Leute eigentlich früher mit zwölf Kindern gemacht?«, fragte Dexter an unserem vorletzten gemeinsamen Abend, als wieder einmal keine fünf Minuten vergangen waren, in denen sich nicht entweder ein Kind gestoßen, sich beim Laufen über den Holzboden einen Splitter in den Fuß gejagt oder ein volles Glas Saft umgeschmissen beziehungsweise gleich ganz zerdeppert hatte.

»Die Großfamilienkinder waren nicht alle im selben Alter«, antwortete ich, während ich für die Kinder Fischstäbchen aus dem Ofen holte – zugunsten von Fertiggerichten und dem Pizzaservice hatten wir Dexters ursprünglich geplante hochtrabende Menüpläne längst begraben.

»Außerdem gab es je nach Gesellschaftsschicht entweder Personal, oder die älteren Kinder halfen mit.«

Als Beweis dafür musste man nur das *Doppelte Lottchen* lesen: Das Zwillingsmädchen, das bei der Mutter lebt, kocht jeden Abend, damit sich die Mutter ausruhen kann, wenn sie von der Arbeit kommt. Viele moderne Eltern befürchteten jedoch, ihren Kindern die Kindheit zu rauben, wenn sie sie nur mal den Tisch abräumen ließen.

Am letzten Ferientag fand für die Kinder ein Skirennen statt. Ganz im Sinne einer wettbewerbsfreien Kuschelpädagogik überreichte ein als weißes Mammut verkleideter Mensch nach dem Rennen *jedem* Kind eine Medaille und einen Pass, in dem sein Betragen mit lachenden oder weinenden Smileys zu folgenden Punkten bewertet wurde:

- Ich laufe nie vom Skilehrer weg
- Ich sage früh genug Bescheid, wenn ich zur Toilette muss
- Ich fahre nur so schnell, dass ich noch bremsen kann
- Ich bleibe witterungsgerecht angezogen
- Ich werfe keine Abfälle auf die Piste
- Bei den Mahlzeiten spiele ich nicht mit dem kostbaren Essen
- Ich raufe nicht mit anderen Kindern oder beschimpfe sie, weil ich anderer Meinung bin …

Dass der letzte Punkt bei keinem einzigen unserer Kinder mit einem lachenden Smiley kommentiert wurde, überraschte mich nicht sonderlich.

Da wir befürchteten, die Rückfahrt könnte wieder zehn

Stunden dauern, wollten wir am nächsten Morgen früh aufbrechen. Am Abend schickte Dexter die Kinder deshalb mit so viel Nachdruck früh ins Bett, dass sie ihm – eingeschüchtert vom harschen Tonfall – sogar gehorchten.

Anschließend packten wir unsere Sachen zusammen. Dabei wunderte ich mich wieder mal darüber, dass Koffer auf Rückreisen selbst dann voller waren als auf Hinreisen, wenn man in den Ferien nichts gekauft hatte.

Als Dexter und ich später mit einer Flasche Rotwein vor dem flackernden Kaminfeuer saßen, einigten wir uns darauf, dass es mit fünf kleinen Kindern auf einem Haufen mehr ums *Über*leben ging als ums *Er*leben. Außerdem fühlte Dexter sich, genau wie ich, jetzt noch ferienreifer als vor den Ferien.

»Wollen wir Backgammon spielen?«, schlug ich ihm nach dem zweiten Glas Rotwein vor.

»Gute Idee.«

Dexter verteilte die Spielsteine auf den Points.

Sowenig ich Brett- oder Kartenspiele mochte, bei denen es nur um Glück ging – strategische Spiele liebte ich. Allen voran Backgammon.

Nach vier Spielen stand es zwei zu zwei, und es folgte die fünfte Entscheidungsrunde. Gegen Ende der Partie hatte jeder von uns nur noch wenige Steine auf den Points. Meine waren besser aufgebaut, und so glaubte ich schon zu gewinnen. Mit einem Sechserpasch wendete Dexter jedoch das Blatt in letzter Minute und schlug mich knapp. Wütend über den ungerechten Sieg sprang ich auf, nahm eine Nackenrolle vom Sofa und wollte sie Dexter über den Kopf ziehen. Der aber fing sie reflexartig auf und hielt meinen Arm fest, um mir die Rolle zu entreißen.

Ob es an dem Adrenalin lag, das das Backgammonspiel in mir freigesetzt hatte, an Dexters männlichem Griff, mit dem er mich am Arm packte, oder an der Romantik des Kaminfeuers konnte ich nicht sagen. Jedenfalls überkam mich plötzlich das dringende Verlangen, mit Dexter zu schlafen. Mit meiner freien Hand umarmte ich seinen Hals und küsste ihn auf den Mund. Dexter ging stürmisch darauf ein. Sekunden später hatten wir uns gegenseitig ausgezogen, und dann schliefen wir miteinander.

»Das war sehr schön mit Ihnen«, siezte Dexter mich anschließend mit breitem Lächeln und war im nächsten Moment eingeschlummert (was bei Männern wegen des schlagartig abfallenden Blutzuckerspiegels und der Prolactin-Ausschüttung nach dem Sex ja völlig normal sein soll).

Ich stand auf und holte mir ein Glas Wasser. Mit einem Gefühlsmix aus Heimweh, Melancholie, Sehnsucht und Trauer musste ich auf einmal an Jesco denken. Ich mochte Dexter. Er brachte mich zum Lachen und vermittelte mir ein Gefühl von Sicherheit. Bestimmt wäre er auch ein verlässlicher Partner, der mich im täglichen Leben unterstützen würde. Verliebt in ihn fühlte ich mich aber nicht.

Zurück im Wohnzimmer deckte ich Dexter mit einer Wolldecke zu. Gerade wollte ich mich in mein Bett wegschleichen, als er im Halbschlaf nach meiner Hand griff. Ich zögerte kurz. Im Bann der romantischen Stimmung vor dem knackenden, langsam herunterbrennenden Kaminfeuer ließ ich mich dann aber doch zurück aufs Sofa ziehen.

Morgen früh kann ich immer noch klarstellen, dass ich es bei einer Nacht belassen möchte, dachte ich, als wir die nächste Runde Sex einläuteten.

»Habt ihr euch geküsst?«, drang eine Mädchenstimme am nächsten Morgen in meinen Halbschlaf. Ich öffnete die Augen und erschrak. Liv stand im Schlafanzug neben dem Sofa, auf dem Dexter und ich immer noch lagen. Mist, dachte ich – auf frischer Tat ertappt. Dabei hatte ich mir fest vorgenommen, vor dem Einschlafen noch in mein Bett zu gehen. Reflexartig wollte ich aufspringen, als mir gerade noch rechtzeitig einfiel, dass ich nackt war.

»Nein, mir war gestern nur so kalt, und da hat dein Daddy mich gewärmt«, versuchte ich das Mädchen abzuwimmeln. »Gehst du jetzt bitte nach oben und weckst die anderen?«

Unter der Decke trat ich Dexter gegen sein Bein, damit er aufwachte. Als er seine Tochter sah, erschrak auch er.

»Seid ihr jetzt ein Liebespaar, Daddy?«, ließ Liv nicht locker, während sie uns mit einer Mischung aus Neugierde und Misstrauen ansah. Weiteres Leugnen schien zwecklos. Liv war zwar erst fünf Jahre alt, dank ihres älteren Bruders wusste sie aber schon gut Bescheid im Leben.

»Wir fahren gleich nach Berlin zurück«, umschiffte Dexter die Antwort. »Und jetzt geh dich erst mal anziehen, und zwar schnell!«

Liv verzog sich murrend. Ich sprang auf und schloss die Wohnzimmertür.

»Liv erzählt jetzt garantiert den anderen von ihrer Entdeckung«, sagte ich, während ich mir hektisch die Kleider vom Vorabend überzog. »Was sollen wir den Kindern denn jetzt sagen?«

Dexter nahm mich beruhigend in den Arm.

»Die Wahrheit natürlich. Oder willst du es nicht mit mir versuchen?«

Schon wieder diese Überrumpelungstaktik. Was sollte ich denn darauf jetzt antworten?

Ganz knapp: »Nein, auf keinen Fall« oder ausführlicher: »Vielen Dank für die schönen Ferien und die vergangene Nacht, in der du mich mehrfach befriedigt hast – einen Beziehungsversuch möchte ich aber auf keinen Fall mit dir starten«?

Als ich mich das letzte Mal derart in die Ecke gedrängt gefühlt hatte, ging ich in die siebte Klasse. Torsten – einer aus der Clique der Coolen – schob mir damals einen der berüchtigten Zettel über den Tisch zu: Willst du mit mir gehen? *Ja – Nein – Vielleicht*.

Ein Nein, das war klar, hätte seinen Stolz verletzt, was er mir dreifach heimgezahlt hätte. Bei einem Ja hätte es jedoch kein Zurück gegeben. Ich kreuzte damals »Vielleicht« an und spielte auf Zeit. Da bald ein anderes Mädchen Torstens Interesse geweckt hatte, ging meine Rechnung auf, und ich konnte mich aus der Sache rauslavieren.

In der Hoffnung, mein Spiel mit dem Kreuzchen beim »Vielleicht« wiederholen zu können, sagte ich:

»Das kommt alles sehr plötzlich für mich«, als im selben Moment ein mehrstimmiges Kichern vom Flur her ertönte.

Dexter öffnete die Wohnzimmertür mit einem Ruck: Dort standen alle fünf Kinder und amüsierten sich, da sie natürlich durchs Schlüsselloch gelugt hatten.

Dexter griff wie selbstverständlich nach meiner Hand und beantwortete damit wortlos alle Fragen der Kinder.

»Und jetzt frühstücken wir erst mal«, sagte er und ließ meine Hand nicht los, als wir in die Küche gingen. Für ihn schien alles ganz einfach zu sein. Die Kinder folgten uns tuschelnd. Unsicher warf ich einen Blick über die Schulter. Würden sie eifersüchtig sein? Oder es befremdlich, wenn nicht sogar ekelhaft finden, ihre Mutter Hand in Hand mit einem anderen Mann zu sehen?

Entgegen meinen Befürchtungen wirkten die Kinder jedoch entspannt und fanden die neue Begebenheit eher aufregend als befremdlich.

In der Vergangenheit hatte ich mich immer lustig darüber gemacht, wenn jemand behauptete, er sei in eine Beziehung hineingeschlittert. Nun war es mir selbst passiert. Natürlich hätte ich noch die Notbremse ziehen können. Doch vielleicht, dachte ich und redete mir die Situation schön, hatte alles auch sein Gutes.

»Die Popkultur suggeriert uns mit Hollywoodschinken und Songs ein Liebesideal, das der Realität nicht standhält«, hatte ich mal in einem Beziehungsratgeber gelesen. Wahre Freundschaft hingegen schweiße Paare viel fester zusammen als das Herzklopfen der sogenannten großen Liebe. Nicht die Schmetterlinge im Bauch seien von Substanz, sondern die Gemeinsamkeiten, die man mit dem Partner hat. Geborgen und wohl müsste man sich in seiner Gegenwart fühlen, und eine Menge Spaß sollte man möglichst auch miteinander haben. Dann hätte die Beziehung auch langfristig eine Chance.

Die letzten Punkte trafen auf Dexter und mich zu.

Wohin dagegen hatte mich die Leidenschaft, die ich für Jesco empfand, schon geführt?

Zurück in Berlin verbrachten die Kinder das folgende Wochenende bei Mark. Als er sie am Sonntagabend zurückbrachte und Sturm klingelte, schwante mir schon nichts Gutes.

»Wer ist der Typ?«, herrschte Mark mich ungehalten an, kaum war er mit den Kindern die Treppen hochgekommen.

»Wie gut kennst du ihn? Über wen hast du ihn kennengelernt?«

Offenbar hatte Mark von Dexter erfahren.

Ich brachte die Kinder in ihre Zimmer und bat sie, sich schon mal bettfertig zu machen. Dann winkte ich Mark in die Küche.

»Sag mal, hast du sie noch alle? Das klingt ja wie ein Verhör. Mein neuer Freund geht dich nichts an.«

»Geht er doch, wenn er täglich mit meinen Kindern zusammen ist. Kann doch sein, dass er ein pädophiler Perversling ist! Was macht er überhaupt beruflich?«

Jetzt wurde ich auch wütend.

»Komm mal wieder runter – oder hab ich vielleicht von Franziska ein Führungszeugnis verlangt?«

Am liebsten hätte ich Mark sofort wieder rausgeworfen. Es war so typisch, dass er sich nicht an das hielt, was er seinerseits von mir verlangte: *Er* war bisher derjenige gewesen, der sein Privatleben hermetisch vor mir abgeriegelt hatte, da wir »nach Paragraf 1566 Absatz 1 BGB getrennt voneinander lebten« und alles, was zu *seinen* Kinderzeiten geschah, in *seinen* Verantwortungsbereich fiel. Und jetzt mischte er sich unsachlich und dreist in *meine* neue Beziehung ein?

»Die Kinder haben mir gesagt, sie hätten jetzt zwei Papas!«

In Marks Stimme schwang auf einmal Angst mit.

»Mich fürs Wochenende und einen Ami für jeden Tag. Was kommt als Nächstes: Dass ihr in die USA ziehen wollt?«

Plötzlich tat Mark mir leid, auch wenn ich sein Verhalten unmöglich fand. Die Doppelbelastung alleinerziehender Mütter mit Job und Kindern wurde häufig diskutiert. Darüber vergaß man den Schmerz, den Väter aushalten mussten, wenn sie nach der Trennung die meiste Zeit ohne ihre Kinder lebten. Die Angst, sich womöglich von den eigenen Kindern zu entfremden, weil man sie nur noch selten sah, oder die Befürchtungen, ein Ersatzvater könnte einem dank des Heimvorteils den Rang ablaufen, wollte ich gegen keinen Kinder-Alltagsstress der Welt eintauschen.

»Wir ziehen nicht nach Amerika«, sagte ich deshalb möglichst sachlich. »Und niemand kann oder wird dich jemals als Vater ersetzen.«

Außerdem erklärte ich Mark, wie wichtig mir ein enges Verhältnis zwischen ihm und den Kindern war. Deshalb freute es mich auch, wie problemlos sie Franziska akzeptiert hatten und jedem Wochenende bei ihm entgegenfieberten …

»Mit Franziska ist es aus«, fiel Mark mir ins Wort. »Sie wollte Kinder. Ich habe aber keine Lust, ein weiteres Familienkapitel aufzuschlagen.«

»Oh«, entfuhr es mir. Das hatte ich nicht gewusst. Den Grund für das Ende ihrer Beziehung konnte ich von Marks Seite aus gut nachvollziehen. Mir ging es ja genauso.

Wir saßen noch eine Weile in meiner Küche, und da mich Marks Ängste um die Kinder auch rührten, erzählte ich ihm Näheres über Dexter.

Später verabschiedete sich Mark von den Kindern, und ich brachte ihn zur Tür.

»Irgendwie kriegen wir die drei schon groß, Phyl, oder?«, sagte er. Seine Stimme klang versöhnlich. »Es sind ja nur noch gute vierzehn Jahre.«

»Freu dich nicht zu früh«, entgegnete ich, »bei drei Kindern ist die Wahrscheinlichkeit groß, dass wir irgendwann gemeinsam als Großeltern eingespannt werden.«

»Hör bloß auf!«

Mark lächelte mich an, wenn auch nur kurz.

Es war das erste Mal seit unserer Trennung, dass ein freundschaftliches Gefühl zwischen uns aufflackerte. Vielleicht, hoffte ich, war das der Beginn einer weniger verkrampften Beziehung.

11

Die nächsten Wochen verliefen ruhig. Das Zusammensein mit Dexter pendelte sich erstaunlich schnell ein: Wenn seine Kinder bei Sina waren, übernachtete er oft bei uns. Wohnten sie bei ihm – Dexter hatte seine neue Wohnung inzwischen bezogen –, sahen wir uns nur am Wochenende. Im Arbeits-, Schul- und Kindergartenalltag waren uns fünf Kinder auf einem Haufen nämlich zu anstrengend.

Insgesamt lief es mit unserer zusammengewürfelten neuen Großfamilie harmonisch – was bestimmt auch daran lag, dass unsere Kinder noch nicht das Alter erreicht hatten, in dem man mit Boykottaktionen gegen Stiefelternteile rechnen musste.

Dennoch machte die eine oder andere Patchwork-Komplikation auch vor uns keinen Halt. Lorenz beispielsweise ließ sich aus Eifersucht und/oder Imponiergehabe nichts von Dexter sagen und schmiss mit Sprüchen um sich wie: »Du darfst nicht über mich bestimmen, du bist nicht mein Vater.«

Außerdem wollten Maya und Fanny – mal abwechselnd, mal gemeinsam – nachts plötzlich in meinem Bett schlafen. Insbesondere dann, wenn Dexter bei uns übernachtete. Verbot ich es ihnen, machten sie mitten in der Nacht ein riesiges Theater.

Mühsam waren auch die Wochenenden, die wir mit allen fünf Kindern gemeinsam verbrachten: Permanenter Kinderlärm belastet die Nerven auch nach der akustischen Gewöhnung an den Geräuschpegel, das ist wissenschaftlich bewiesen. Hinzu kam, dass Liv ihren Altersvorsprung gegenüber den Zwillingen ausnutzte und sie triezte, wo sie nur konnte. Jedenfalls kam es mir so vor. Da Dexter die Konfliktsituationen in der Regel jedoch anders bewertete als ich, kam es häufig vor, dass *wir* am Ende diejenigen waren, die sich stritten, während sich die drei Mädchen untereinander schon längst wieder versöhnt hatten.

Am meisten aber nervte es mich, dass Sina plötzlich auf einen intensiven Austausch mit Dexter über sämtliche Kinderangelegenheiten Wert legte. Mindestens einmal täglich rief sie ihn an. Meistens wegen Lappalien. Dexter deutete Sinas bemühtes Verhalten als eine positive Entwicklung in ihrer Zusammenarbeit als Eltern. Ich hingegen hielt es für ein sicheres Anzeichen dafür, dass sie ihn zurückerobern wollte.

Ende Februar war die Fortbildung zu Ende. Da Dexter einen festen Job am Volkswagen Design Center Potsdam angenommen hatte, hängte er seine Dozententätigkeit an den Nagel.

Auch für mich wurde es ernst, als ich versuchte, erste Visualisierungsjobs zu akquirieren. Da viele Aufträge in dem Bereich über Empfehlungen vergeben wurden, schrieb ich alte Kollegen, Freunde und Bekannte aus der Architekturszene per E-Mail an und informierte sie über mein berufliches Vorhaben.

Außerdem vereinbarte ich einen Termin mit meinem ehemaligen Chef Roger Kanitz. Der redete während des Treffens zwar mehr von seinem Baby, das inzwischen geboren war, als dass er sich meine Arbeitsproben genauer ansah. Sein Versprechen von damals, mir Aufträge zukommen zu lassen, hielt er aber dennoch: Nur wenige Tage später bat er mich, die geplante Kernsanierung eines Altbaus, die er selbst als Bauträger veranlasst hatte, anschaulich als gerendertes 3-D-Modell zu gestalten. Außerdem empfahl er mich an einen Kollegen weiter, der in einem bedeutenden Architekturbüro arbeitete und für den ich kurz darauf den geplanten Neubau eines Hotelprojekts visuell ansprechend designte.

Der Start in mein neues Berufsleben war damit ein voller Erfolg. Wenn es weiter so lief, war mein Plan voll aufgegangen, und ich könnte meiner Mutter wie geplant bald ihr geliehenes Geld zurückzahlen.

Per E-Mail kündigte ich ihr schon mal die erste Rate an. Ihre Antwortmail folgte keine fünf Minuten später. Neben ihrer Kontonummer, die sie mir in Schriftgröße vierundzwanzig schrieb, schlug sie mir auch vor, demnächst nach Berlin zu kommen, um endlich mal wieder ihre Enkel zu sehen.

»Damit geht aber kein Schuldenerlass einher!«, fügte sie als P.S. hinzu.

»Ich werde mir natürlich ein Hotel nehmen«, stand als P.P.S. in der letzten Zeile.

Um den Plan eines Wiedersehens nicht wieder so scheitern zu lassen wie zur Weihnachtszeit, stimmte ich kommentarlos zu. Als Datum schlug ich den vierten Geburtstag von Maya und Fanny vor, der in diesem Jahr auf den Ostersonntag fiel. Noch am selben Tag buchte sich meine Mutter einen Flug.

Während mein Leben wieder in ruhigen und geordneten Bahnen verlief, ging es bei Cosima drunter und drüber: Ihre Affäre mit Tom hatte sie zwar beendet, doch ließen ihr die Schuldgefühle Matthias gegenüber keine Ruhe. Schließlich hielt sie es nicht mehr aus und beichtete ihrem Mann ihren Seitensprung. Gleichzeitig bat sie ihn, um ihre Ehe zu kämpfen, und schlug ihm eine Paartherapie vor.

Doch anstatt auf Cosimas geplantes Ehe-Rettungspaket einzugehen, sprach Matthias zwei Wochen lang kein Wort mehr mit ihr. Dann bat er sie um ein Gespräch. Cosima, die in der Zwischenzeit vor Reue nicht mehr ein noch aus wusste, war sich sicher, Matthias so tief verletzt zu haben, dass er sie verlassen würde. Doch damit lag sie völlig falsch.

»Ich hab auch was zu beichten«, sagte er zu Beginn ihrer Aussprache. »Wir sind jetzt quitt …«

… dank einer Kollegin aus ihrer Praxisgemeinschaft, wie Matthias weiter gestand. Mit der hatte er sich monatelang an den Abenden getroffen, an denen er angeblich die Selbsthilfegruppe für chronische Darmkranke betreute. Den Patienten stand Matthias zwar wirklich zur Verfügung, doch traf sich die Gruppe weitaus seltener, als er es vorgegeben hatte.

Cosima war außer sich: Ihr Mann hatte sie ohne Schuldgefühle monatelang mit einer gemeinsamen Kollegin betrogen. Und ihr obendrein auch noch ein schlechtes Gewissen gemacht. Und das nannte er dann »quitt«.

Fassungslos über Matthias' Verhalten, der ihr auf einmal völlig fremd war, stellte sie ihm seine Koffer vor die Tür und wechselte das Türschloss aus.

Nicht weniger turbulent ging es in Anouks Leben zu: Die kleine Stella war alles andere als entspannt. Sie schrie viel und wollte alle zwei Stunden gestillt werden. Tim, der mit seiner Liebe zur Ordnung eine Tagesstruktur etablieren wollte, die mit einem Baby nicht umzusetzen war, strapazierte Anouks Nervenkostüm zusätzlich.

Irgendwann platzte Anouk der Kragen. Sie hielt Tim eine Studie unter die Nase, die belegte, dass einmal Stillen so viele Kalorien verbrannte wie ein Tausendmeterlauf.

»Und jetzt stell dir mal vor, du müsstest Tag und Nacht, ohne freie Tage, alle zwei Stunden eine Runde im Stadion sprinten, hättest danach keine Zeit zu duschen oder dir eine Kaffeepause zu gönnen, weil du die nächste Spül- und Waschmaschine ausräumen, gleichzeitig die nächste Mahlzeit für fünf Personen zubereiten, dich nebenher um drei Kinder kümmern und parallel noch Geld verdienen müsstest«, versuchte Anouk ihrem Freund ihre aktuelle Situation zu verdeutlichen.

Tim, der Anouks Vergleich für übertrieben hielt, zuckte mit den Schultern und sagte: »Es ist alles eine Frage der Organisation und des Timings.«

Um ihm zu zeigen, wie überheblich und realitätsfern seine Antwort war, beschloss Anouk, einen Tag lang das Weite zu suchen und Tim eins zu eins erleben zu lassen, wie es ihr momentan erging.

An einem Samstag, an dem alle drei Kinder zu Hause waren und ihr Laden bis abends geöffnet war, erfand sie einen beruflichen Termin, zu dem sie das Baby unmöglich mitnehmen konnte. Mit mehreren Beuteln abgepumpter Milch überließ sie Stella der Obhut ihres Vater, während sie selbst keineswegs früh morgens aufs Land, sondern in den Technoclub *Berghain* fuhr. Dort bestellte sie sich Prosecco zum Wachwerden und tanzte mit den Techno-Freaks den Tag durch. Dabei wurde ihr klar, was sie schon längst hätte tun sollen.

Als sie abends nach Hause kam, wirkte Tim gerädert und sagte: »Ich glaube, Männer sind für Kinderlärm und Babygeschrei einfach nicht gemacht ...«

Außerdem entschuldigte er sich bei Anouk für sein wenig einfühlsames Verhalten in der letzten Zeit.

Anouk wusste Tims Einsicht zu schätzen. Nichtsdestotrotz konfrontierte sie ihn mit ihrem Entschluss und sagte:

»Ich liebe dich zwar, aber nicht in meiner Wohnung. Es ist besser, wenn du ausziehst.«

Tim reagierte beleidigt. Er packte seine Sachen, zog zu einem Freund und erbat sich Bedenkzeit.

Schließlich stand der Geburtstag von Maya und Fanny vor der Tür. Dexter war mit seinen Kindern für die Osterferien an die Ostsee gefahren. Wegen des Besuchs meiner Mutter blieben wir jedoch in Berlin. Ostersamstag holten wir sie mittags am Flughafen ab. Als sie in einem rosafarbenen Kostüm, mit einer haargesprayten Hochsteckfrisur und drei Koffern – für eine Woche Aufenthalt – in die Wartehalle trat, wurde mir mal wieder klar, wie wenig meine Mutter dem gängigen verklärten Großmutterbild einer geduldigen alten Dame mit weißhaarigem Dutt entsprach. Mithilfe von Schönheitskorrekturen verjüngt und körperlich fit, hatte sie noch viel vor im Leben. Stricken, Kirschkuchen backen oder ihren Enkelkindern *Die kleine Hexe* vorlesen stand aber nicht auf ihrer Agenda.

»Meine Süßen!«, rief meine Mutter überschwänglich und drückte jedes der Kinder so fest an sich, dass sie sich Hilfe suchend nach mir umblickten.

»Ihr werdet ja alle immer hübscher und kommt ganz nach eurer alten Großmama!«, fuhr sie fort und lachte kokett.

Ich wusste, dass meine Mutter in dem Moment gern gehört hätte: »So alt bist du doch gar nicht, und außerdem siehst du *viel* jünger aus!«

Den Gefallen tat ich ihr aber nicht, sondern begrüßte sie mehr höflich als herzlich mit Küsschen rechts und links.

Auf der Fahrt in ihr Hotel redete meine Mutter in einem fort. Und zwar ausschließlich von sich selbst und ihrem Leben. Sie informierte uns nicht nur über die neuesten Bridge- und Golfturnier-Aufregungen, sondern stellte auch ein Ranking auf über die zehn amüsantesten Geburtstagsfeiern und zwanzig gelungensten Leichenschmäuse der letzten Zeit.

Nachdem wir sie in ihrem Hotel nahe des Kollwitzplatzes abgesetzt hatten, verkündete sie, den Rest des Tages für sich allein zu brauchen.

»Ich muss jetzt erst mal ein Schönheitsschläfchen halten und mich dann in Ruhe frisch machen«, sagte sie. »Und Phyllis, du kennst doch bestimmt einen Coiffeur, der mir kurzfristig einen Termin gibt, oder? Heute Abend zieh ich nämlich mit meiner alten Liebe Rolf um die Häuser. Das nehmt ihr mir nicht übel, oder? Die Kinder müssen ja sowieso früh ins Bett …«

»Nein«, antwortete ich und meinte es sogar ernst. Das, was andere Mütter ihren Töchtern in einer ähnlichen Situation angeboten hätten – ihr mit den Kindern und dem Haushalt zur Hand zu gehen, da sie selten genug vor Ort wären, oder abends die Kinder zu hüten –, wäre von meiner Mutter ohnehin nicht zu erwarten gewesen. Wäre sie nicht mit Rolf verabredet gewesen, hätte sie bei mir zu Hause einen gedeckten Tisch, ein warmes mehrgängiges Essen und artige Kinder erwartet. Insofern konnte ich geradezu froh sein, dass sie so umtriebig war.

»Was ist denn jetzt mit dem Coiffeur?«, fragte meine Mutter wieder nach, als die Kinder und ich gerade gehen wollten, doch ich konnte ihr mit einer zufriedenstellenden Antwort nicht dienen. Mit Friseuren der gehobenen Klasse kannte ich mich nicht aus, da ich nur zu Cut&Go-Friseuren ohne vorherige Terminvereinbarung ging, deren Läden *Kaiserschnitt*, *Hairport* oder *James Blond* hießen. Der Besuch bei einem luxuriöseren Friseur hätte sich abgesehen vom Preis auch vom Zeitaufwand her nicht in mein Leben integrieren lassen.

Zurück auf der Straße atmete ich erst mal tief durch. Bereits nach einer Stunde in Gesellschaft meiner Mutter hatten sich meine Geduld- und Energiereserven beinahe erschöpft. Und das musste ich jetzt eine ganze Woche lang aushalten …

Am nächsten Morgen weckte uns die strahlende Frühlingssonne schon in der Früh. Lorenz und ich ließen die Zwillinge jeweils viermal hochleben, verteilten nach dem Auspusten der Kerzen die Geburtstagskuchenstücke und gaben ihnen ihre Geschenke.

Später holten wir meine Mutter in ihrem Hotel ab und fuhren gemeinsam zu Mark nach Zehlendorf. Der hatte Maya und Fanny erlaubt, ihre Ostergeburtstagsparty in seinem Garten zu feiern.

Auch auf dieser Autofahrt riss der Redefluss meiner Mutter nicht ab. Nachdem sie schon zum zehnten Mal erwähnt hatte, wie sehr sich darauf freute, Mark wiederzusehen, und was für ein toller Mann er doch war, reichte es mir:

»Dann heirate du ihn doch, er ist gerade zu haben«, fiel ich ihr ins Wort, woraufhin meine Mutter für den Rest der Fahrt endlich mal – wenn auch beleidigt – ihren Mund hielt.

Als wir vor Marks Haus ankamen, parkte Sven gerade sein Auto hinter unserem und stieg gemeinsam mit seiner Tochter Nele aus. Per SMS hatte er mir kürzlich geschrieben, dass Nele ihn über Ostern besuchen würde, woraufhin ich die beiden zur Geburtstagsparty eingeladen hatte.

Im Garten begrüßte uns Mark neben einer großen Bierbanktafel, an der uns bereits drei andere Freundinnen von Maya und Fanny und deren Mütter erwarteten.

Mark hatte die Ostergeburtstagstafel mit bunten Tellern, Luftschlangen, zwei Geburtstagskuchen mit Kerzen, einem üppigen Frühstück und vielen bunten Ostereiern mühevoll bestückt.

»Du hast ja an alles gedacht«, sagte ich beeindruckt, da Mark sogar die Give-away-Tüten vorbereitet hatte, die die Kinder am Ende der Party mit auf den Weg bekommen sollten.

»Klar. Im Grunde bin ich ja auch ganz anders«, zitierte er einen Udo-Lindenberg-Song: »Ich komm nur so selten dazu.«

Während die Kinder, jedes mit einem Sammelkörbchen ausgestattet, auf große Ostereiersuche gingen, nahm meine Mutter Mark in Beschlag. Mit ihrer dezent transparenten Seidenbluse posierte sie so aufreizend vor ihm, dass man wirklich meinen konnte, sie wollte ihn demnächst heiraten.

Ich floh in den hinteren Teil des Gartens und setzte ich mich neben Sven auf eine Bank.

»Im Mai ziehe ich nach Hamburg, um wieder bei Nele zu sein«, brachte der mich gleich auf den neuesten Stand.

»Wie bitte?«, fragte ich überrascht. »Und was machst du mit deiner Firma?«

»Ich bau mir ein zweites Standbein auf.«

»Hast du schon eine Wohnung?«

Sven druckste herum, bevor er mir gestand, dass Inka, seine Ex, und er es nochmals miteinander versuchen wollten.

Ich konnte Svens Entscheidung nicht nachvollziehen: Inka hatte ihn von einem Tag auf den anderen erst sitzen lassen und ihm dann auch noch mit Kindesentzug gedroht, weil er eine neue Freundin hatte. Und jetzt gab er ihr und ihrer Liebesbeziehung eine zweite Chance?

»Ich tu das Nele zuliebe«, fuhr Sven fort. »Die ganzen Streitigkeiten der letzten Zeit und das Hin und Her zwischen Mutter und Vater sind nicht gut für sie. Inka sieht das ähnlich wie ich …«

Reisende soll man zwar ziehen lassen, doch war ich mir sicher, dass Sven dabei war, einen großen Fehler zu begehen. Eine Vernunftbeziehung mochte vielleicht bei Menschen funktionieren, die ihr Gefühlsleben einigermaßen im Griff hatten. Svens Erzählungen nach war Inka aber sehr impulsiv, und Sven agierte auch oft aus dem Affekt heraus. Dass die Auseinandersetzungen zwischen den beiden in Zukunft nicht mehr so oft hochkochen würden, konnte ich mir deshalb nicht vorstellen, und das war sicher nicht in Neles Interesse. Natürlich waren getrennt lebende Eltern keine optimale Lösung für Kinder – unter Eltern, die sich ständig stritten, litten Kinder meiner Ansicht nach aber noch viel mehr.

Ich erzählte Sven von einer Szene aus dem Film *Große Mädchen weinen nicht*. Darin bauen sich zwei halbwüchsige Schwestern in ihrem Zimmer einen Stofftieraltar auf, während sich ihre Eltern hinter verschlossenen Türen streiten. »Lieber Gott«, beten die Mädchen, »wir wissen, es gibt viel Leid auf der Welt, und ganz vielen anderen Kindern geht es schlechter als uns. Aber wenn wir dich doch um eine einzige Sache bitten dürfen: Mach, dass Mama und Papa sich endlich scheiden lassen.«

»Vielleicht hast du recht«, sagte Sven. »Einen Versuch ist es mir aber trotzdem noch wert.«

Ich fand es schade, dass Sven fortziehen würde. Auch wenn wir uns nur unregelmäßig sahen, seit Nele nicht mehr zusammen mit Maya und Fanny in den Kindergarten ging, war er dennoch zu einem festen Bestandteil meines Lebens am Prenzelberg geworden.

Etwas später stießen Claire und ihre Söhne zu uns, die ich eingeladen hatte, damit auch Lorenz Kinder in seinem Alter zum Spielen hatte. Klaus-Dieter kam nicht mit, da er an einem Golfturnier teilnahm.

Während sich Claire, die bis zum gestrigen Tag gefastet hatte, drei Stücke Kuchen und fünf Schokoeier auf den Teller lud, berichtete sie mir leise, Jesco vor einigen Tagen gesehen zu haben.

Allein bei der Erwähnung von Jescos Namen begann mein Herz zu rasen, und mich durchfuhr eine Art Stromschlag. Claire musste es bemerkt haben, denn sie fuhr entschuldigend fort:

»Eigentlich wollte ich ihm wegen der Sache mit dir keine Aufträge mehr geben, aber Klaus-Dieter bestand darauf, da er mit Abstand der beste Rahmenmacher ist.«

»Kein Problem«, entgegnete ich und bemühte mich um Gleichgültigkeit in meiner Stimme. »Hat sich Jesco denn nach mir erkundigt?«

Claire schüttelte den Kopf.

Ich ärgerte mich über meine Frage. Natürlich nicht. So etwas würde er nie tun.

Claire musterte mich neugierig und vergewisserte sich, dass niemand unser Gespräch belauschte.

»Du liebst ihn noch, oder?«

»Was? Nein!«, sagte ich mit so viel Nachdruck, dass auch der letzte Idiot mich durchschaut hätte.

»Was ist denn mit deinem Neuen? Bist du nicht glücklich mit ihm?«

Ich hob die Schultern, da ich die Antwort selbst nicht kannte. In gewisser Weise war ich glücklich mit Dexter. Zugegeben – seit er vor einer Woche verreist war, hatte ich ihn nicht eine Sekunde lang vermisst. Waren wir zusammen, fühlte ich mich aber wohl mit ihm, und unser Sex war auch okay. Reichte das nicht? Beziehungen basierten doch immer auf beiderseitiger Kompromissbereitschaft. Außerdem stand in meinem buddhistischen Lebensratgeber: »Genügsamkeit ist das Zauberwort.« War ich vielleicht karmisch einfach noch nicht reif genug, um ein harmonisches Mittelmaß würdigen zu können?

»Soll ich Jesco mal anrufen und mit ihm reden?«, riss mich Claire aus meinen Gedanken.

»Was? Worüber denn?«

»Na, über dich und ihn. Vielleicht geht es ihm ja ähnlich wie dir und …«

»Bist du wahnsinnig geworden, das geht gar nicht!«, unterbrach ich Claire und konnte nicht fassen, dass sie überhaupt auf so eine Idee kam. »Bitte versprich mir, dass du das auf keinen Fall tust!«

Claire gab mir ihr Wort, und ich konnte nur hoffen, dass sie sich auch daran halten würde.

In den kommenden Tagen unternahmen die Kinder und ich die meiste Zeit etwas mit meiner Mutter. Da sie von vornherein klarstellte, nicht zum Herumstehen auf Spielplätzen nach Berlin gekommen zu sein, sahen Lorenz und die Zwillinge in dieser Woche viele Schauplätze von Berlin, die ich ihnen normalerweise nicht zumutete: Kunstausstellungen, das KaDeWe, Modeboutiquen und Restaurants, in denen man die weißen Tischdecken nicht bekleckern durfte.

Schließlich fuhren wir meine Mutter zurück zum Flughafen.

»Kommt mich doch auch mal wieder in Marbella besuchen«, sagte sie zum Abschied, woraufhin Lorenz sofort begeistert rief:

»Au ja, bald sind doch Sommerferien!«

»Nicht so hastig«, fiel meine Mutter ihm ins Wort. »In der Hauptsaison kann ich mit Besuch nichts anfangen. Da bin ich so viel unterwegs, dass ich zu Hause meine Ruhe brauche. Aber wie wär's denn mit euren Herbstferien?«

Ich nickte resigniert. Als meine Mutter ihre Einladung ausgesprochen hatte, dachte ich ganz kurz, ein Wunder wäre geschehen, und sie würde unsere Bedürfnisse über ihre eigenen stellen. Doch die Enttäuschung folgte auf den Fuß, sodass ich mir nur noch sagen konnte: Sie hat dich geboren, und damit hat sie genug getan.

Noch am selben Abend besuchte mich Dexter, der gerade von der Ostsee zurückgehrt und seine Kinder bei Sina abgegeben hatte.

»Ich freu mich, wieder hier zu sein«, sagte er, küsste mich und überreichte mir eine Geschenkbox, aus der ich eine Kakaobutter-Körpercreme zog.

»Oh, danke«, sagte ich und versuchte so zu tun, als ob ich mich freute. In Wahrheit ekelte ich mich vor dem intensiven Kakaobuttergeruch. Kakao wollte ich trinken und ihn mir nicht auf die Haut schmieren.

»Es ist doch deine Lieblingscreme, oder?«

Innerlich verdrehte ich die Augen. Als wir kürzlich zu einem Abendessen eingeladen waren, kreiste das Gesprächsthema den halben Abend um Gerüche, und ich erwähnte mehrfach, wie widerlich ich Kakaobutter fand. Vielleicht, überlegte ich kurz, war es typisch Mann, sich an solche Details nicht zu erinnern, und ich sollte einfach mit Ja antworten und es mir in Ruhe mit Dexter vor dem Fernseher gemütlich machen.

Da ich aber vermutete, dass etwas anderes hinter Dexters Fehlgriff lag, entschied ich mich dagegen.

»Wenn ich ehrlich sein soll«, sagte ich ihm auf den Kopf zu, »wird mir von Kakaobutter kotzschlecht. Kann es sein, dass Sina sie besonders gern mag?«

Mein Verdacht kam nicht von ungefähr: Dexter war sich in der Vergangenheit schon mal irrtümlicherweise sicher gewesen, dass Paella mein Lieblingsgericht sei (bis seine Kinder ihn belehrten, dass es Sina war, die Paella liebte) beziehungsweise dass das Lindgrün eines Schals, den er mir schenkte, meine Lieblingsfarbe sei (bis ich in Dexters Fotoalbum sah, dass Sina andauernd etwas Lindgrünes trug).

»Ach, sorry, da habe ich wahrscheinlich was durcheinandergebracht. Männer sind halt manchmal gedankenlos«, sagte Dexter. »Du bist jetzt aber nicht sauer, oder?«

»Nein«, entgegnete ich und meinte es ehrlich. Hätte Dexter dem Typ der erwähnten geschmeidigen Pfirsiche entsprochen, die mit Einfällen geizen und bei jeder Frau das gleiche Programm abspulen, hätte ich mich geärgert. Dexters Fall lag aber anders, das sah ich plötzlich ganz klar.

»Aber ich glaube, dass wir aufhören sollten, uns was vorzumachen«, fuhr ich deshalb fort.

Da Dexter mich perplex ansah und nicht sofort antwortete, redete ich weiter:

»Wenn du ehrlich zu dir bist, hängst du noch an Sina. Das merke ich doch. Alles, was du für mich tust, ist eigentlich für sie bestimmt. Und wenn ich ehrlich zu mir bin, vergeht kein Tag, an dem ich nicht an Jesco denke.«

»Was willst du damit sagen?«, entgegnete Dexter.

»Dass unser gegenseitiges Trösten auf Dauer keine Basis ist.«

»Aber wir haben doch viele schöne Momente miteinander und eine Menge Spaß. Außerdem schätzen und respektieren wir uns gegenseitig ...«

»Dex, bitte!«, fiel ich ihm ins Wort. »Das klingt nach zwei Achtzigjährigen, die zusammen auf eine Butterfahrt gehen!«

Dexter sah mich eine Weile schweigend an.

»Ich dachte, das Schlimmste, was ich tun könnte, wäre, dir nicht genug Raum zu geben. Jetzt wird mir klar, dass du immer einen Grund finden würdest, unsere Beziehung zu zerschlagen, weil dir das, was zwischen uns ist, nicht reicht.«

»Wahrscheinlich hast du recht«, erwiderte ich.

»Du willst, dass ich gehe, oder?«

Ich nickte.

»Komm her«, sagte er dann und nahm mich in den Arm, bevor wir uns ein letztes Mal küssten.

Ich brachte Dexter zur Tür und sah, wie er sich auf halber Treppe nochmals umdrehte und mir zulächelte. Vielleicht, hoffte ich, könnten wir irgendwann unsere alte Freundschaft wieder aufleben lassen.

In den nächsten Monaten ignorierte ich das Thema Männer, denn die Bilanz der letzten Monate war ernüchternd: Zwar hatte ich immerhin zwei Liebesbeziehungen gehabt, auf die ich mich ernsthaft eingelassen hatte, doch was brachte mir das, nachdem beide grandios gescheitert waren?

Außerdem wollte ich meinen Kindern keine Romanzen wie am Fließband vorleben und sie auch nicht nochmals an einen neuen Mann gewöhnen, der dann womöglich wieder aus meinem und damit auch aus ihrem Leben verschwinden würde. Dass Dexter und seine Kinder, die sie in der kurzen Zeit sehr lieb gewonnen hatten, uns nicht mehr besuchen kamen, hatte sie schon traurig genug gemacht.

Meine beruflichen Vorhaben ließen sich dafür ganz gut an: Ich akquirierte einige Aufträge, stürzte mich in die Arbeit und konnte bald schon einen weiteren Teil der Schulden bei meiner Mutter begleichen.

Eines Tages – inzwischen war es Mai geworden und die Sonne schien warm vom Himmel – saß ich in meiner Freizeit, die ich neuerdings hin und wieder hatte, in einem Café und blätterte in einem Lifestyle-Magazin. Unter der Überschrift *Beim zweiten Mann wird vieles anders* wurden hippe Patchworkbeziehungen vorgestellt, die angeblich bestens funktionierten und Lebenslust für alle Beteiligten bereithielten. Mit der lahmen rhetorischen Frage: *Patchwork – das Modell der Zukunft?* endete die Reportage.

Ich ärgerte mich über den Weichspülartikel, in dem das angeblich so leichtfüßige Villa-Kunterbunt-Leben von Patchworkern romantisiert und mit einer ebenso Appetit anregenden Rhetorik beschrieben wurde wie das Rezept für Tante Annegrets Apfelstrudel auf der nächsten Seite.

Natürlich *konnten* Patchworkbeziehungen funktionieren, so wie auch Erst-Ehen funktionieren *konnten*. Dass die Beziehungen in der zweiten Runde aber in blumiger und sonniger Heiterkeit vonstatten gingen, hatte ich in der Realität noch nie erlebt oder beobachtet.

Selbst solche Paare, die sich in der zweiten Runde in neuen langfristigen Beziehungen zusammengefunden hatten, konnten – und zwar unabhängig davon, wie glücklich sie mit ihren neuen Partnern waren – abendfüllende tragikomische Anekdoten über Exmänner, Exfrauen, Stiefkinder, Exschwiegereltern und ihren Alltag im ständigen Spagat erzählen. Manche Patchworkbeziehungen funktionierten auch nur deshalb so gut, weil die Probleme, die durch die familiären Schnittmengen entstanden, so massiv waren. Durch die vielen außenpolitischen Angriffe blieb den Paaren keine Energie mehr übrig, um sich intern auch noch zu streiten.

Ich ärgerte mich auch darüber, dass in den Medien immer nur gelungene Zweitrunden-Beziehungen beispielhaft vorgestellt wurden. Hingegen hatte ich noch nie einen Artikel über Zweitrundler wie mich gelesen, deren neue Beziehungsversuche wiederholt scheiterten. Dabei war ich kein Einzelfall. Im Gegenteil: Um mich herum wimmelte es nur so von mittelalten Männern und Frauen mit Nachwuchs im Gepäck, denen es ganz ähnlich ging.

Warum schrieb nicht mal jemand einen Artikel über die Do's and Dont's der Partnersuche in der zweiten Runde? Über die Schwierigkeiten, die die Suche und das Erleben einer neuen Liebesbeziehung für Singleeltern mit sich brachten, gab es nämlich noch kaum Erfahrungsberichte und erst recht keine aus Erkenntnissen gewonnenen Ratschläge. Auch fand man hierfür nur wenige Vorbilder, da die Generation vor uns ihre Beziehungsprobleme meistens anders löste. Scheidungen gab es damals zwar auch schon viele. Jedoch war es der Klassiker, dass sich die Eheleute erst trennten, wenn das jüngste Kind das Elternhaus verlassen hatte. Manche dieser Spättrenner legten sich für die letzte Wegstrecke ihres Lebens noch einen neuen Partner zu, andere zogen das Alleinsein vor. Dass aber so viele mittelalte Menschen – und die meisten von ihnen mit mindestens einem kleinen Kind im Gepäck – auf Partnersuche gingen, war ein neues gesellschaftliches Phänomen unserer Zeit. Insofern *konnte* es die alten Weisen nicht geben, die unsere komplizierten Patchworkfragen zu beantworten wüssten. Wie man es zum Beispiel schaffte, sich von seinem früheren Partner emotional abzugrenzen, während man gleichzeitig auf Lebzeiten mit ihm ein Elternteam – und in ferner Zukunft womöglich auch ein Großelternteam – bildete. Oder wie es einem gelang, gelassen zu bleiben, wenn der neue Liebespartner regelmäßigen Kontakt zu seinem Expartner hatte, da er sich in einer ElternteamVerpflichtung befand.

Oder warum, dachte ich weiter, schrieb nicht mal jemand einen Artikel über die häufigsten Trennungsgründe in der zweiten Runde?

Diese waren nämlich vielschichtiger als die der ersten Runde, in der sich Paare meist nur dann wieder voneinander lösten, wenn mindestens einer von beiden sich entliebt hatte. In der zweiten Runde hingegen spielten die äußeren Gegebenheiten und die Gesamtkonstellation eine übergeordnete Rolle. Mangelnde Schnittmengen der fest etablierten Alltage eines Paares konnten Beziehungen ebenso leicht wieder zerstören wie der Faktor Zeit: Wenn man neben den Kindern auch noch einen Karrieresprint hinlegen wollte – wo blieb dann noch Platz für eine neue Beziehung?

Häufig führten auch unterschiedliche Vorstellungen einer gemeinsamen Zukunftsgestaltung zur Trennung. In der ersten Runde war für viele ihr weiterer Lebensweg noch nicht festgelegt, weswegen sie sich flexibler und kompromissbereiter verhielten. Aber wer war schon mit/plus minus vierzig bereit, einem anderen Menschen zuliebe zum Beispiel von Berlin nach Tübingen zu ziehen oder umgekehrt? Oder wer wollte in diesem Lebensabschnitt vom geliebten Haus am Stadtrand ins Loft mitten in der Stadt ziehen, das der neue Partner ebenso liebte – oder umgekehrt?

Nicht zuletzt erzeugte oft das finanziell und emotional tonnenschwere Erstrunden-Gepäck aus vorherigen Beziehungen so viel Gegenwind, dass die Zweitrunden-Paare sich irgendwann resigniert eingestanden: »So sehr kann man sich gar nicht lieben, als dass sich das Durchstehen der vielen Probleme lohnen könnte.«

Da mir das Thema des Artikels *Beim zweiten Mann wird vieles anders* keine Ruhe ließ, setzte ich mich, als ich wieder zu Hause war, an meinen Schreibtisch und schrieb folgenden Leserbrief:

Liebe Redaktion,
aus der Perspektive einer Frau in den Dreißigern, die sich vor gut einem Jahr mit drei kleinen Kindern im Gepäck von ihrem Mann getrennt hat, möchte ich Ihren Artikel ergänzen.
Bevor ich meinen Mann verließ, glaubte ich, auf die Zeit nach der Trennung gut vorbereitet zu sein: Mein finanzielles Wagnis konnte ich mir ausrechnen. Die Bewältigung meines Alltags im Alleingang mit den Kindern hatte ich oft genug erprobt, wenn mein Mann auf Geschäftsreisen war. Und falls meine Kinder mit der neuen Situation nicht zurechtkommen sollten, wollte ich einen Therapeuten konsultieren. Hinzu kam, dass ich viele Artikel in Lifestyle-Zeitschriften gelesen hatte, die mich ähnlich Ihrem glauben ließen, in der zweiten Runde einen Mann zu finden, wäre kein Problem.
Da die Realität mich und andere jedoch eines Besseren belehrte, möchte ich allen Frauen raten, in der zweiten Runde die Finger zu lassen von:

1. *dem Abgrenzer, der noch vor dem Weckerklingeln nach Hause aufbricht, um den Kindern seines neuen* love interests *bloß nicht zu begegnen;*

2. *dem Pseudokümmerer, der mit den Kindern seiner neuen Liebe während der Balzphase sogar im strömenden Regen Fußball spielt – allerdings nur, um damit vor der Mutter Eindruck zu schinden;*
3. *dem Peter Pan, der übrigens nicht zwingend jüngeren Jahrgangs sein muss und es schlichtweg erregend findet, mit einer Mutter Sex zu haben;*
4. *dem Stiefmuttersucher, der selbst mindestens ein eigenes kleines Kind hat und dem es vor allem darum geht, dass er und seine Kinder am Wochenende nicht nur aufgewärmte Fischstäbchen zu essen bekommen (das kriegt er gerade noch selbst hin), sondern einen zünftigen Sonntagsbraten;*
5. *dem Familienabspalter, der auch schon mindestens ein eigenes Kind hat und seiner Exfamilie seine neue Liebesbeziehung verheimlicht, was er damit begründet, dass seine Exfrau anderes nervlich nicht ertragen würde, was wiederum den Kindern zu Schaden käme.*

Diese Mr. Wrongs, beendete ich meinen Brief, *führten garantiert nicht zum gelungenen Patchwork, sondern höchstens dazu, dass frau in der zweiten Runde noch mehr Frösche küssen müsse als in der ersten, während der Prinz weiter auf sich warten ließe.*

Zwei Wochen später fand mein Scheidungstermin statt. Pünktlich um halb eins trafen sich Mark – der froh war, die Scheidung in seine Mittagspause einschieben zu können –, unsere Anwälte und ich am Tempelhofer Ufer vor dem Amtsgericht.

Da wir sofort aufgerufen wurden und uns über den Vertrag im Vorfeld einig geworden waren, dauerte es nur eine knappe halbe Stunde, bis alles unter Dach und Fach war. Noch nie war ich aus einer Behörde so schnell wieder hinausgekommen. Die

Beantragung meines neuen Personalausweises hatte mich kürzlich fünfmal so viel Zeit gekostet.

Während Mark und die Anwälte schon zu ihren Autos eilten, versuchte ich mir bewusst zu machen, was für einen großen Schritt ich getan hatte. Doch so sang- und klanglos wie die Scheidung vonstatten gegangen war, wusste ich zwar um ihre Bedeutung, spürte sie aber nicht.

Vor diesem Tag hatte ich es stets affig gefunden, wenn Leute anlässlich ihrer amtlichen Ehetrennung eine Party schmissen. Nun aber verstand ich besser, was sie damit bezweckten. Ein Scheidungsfest konnte sicher hilfreich sein, um sich der Tragweite des Ganzen bewusst zu werden.

Auf meiner Autofahrt nach Hause rief Cosima an, die sich an meinen Gerichtstermin erinnert hatte.

»Ab jetzt stehst du offiziell im *Resale*-Katalog«, sagte sie aufmunternd und gratulierte mir zum endgültigen Schritt in die Freiheit. Außerdem fragte sie mich, ob ich Zeit hätte, sie auf einen Kaffee im *St. Gaudy* zu treffen.

»Ich hab gute Neuigkeiten!«, fügte sie verschwörerisch hinzu.

Ich versprach Cosima, in einer halben Stunde dort zu sein, und ahnte schon, dass ihre gute Laune mit Matthias zusammenhing. Bei unserem letzten Telefonat hatte sie mir bereits angedeutet, dass sie ihm doch verzeihen und ihrer Ehe, unterstützt von einer Paartherapie, eine letzte Chance geben wollte.

Auf dem Weg ins Café schaute ich kurz zu Hause vorbei, leerte meinen Briefkasten und fand darin neben einigen Rechnungen auch einen prall gefüllten großen Umschlag vor: Die Zeitschriftenredaktion hatte meinen Leserbrief veröffentlicht und ließ mir nun Stellungnahmen anderer Leser zukommen. Zu meiner Überraschung waren darunter auch Briefe von Männern, die der modernen Kaste mittelalter Zweitrundler angehörten und mir die Situation aus ihrer Perspektive schilderten. Während ich sie las, wurde mir klar, dass Männer nur auf den ersten Blick Vorteile gegenüber den mittelalten Zweitrundler-Frauen haben. Zwar haftet ihren ersten Falten bekanntlich kein Makel an, da sie als Ausdruck von Lebenserfahrung interpretiert werden. Und es stimmt auch, dass viele Männer zeitlich flexibler sind, da ihre Kinder in den meisten Fällen maximal hälftig bei ihnen wohnen. Trotzdem gab es offenbar viele Männer, die sich ähnlich wie Mark nicht nur aus finanziellen, sondern auch aus emotionalen Gründen schwer damit taten, eine neue Liebesbeziehung mit langfristiger Perspektive zu finden, die mit dem Rucksack ihrer bestehenden Vaterrolle und exfamiliären Gesamtsituation kompatibel war.

Weiterhin hatte mir die Redaktion einen Brief vom Internetportal www.zweite-runde-fuer-die-liebe.de weitergeleitet:

»Wir haben Ihren Leserbrief über die Mr. Wrongs mit großem Interesse und ebenso großem Bedauern gelesen«, überflog ich dessen Zeilen. Und weiter: »… *um Ihnen dabei behilflich zu sein, in Zukunft die Spreu vom Weizen zu trennen und doch noch Ihren Mr. Right zu finden, bieten wir Ihnen hiermit kostenlos ein dreimonatiges Probeabo an.«*

Zudem wiesen mich die Mitarbeiter der *Zweiten Runde für die Liebe* auf das innovativ-neue Anzeigenportal der Internetseite hin: *»Damit ermöglichen wir unseren Usern nunmehr auch, selbst verfasste Kontaktanzeigen über unser Vermittlungsportal zu veröffentlichen …«*

Da ich los musste, weil ich Cosima nicht warten lassen wollte, ließ ich die Post auf meinem Küchentisch liegen, nahm Clooney an die Leine und eilte los.

Cosima winkte mir von einem der draußen stehenden Tische zu, strahlte übers ganze Gesicht und hatte uns schon zwei Gläser Prosecco bestellt.

»Auf die Freiheit und die Liebe«, sagte sie, als wir anstießen.

»...und die Paartherapie?«, ergänzte ich und erkundigte mich, ob ihre Psychositzungen mit Matthias gefruchtet hätten.

Zu meiner Verwunderung winkte Cosima ab.

»Ganz im Gegenteil – der Therapeut hat Matthias und mich noch während der ersten Sitzung wieder rausgeschmissen«, erzählte Cosima lachend und berichtete weiter, der Psychologe hätte mit einer Familienaufstellung angefangen. Matthias und sie sollten sich, ihrem Bauchgefühl folgend, im Raum aufstellen und nicht anwesende Familienmitglieder stellvertretend durch Stühle platzieren. Da sie beide aus sehr großen Ursprungsfamilien stammten, von denen viele Mitglieder Einfluss aufs Hier und Jetzt hatten, standen im Nu rund vierzig gleich aussehende Stühle um sie herum.

»Niemand konnte sich merken, welcher Stuhl wen repräsentierte«, sagte Cosima. »Das Ganze wurde so absurd, dass Matthias und ich lachen mussten, woraufhin der Therapeut die Sitzung beleidigt abbrach.«

Ich konnte mir die Situation lebhaft vorstellen. Meiner Meinung nach gehörten viele Therapeuten dringender auf die Couch als ihre Patienten. So erinnerte ich mich noch gut an eine Psychologin, die mich ungebeten während eines Krankenhausaufenthalts »betreut« hatte: Während der Schwangerschaft mit den Zwillingen wurde ich wegen Plazentaproblemen drei Wochen lang stationär aufgenommen und permanent von der diensthabenden Psychologin besucht. Mit ihrer betont ruhigen Singsangstimme redete sie auf mich ein, ich sollte meine Ängste um die ungeborenen Babys imaginativ in einen See versenken oder sie mir von der Seele malen. Als ich der Therapeutin nach einigen Tagen zu verstehen gab, dass ich im Laufe meines Lebens eigene Strategien zur Bewältigung von

Konfliktsituationen entwickelt hatte und sie ihre wertvolle Zeit nicht mehr mit mir zu verschwenden brauchte, reagierte sie ähnlich beleidigt wie Cosimas Therapeut. Auch das restliche Krankenhauspersonal verhielt sich von dem Tag an distanziert – denn auf einmal war ich stigmatisiert und galt als »schwierige Patientin«.

»Aber was sind denn jetzt die guten Neuigkeiten?«

Cosima lehnte sich zu mir über den Tisch, damit niemand mithören konnte.

»Ich habe Matthias überredet, mit mir ins Tantra-Zentrum *Meadows of Earthly Delights* zu gehen. Und das hat's echt gebracht.«

Das Berührungs-Coaching in Kombination mit der Tantra-Massagen-Paar-Session, fuhr Cosima fort, hätte ein wahres Wunder – oder besser gesagt: Sex mit Matthias – bewirkt.

»Das ist der Hammer, Phyl, und da gibt's übrigens auch viele Angebote für Singles, probier's doch auch mal aus.«

Ich fand die Idee gar nicht schlecht. Wenn ich Cosima Glauben schenken konnte, war eine Tantra-Session bestimmt erfüllender als der Einsatz des speziell geformten »Push-it-Vibrators« mit Delfinkopf, von dem meine damalige Nachbarin Sandra König aus Zehlendorf jedes Mal schwärmte, wenn sie ein paar Gläser zu viel gepichelt hatte.

Der Wermutstropfen der Tantra-Sessions war jedoch ihr Preis, wie Cosima mir verriet. Zwischen zweihundert und dreihundert Euro kostete das sinnliche Vergnügen pro Session und Person.

Auf dem Weg nach Hause machte ich einen kleinen Umweg und ging zu Anouks Laden. Die hatte sich in letzter Zeit bei Verwandten am Bodensee eine Auszeit genommen, und so schien mir eine Ewigkeit seit unserem letzten Gespräch vergangen zu sein. Umso mehr freute ich mich, als ich Anouk schon von Weitem mit ihrem Baby auf dem Arm vor ihrem Laden sitzen sah.

»Für ein paar Wochen in der Einöde zu verschwinden, war das Beste, was ich tun konnte«, erzählte sie mir, als ich mich neben sie gesetzt hatte.

»Dein Baby und du seht sehr erholt aus«, bestätigte ich ihr.

»Nicht nur das«, sagte Anouk. »Die räumliche Trennung hat auch meiner Beziehung mit Tim gutgetan.«

»Das heißt konkret?«

»… dass Tim sich jetzt doch auf eine ›*Living-Apart-Together-*Beziehung‹ einlässt«, erklärte Anouk, womit sie eine feste Beziehung in getrennten Wohnungen meinte.

»Zuerst war er ja absolut dagegen«, fuhr Anouk fort, »aber dann wurde zufällig bei uns im Haus direkt unter mir eine Wohnung frei. Und dort wohnt er jetzt seit letzter Woche.«

Ich freute mich für Anouk. Gleichzeitig erleichterte mich die Tatsache, dass Tim eine Etage *unter* ihr eingezogen war. Hätte seine neue Wohnung über ihrer gelegen, hätte Anouk das bestimmt weitaus schlechter ertragen.

Abends, als die Kinder schon schliefen und es draußen noch hell und warm war, setzte ich mich auf meinen Balkon, öffnete eine Flasche Wein und dachte mit einem Anflug von Selbstmitleid darüber nach, wie oft ich in meinem Leben schon unter der Liebe gelitten hatte. Vielleicht, dachte ich, war es an der Zeit, mir meine Frustration einzugestehen und das Thema vorerst aus meinem Leben auszuklammern.

Nach dem zehnten frisch verliebten Pärchen, das ich unter meinem Balkon vorbeilaufen sah, und dem zweiten Glas Wein ließ ich den Vorsatz jedoch wieder fallen und holte den Brief der *Zweiten Runde für die Liebe* aus der Küche. Ich nahm meinen Laptop, klickte mich auf das Vermittlungsportal und registrierte mich unter der mir im Brief genannten Kennung als

Probeabonnent. Dann inserierte ich, nachdem ich mir wieder mal eine fiktive E-Mail-Adresse zugelegt hatte, folgende Anzeige:

Alleinerziehende Mutter, 37, charakterlich komplex, freiheitsliebend und situationsbedingt impulsiv, mit drei kleinen Kindern, einem Hund, zwei Schildkröten und einem anstrengenden, Mitsprache fordernden Exmann
SUCHT:
mutigen Mann,
der sich selbst nicht zu ernst und
das Leben mit Humor nimmt;
der entscheidungsfähig ist,
nicht um den heißen Brei herumredet,
das Wichtige vom Unwichtigen zu unterscheiden weiß,
der keinen eigenen Kinderwunsch mehr hat
und keinen Wert auf einen gemeinsamen Haushalt legt.
Freiberufler werden wegen ihrer zeitlichen Flexibilität bevorzugt.

Nachdem ich das Inserat per Knopfdruck bestätigt hatte, mailte ich Cosima eine Kopie und schrieb dazu:

Das hätte ich schon vor einem Jahr annoncieren sollen, dann hätte ich mir bestimmt viel Kummer erspart. ☺☺☺☺☺☺☺☺☺☺☺☺☺☺

12

Ich rechnete nicht damit, dass sich jemand ernsthaft auf meine Anzeige melden würde. Wenn doch, musste dieser Mann so naiv, weltfremd oder völlig wahnsinnig sein, dass ich ihn von vornherein ausschließen konnte.

Somit überraschte es mich nicht, dass ich zunächst lauter E-Mails erhielt, die beispielsweise so lauteten:

»Freiberuflicher Rennsport- und Gewinnspielanalyst mit wechselndem Wohnsitz (saisonal bedingt) sucht genau dich – just sex, thank you.«

Oder:

»Liebesbedürftiger Tierpfleger möchte dich treffen zwecks gemeinsamer Auswertung von leistungsbedingten Ausdauermerkmalen beim tierischen Hochleistungssport mit drei Buchstaben …«

Oder:

»Werde meinen Rammler mitbringen, damit die Schildkröten auch mal ihren Spaß haben …«

Einige Tage später erreichte mich jedoch eine Antwortmail, die sich von der Spamflut unterschied:

Raoul, ein Kameramann, wollte mich kennenlernen, weil er meinen Sinn für Selbstironie mochte. Raoul filmte für Tier- und Naturreportagen in aller Welt und suchte nach einer Beziehungsform, die auf gegenseitigem Vertrauen beruhte, gleichzeitig aber jedem viel Freiraum ließ. Um ein häufiges Hin- und Hermailen und realitätsfremde Fantasien vom anderen zu vermeiden, schlug er ein persönliches Treffen in einem Café möglichst bald vor. Ein Close-up-Foto seiner Hand, das er der Mail angehängt hatte, sollte als Erkennungszeichen dienen.

»Ort und Zeitpunkt kannst du bestimmen«, beendete Raoul seine Mail. *»Da ich gerade nicht drehe, bin ich flexibel und kann mich nach dir richten.«*

Fasziniert las ich Raouls Mail immer wieder. Sein Text wirkte so souverän und männlich, und sein Beruf und sein Beziehungsideal passten geradezu perfekt zu mir. Ohne lange zu überlegen, mailte ich deshalb zurück:

»Morgen früh um elf im Café Atlantik, Bergmannstraße, Kreuzberg, zum Frühstücken?«

Sekunden später erhielt ich ein *»Ok«* als Antwort.

Da das schöne Wetter auch am nächsten Tag anhielt, setzte ich mich im Café Atlantik nach draußen und legte mit einer Mischung aus Nervosität und Vorfreude das Foto von Raouls Hand vor mir auf den Tisch. Ich sah mich um. Neben mir saßen drei Türken und ein B-Klasse-Schauspieler, den ich kürzlich in einer Minirolle im Kino gesehen hatte, und alberten herum. Auch sonst sah keiner der anwesenden Gäste so aus, als würde er auf jemanden warten.

Ein Glück, dachte ich, dass ich Raoul geistesgegenwärtig eine Location in Kreuzberg vorgeschlagen hatte. Am Prenzelberg kannte ich inzwischen so viele Leute, dass mich garantiert jemand mitten im Blind Date gestört hätte.

Da meine Blase verrückt spielte, wie immer wenn ich nervös war, ließ ich das Foto auf dem Tisch liegen und ging hinein Richtung Toiletten. Dort erstarrte ich fast vor Schreck: Auf einem Barhocker saß Jesco und blätterte in einer Zeitung. Mein Herz begann zu rasen. Am liebsten hätte ich auf dem Absatz kehrtgemacht. Doch dazu war es zu spät, denn nun hatte auch Jesco mich entdeckt.

»Hey Phyl«, sagte er, »lange nicht gesehen.«

»Stimmt«, antwortete ich, und meine Stimme klang krächzend. »Was machst du hier?«

»Kaffeetrinken und Zeitung lesen«, sagte Jesco und sah mir direkt in die Augen. Sein Blick war so intensiv, dass ich mich am liebsten in seine Arme geworfen hätte. Wie lange ich dastand und nicht fähig war, mich von seinen Augen abzuwenden, konnte ich im Nachhinein nicht sagen – mein Gefühl für Raum und Zeit war mir völlig abhandengekommen.

»Ich geh dann mal wieder«, hauchte ich schließlich. Dabei wurde mir auf einmal so schwindelig, dass ich fürchtete, zu allem Überfluss zu stolpern und vor Jesco auf die Nase zu fliegen. Ich drehte mich um, ging wieder nach draußen und hatte völlig vergessen, dass ich eigentlich aufs Klo wollte.

Zurück an meinem Tisch sah ich mich angespannt um. Hoffentlich kam Raoul nicht ausgerechnet in dem Moment, wenn Jesco das Café verließ. Zur Ablenkung nahm ich mein Handy und mistete alte Kontakte aus.

»Ich hab übrigens was für dich dabei«, ertönte plötzlich Jescos Stimme neben mir. Ich sah hoch. Wortlos legte er einen Umschlag vor mir auf den Tisch und ging weg.

»Was?«, sagte ich stammelnd. »Warte mal …«

Doch Jesco war schon um die nächste Häuserecke verschwunden.

Mit zittrigen Händen öffnete ich den Brief und zog einen Farbausdruck heraus, auf dem die gleiche Hand abgebildet war, die vor mir auf dem Tisch lag.

Das konnte doch nicht sein! Ich kniff mich in den Arm, um sicherzugehen, dass ich nicht träumte: Raoul war in Wahrheit Jesco. Aber wie hatte er von meiner Anzeige erfahren? Jesco war doch niemand, der in Kontaktbörsen stöberte, und schon gar nicht auf einer Internetseite der *Zweiten Runde für die Liebe*.

Benommen drehte ich das Papier um. Auf der Rückseite stand:

»You may be through with the past, but the past may not be through with you. Falls du mir keine neue Chance gibst, verstehe ich das. Falls doch, komm nächsten Mittwoch um sechs Uhr früh zum

Flughafen Schönefeld, internationale Abflughalle, Lufthansa-Schalter. Sommerkleider reichen aus, in Namibia ist es heiß.«

Nachdem ich mich vom ersten Schock erholt hatte, rief ich Jesco an, erreichte aber nur seine Mailbox. Dann wählte ich Cosimas Nummer, da sie die Einzige war, der ich von meiner Kontaktanzeige berichtet hatte.

»Hast du Jesco angerufen?«, fiel ich mit der Tür ins Haus, kaum hatte sie abgenommen.

»Wie bitte?«, antwortete Cosima und tat so, als verstünde sie nicht, was ich meinte.

»Aber er muss es von dir wissen!«, schrie ich, aufgewühlt wie ich war, und erzählte meiner Freundin, was passiert war.

»Ich schwöre, kein Wort mit Jesco geredet zu haben!«

»Aber wie hat der dann von der Anzeige erfahren?«

»Von Claire, nehme ich an«, überraschte mich Cosima mit ihrer Antwort.

»Was?!«

»Ich hab sie zufällig getroffen und ganz nebenbei deine Anzeige erwähnt«, sagte Cosima und unterdrückte ein Lachen. »Es war ja kaum noch mit anzusehen, wie sehr du deinen Liebeskummer monatelang unterdrückt hast.«

Ich überlegte hin und her, ob ich mich auf das Wagnis der Namibiareise wirklich einlassen sollte. Vom Termin her war der Trip perfekt getimt. Die Kinder, deren Sommerferien gerade begonnen hatten, würden mit Mark verreist sein – auch das hatte Cosima via Claire Jesco wissen lassen.

Dennoch fragte ich mich, ob es Sinn hatte, eine Liebesbeziehung mit einem Mann anzufangen, an dem ich mir schon mal die Finger verbrannt hatte. Mein Leben verlief endlich in geordneten und soliden Bahnen, und die Wunden meines Liebesschmerzes waren halbwegs verheilt. Sollte ich ihr erneutes

Aufreißen wirklich riskieren? Und hatte Jesco am Ende nicht recht damit gehabt, dass unsere Leben nicht zusammenpassten und es deshalb keine langfristige Perspektive für uns gab? Lag es überhaupt im Rahmen des Möglichen, dass er mich glücklich machen könnte, und andersherum ich ihn?

Wieder und wieder versuchte ich, Jesco zu erreichen. Durch ein Gespräch mit ihm erhoffte ich mir, zu mehr Klarheit zu gelangen. Doch Jesco reagierte weder auf meine E-Mails noch auf meine Nachrichten, die ich auf seiner Mailbox hinterließ.

Schließlich fragte ich Anouk um Rat. Die jedoch fand Jescos Aktion so lässig und romantisch, dass sie mir jeden Zweifel an der Reise rigoros verbot und noch am selben Tag eine tierliebe Kundin auftat, die bereit war, Clooney zu sich in Pflege zu nehmen.

»Um deine Blumen und die Schildkröten kümmere ich mich«, verkündete sie außerdem. »Und jetzt hör endlich auf, dich zu zieren, und fang an, deine Sachen zu packen. Was bringt dir ein funktionstüchtiger Alltag im ruhigen Fahrwasser, wenn dir das entscheidende Puzzleteil zum Glück fehlt?«

Ich gab auf.

Mit Reise- und Handtasche ausgestattet fuhr ich am Mittwochmorgen im Morgengrauen zum Flughafen. Trotz der frühen Stunde herrschte im Abflugterminal schon reges Treiben. Ich suchte den Lufthansaschalter, stellte mich daneben und sah auf die Uhr. Es war zehn nach sechs. Jesco war noch nicht da. Typisch. Auf einmal kam mir die Situation so grotesk vor, dass es mich nicht gewundert hätte, wäre ein *»Verstehen Sie Spaß?«*-Kamerateam neben mir aus seinem Versteck gesprungen.

Schließlich sah ich Jesco, der mit einer großen Tasche über der Schulter durch die Halle auf mich zukam.

»Schön, dass du da bist«, sagte er knapp, als er vor mir stand und sein Gepäck absetzte.

Wieder sah er mich mit demselben Blick an, dem ich mich seit unserem allerersten Treffen nicht entziehen konnte. Meine Knie wurden weich. Obwohl der Flugterminal gut temperiert war, begann ich zu zittern.

Mit seiner Hand strich Jesco mir kaum merklich eine Haarsträhne aus dem Gesicht. Dann nahm er meinen Kopf zwischen seine Hände und beugte sich zu mir herunter. Ich schloss die Augen und wartete darauf, dass er mich küssen würde. Jesco hielt inne, kurz bevor sich unsere Lippen berührten. Alles, was ich fühlte, während sich der Raum um mich herum zu drehen schien, war sein warmer Atem, der mir zusammen mit dem Duft seines Aftershaves in die Nase stieg.

»Ich hab dich vermisst, Phyl«, flüsterte Jesco in mein Ohr, bevor ich seinen Mund auf meinem spürte und er mich küsste, erst vorsichtig, dann immer leidenschaftlicher.

Durch die Lautsprecheranlage erklang der erste Aufruf für unseren Flug. Wir gaben unser Gepäck auf und gingen Hand in Hand zum Gate. Nie wieder, dessen waren wir uns in dem Moment sicher, würden wir einander loslassen.

Dank

Mein herzlicher Dank gilt allen Freunden, die mir während des Schreibprozesses mit Interesse und inspirierenden Ratschlägen zur Seite standen.

Besonders danken möchte ich Dr. Pierre und Caroline Gerckens sowie Caroline Linder-Endres, die mir durch ihren Glauben an mich den Mut und die Kraft gaben, ein Buch zu schreiben.

Loretta Würtenberger und Daniel Tümpel danke ich dafür, dass sie mir in ihrem Zuhause eine Villa Aurora mit Kinderbetreuung geschaffen haben und mir durch ihre Reflektionen zum Thema und ihre Begeisterung für mein Schreiben über schwierige Phasen hinweghalfen.

Mein innigster Dank geht an meine liebe Freundin und Schreibkollegin Christine Kabus. Ohne ihre klugen Anmerkungen und Anregungen, ihre strukturgebenden Hilfestellungen, ihre Korrekturen meines Geschriebenen und unsere langen Gespräche über die (Un-)Tiefen des menschlichen Daseins wäre das Buch niemals zustande gekommen.

Weiterhin möchte ich mich bei meinem Literaturagenten Holger Kuntze bedanken, der meine zunächst vage Idee auf den richtigen Weg brachte, mir verlässlich den Rücken stärkte und sich immer für das Buch und mich einsetzte.

Danke auch an die Mitarbeiter des Diana Verlags, insbesondere an Britta Hansen sowie an Eva Philippon für die konstruktiven Anregungen.

Zudem danke ich dem Unternehmen PARSHIP.de für die gute Zusammenarbeit und die technische Umsetzung meiner Webseite.

Mein größtes Dankeschön geht – nicht zuletzt – an meine Kinder, die sich monatelang von Bioladen-Frikadellen ernähren und auf Zehenspitzen durch unsere Wohnung schleichen mussten, um mich nicht beim Schreiben zu stören. In den nächsten Schulferien werdet ihr nicht wieder in Feriencamps verschickt – da fahren wir gemeinsam weg, versprochen!

Lilian Thoma
Berlin, im September 2012